Internationale Sicherheit

AF167352

Sebastian Enskat · Carlo Masala (Hrsg.)

Internationale Sicherheit

Eine Einführung

 Springer VS

Herausgeber
Sebastian Enskat
Carlo Masala

Universität der Bundeswehr München
Deutschland

ISBN 978-3-658-02369-0   ISBN 978-3-658-02370-6 (eBook)
DOI 10.1007/978-3-658-02370-6

Die Deutsche Nationalbibliothek verzeichnet diese Publikation in der Deutschen Natio-
nalbibliografie; detaillierte bibliografische Daten sind im Internet über http://dnb.d-nb.de
abrufbar.

Springer VS
© Springer Fachmedien Wiesbaden 2014
Das Werk einschließlich aller seiner Teile ist urheberrechtlich geschützt. Jede Verwertung,
die nicht ausdrücklich vom Urheberrechtsgesetz zugelassen ist, bedarf der vorherigen Zustimmung des Verlags. Das gilt insbesondere für Vervielfältigungen, Bearbeitungen, Über-
setzungen, Mikroverfilmungen und die Einspeicherung und Verarbeitung in elektronischen
Systemen.

Die Wiedergabe von Gebrauchsnamen, Handelsnamen, Warenbezeichnungen usw. in diesem Werk berechtigt auch ohne besondere Kennzeichnung nicht zu der Annahme, dass
solche Namen im Sinne der Warenzeichen- und Markenschutz-Gesetzgebung als frei zu betrachten wären und daher von jedermann benutzt werden dürften.

Gedruckt auf säurefreiem und chlorfrei gebleichtem Papier

Springer VS ist eine Marke von Springer DE. Springer DE ist Teil der Fachverlagsgruppe
Springer Science+Business Media.
www.springer-vs.de

Inhalt

Internationale Sicherheit: Eine Annäherung

1

Sebastian Enskat/Carlo Masala/Frank Sauer

Das vorliegende Buch[1] soll interessierte Leserinnen[2] und Leser mit einigen grundlegenden Inhalten und konzeptionellen Überlegungen zu dem vertraut machen, was gemeinhin als **internationale Sicherheit** bezeichnet wird.

Eine wesentliche Schwierigkeit gilt es dabei gleich vorab zu bemerken: Das Themengebiet „Internationale Sicherheit" hat sich besonders in den vergangenen beiden Jahrzehnten massiv ausgeweitet. Diese Entwicklung ist vor allem dem Wechselspiel aus weltpolitischem Wandel nach dem Ende des Kalten Krieges und der sich weiterentwickelnden akademischen Debatte zu Sicherheit und Sicherheitspolitik – insbesondere in der politikwissenschaftlichen Disziplin der Internationalen Beziehungen[3] – geschuldet.

So ist etwa der Hinweis auf die Bedeutung terroristischer Bedrohungen für die internationale Sicherheit derzeit allgegenwärtig. Auch der Cyberspace wirft längst Fragen internationaler Sicherheit auf. Und selbst der Klimawandel und die Knapp-

---

1   Für ihre unermüdliche Unterstützung – nicht nur bei der Arbeit an diesem Buch – danken wir unseren studentischen Mitarbeitern Frank Adler und Ramona Schneider. Wir danken außerdem allen Studentinnen und Studenten der Universität der Bundeswehr München, die im Frühjahrstrimester 2012 am Seminar „Internationale Sicherheit. Eine Einführung" teilgenommen und dabei eine frühe Version dieses Buches, das als Seminargrundlage diente, kritisch kommentiert haben.

2   Wo immer im Folgenden auf die explizite Nennung der weiblichen Form verzichtet wird, gilt, dass generische Maskulina stets auch Frauen einschließen.

3   „Internationale" wird hier und im Folgenden groß geschrieben, wenn die wissenschaftliche Disziplin „Internationale Beziehungen" (IB) und nicht ihr Untersuchungsgegenstand gemeint ist. Wird die Konstruktion „(I)nternationale Beziehungen" (oder auch (I)B) verwendet, ist sowohl die Disziplin als auch Ihr Gegenstand gemeint. Analog wird auch bei anderen Begriffen („(I)nternationale Sicherheit", „(E)rweiterte Sicherheit" usw.) verfahren, je nachdem, ob der Gegenstand selbst oder die wissenschaftliche Beschäftigung damit bezeichnet werden soll.

heit bestimmter natürlich vorkommender Ressourcen werden bisweilen nicht mehr allein als Umwelt- oder Versorgungsproblem, sondern zunehmend auch als Bedrohung für die internationale Sicherheit gesehen. Von „Energie-" oder „Nahrungsmittelsicherheit" ist in diesem Zusammenhang auch die Rede. Dabei werden Sicherheit und Wohl jedes einzelnen Weltbürgers immer weniger als intern zu regelnde Angelegenheit einzelner Staaten, sondern zunehmend als ein Sicherheitsproblem der Staatengemeinschaft insgesamt bewertet – die trennscharfe Unterscheidung zwischen „innen" und „außen" wird schwieriger.

Vor dem Hintergrund der – politischen wie akademischen – Diskussionen um solche neuen Phänomene im Bereich der internationalen Sicherheit darf jedoch nicht übersehen werden, dass obschon die meisten gewaltsam ausgetragenen Konflikte innerstaatlich sind, der klassische Bereich zwischenstaatlicher Sicherheit – und damit auch der zwischenstaatliche Krieg – keinesfalls Geschichte ist. Man denke nur an den Irak-Krieg 2003 oder den Georgien-Krieg 2008. Zu beachten ist auch die anhaltende Diskussion um „Schurkenstaaten" oder die unkontrollierte Verbreitung von Massenvernichtungswaffen. Auch veranlasst der Aufstieg neuer Mächte wie China manch einen zu Prognosen über heraufziehende Konflikte, die die internationale Sicherheit tangieren könnten. Die schnell fortschreitende Modernisierung konventioneller Waffensysteme – derzeit vor allem ferngesteuerter Drohnen bis hin zu autonom agierenden Robotern – lässt darüber hinaus potentiell sicherheitsgefährdende Rüstungswettläufe zwischen Staaten möglich erscheinen.

Dass das Phänomen „internationale Sicherheit" in den letzten Jahren zunehmend quecksilbrig geworden ist, stellt sowohl die Wissenschaft als auch die Politik vor neue Herausforderungen. Soll die Bundeswehr die deutsche Sicherheit „auch am Hindukusch verteidigen", wie es der ehemalige Verteidigungsminister Peter Struck einmal formuliert hat? Sollen nukleare Massenvernichtungswaffen vollständig abgerüstet werden („Global Zero")? Soll die NATO bei Cyber-Angriffen den Bündnisfall erklären und notfalls Kriege führen, um die Nachschubwege für Öl und Gas offenzuhalten? Sollen Kampfdrohnen und -roboter einer präventiven Rüstungskontrolle unterworfen werden? Soll – ja, *muss* – die internationale Staatengemeinschaft militärisch intervenieren, wenn ein Staat seine Bevölkerung systematisch unterdrückt und schlimmste Menschenrechtsverletzungen begeht?

Das vorliegende Buch gibt nicht vor, abschließende Antworten auf diese Fragen parat zu haben. Es unternimmt nicht einmal den Versuch, diese im Speziellen zu entwickeln. Ziel des Buches ist vielmehr ein allgemeineres, konzeptionelles: Es wird im Folgenden darum gehen, sich dem geradezu Ehrfurcht einflößenden Themengebiet „Internationale Sicherheit" in einem ersten Schritt so anzunähern, dass die Leserinnen und Leser zum eigenständigen, systematischen und politikwissenschaftlich fundierten Nachdenken befähigt und angeregt werden. Dazu soll, wie weiter unten noch ausführlicher zu erläutern sein wird, der in diesem Buch angebotene *Überblick* über sowohl **klassische Problemfelder** als auch **neuere Ansätze** zum Nachdenken über das Themengebiet Internationalen Sicherheit dienen. Die Zielgruppe des Buches sind somit an sicherheitspolitischen Fragen interessierte Studierende am Beginn ihres – sozial- oder in der Regel wohl politikwissenschaftlichen – Studiums. Hoffentlich entsprechend gewappnet, mögen sie nach der Lektüre dann selbst weiter forschen oder sich auf die Suche nach konkreten Antworten auf politisch und politikwissenschaftlich relevante Fragen begeben.

Stellen wir also zunächst einige grundsätzliche Überlegungen zu zentralen Begriffen an. Wie wird Sicherheit sprachlich zu fassen versucht und was *ist* Sicherheit eigentlich, d. h. wie „erzeugt" man sie? Und nicht zuletzt: Was charakterisiert *internationale* Sicherheit?

1.1   Sicherheit

Sicherheit lässt sich zunächst als Abwesenheit von Unsicherheit im Sinne von Bedrohung definieren.[4]

▶   Eine **Bedrohung** ist dabei vor dem Hintergrund der Analysetriade „Akteur, Intention und Mittel" eine Situation, in der vergleichsweise klar bestimmbar ist, wer der Akteur ist und was seine Intentionen sowie die ihm zur Verfügung stehenden Mittel sind.

Die relativ „einfache" Konfliktkonstellation im Kalten Krieg ist somit leicht nachzuvollziehen: Aus Perspektive der USA wurde der Akteur Sowjetunion deshalb als Bedrohung wahrgenommen, weil er mit seinen militärischen Kapazitäten (Mittel) zu einer direkten Konfrontation, inklusive konventioneller Überlegenheit und der Möglichkeit zu einem nuklearen Erstschlag, auszuholen plante, um seine Ideologie durchzusetzen (Intention). Aus Sicht der Sowjetunion galt umgekehrt das Gleiche – so zumindest, extrem zugespitzt, die gängige Beschreibung dieser Zeit. Die Priorität der militärischen Bedrohung fand sich auch in der akademischen Reflexion des Kalten Krieges wieder, weil Akteur, Intention und Mittel abgrenz- und bestimmbar waren.

Vor dem Hintergrund dieses Beispiels verwundert es nicht, dass die politikwissenschaftliche Rahmung internationaler Sicherheitsprobleme lange Zeit auf Bedrohungen durch Staaten – auf der zwischenstaatlichen Ebene – angesiedelt war. „Internationale Sicherheit" bedeutete in diesem klassischen Sinne, den Staat ins

---

4   Siehe für den gesamten folgenden Abschnitt grundlegend Bonß (1995) und Daase (2002).

Zentrum von Denkansätzen zur Sicherheit zu rücken. Wir werden darauf in Abschnitt 2 noch einmal zurückkommen.

In Zusammenhang mit Sicherheit ist aber oft auch von Risiken die Rede. Die Analysetriade „Akteur, Intention und Mittel" macht dabei den Unterschied zu Bedrohungen deutlich.

▶ Von einem **Risiko** spricht man im Unterschied zur Bedrohung, wenn Akteur, Intention und Mittel weniger klar erkennbar sind.

Umweltzerstörung, die Weiterverbreitung von Massenvernichtungswaffen oder Terrorismus wären einschlägige Beispiele. Unsicherheit im Sinne von Risiko hat folglich viel mit Ungewissheit und dem Versuch, ihr zu begegnen, zu tun. Risiken werden daher im Vorhinein zu analysieren versucht, häufig indem Gewinne oder Verluste abgeschätzt werden. Dies soll ermöglichen, Entscheidungen über die Bewältigung von Risiken zu treffen. Trotz des im Vergleich zur Bedrohung höheren Grades an Ungewissheit lässt sich ein Risiko durch empirische Erfahrungswerte mit statistischen Methoden und Rationalisierungsstrategien „handhabbar" machen, also etwa mit Eintrittswahrscheinlichkeiten belegen. Auf diesem grundlegenden Konzept und der Berechnung von Schadenshöhe und Schadenswahrscheinlichkeit beruht im Grunde die gesamte Versicherungswirtschaft.

Ein weiterer im Zusammenhang mit „Sicherheit" anzutreffender Begriff ist Gefahr.

▶ **Gefahren** unterscheiden sich von Bedrohungen und Risiken durch ihre noch diffusere Natur. Die Analysetriade „Akteur, Intention und Mittel" ist hier nicht mehr sinnvoll anwendbar, da Gefahren häufig natürliche Schadenspotenziale sind, die aus der Umwelt entstehen (z. B. Unwetterphänomene).

Aus geschichtlicher Perspektive ist allerdings die Überführung solcher diffusen Gefahren in handhabbare Risiken ein wesentliches Kennzeichen moderner Gesellschaften.

Sicherheit, Unsicherheit, Bedrohung, Ungewissheit, Risiko und Gefahr – das Vokabular der Sicherheit ist damit für unsere Zwecke grob umrissen. Aber wie lässt sich dieses zur Anwendung bringen, um besser zu verstehen, was Sicherheit *ist* bzw. wie Sicherheit „erzeugt" wird? Hier hilft beim weiteren Nachdenken vielleicht ein Beispiel aus unserem Alltag.

Wer morgens seine Wohnung verlässt, schließt in aller Regel – zur Sicherheit – die Tür ab. Ziel ist es, Unbefugten den Zutritt zu verwehren. Erreicht wird dies durch einen Tauschhandel: Man gibt Komfort ab und empfängt dafür Sicherheit. Es wäre komfortabler, die Türe bei der Rückkehr nicht erst aufschließen zu müssen, aber wir nehmen diese kleine Unbequemlichkeit in Kauf, um die privaten „vier Wände" und das darin befindliche Hab und Gut „in Sicherheit" zu wissen.

Bleiben wir für einen Moment bei dieser Überlegung, um noch gründlicher über einen nur auf den ersten Blick unkomplizierten Sachverhalt nachzudenken. Welche Entscheidungsgrundlage ziehen wir heran, wenn wir einen Tauschhandel eingehen, der Sicherheit „erzeugt"? Angenommen, man zieht in eine andere Stadt, eine neue Umgebung. Die daraus resultierende Ungewissheit wirft die Frage auf, ob jetzt morgens ein anderes Verhalten notwendig ist. So weiß man vielleicht aus der Zeitung, dass in der neuen Stadt die Einbruchsrate höher ist (im Vokabular einer Hausratsversicherung hieße das, dass bei einem Einbruch zwar die Schadenshöhe die gleiche wäre, die Eintrittswahrscheinlichkeit für dieses Ereignis am neuen Wohnort jedoch höher ist). Man sieht sich genötigt, ein zweites Schloss anzubringen. Sicher ist sicher!

Vielleicht besagt die Statistik aber auch das Gegenteil. Die Einbruchsrate ist also niedriger, ein weiteres Schloss wäre nicht notwendig. Doch da die neue Wohnung nicht mehr im vierten Stock, sondern im Erdgeschoss liegt, geht der ein oder andere trotzdem lieber mit einem zweiten Schloss auf „Nummer sicher".

Anhand dieses Alltagsbeispiels wird bereits deutlich, dass **„objektive Sicherheit"** – also im vorliegenden Beispiel der optimale Tauschhandel „Komfort vs. Sicherheit" vor dem Hintergrund einer statistisch abgebildeten Risikolage – allenfalls einen Teil des Phänomens ausmacht. Ganz offensichtlich hat Sicherheit auch viel mit **„gefühlter Sicherheit"** zu tun – welche wiederum stark vom gesellschaftlichen und kulturellen Kontext bestimmt wird. Wer also einmal, um der Einfachheit halber bei unserem Beispiel zu bleiben, Opfer eines Wohnungseinbruchs wurde, der fühlt sich zuweilen ohne Alarmanlage und Zusatzschloss selbst im „objektiv" sichersten Teil der Stadt nicht mehr wirklich „sicher". „Objektive Sicherheit" und „gefühlte Sicherheit" fallen also mitunter auseinander.

Bruce Schneier (siehe bspw. 2006) geht daher davon aus, dass jeder Mensch ein bestimmtes „Sicherheitsmodell" im Kopf hat, das sich aus seiner Umwelt und den darin wahrgenommenen Sicherheitsrisiken ergibt. Wir werden im späteren Verlauf dieses Buches politikwissenschaftliche Zugriffe vorstellen, die mit Blick auf ganze Gesellschaften in etwa vergleichbar argumentieren. Für den Moment erklärt sich durch dieses Auseinanderklaffen von „objektiver" und „gefühlter" Sicherheit zunächst eine weitere alltägliche Beobachtung, nämlich das, was Bruce Schneier **Sicherheitstheater** nennt. Damit sind Maßnahmen gemeint, die gar keine „objektive", sondern nur „gefühlte" Sicherheit erzeugen, also „echte Sicherheit" nur vorgaukeln. Ein Beispiel dafür wäre, um im Bild zu bleiben, der Aufkleber „Alarmgesichert" an der Wohnungstür. Potenzielle Einbrecher mögen der Warnung Glauben schenken und von ihrem Unterfangen ablassen, sodass sich der Wohnungseigentümer in diesem Fall sicherer fühlen kann. Einen gewieften Dieb macht aber möglicherweise gerade dieser Aufkleber erst neugierig. Schließlich lohnt sich die Investition in eine Alarmanlage nur zur Sicherung teurer Wertgegenstände. Statt mehr Sicherheit hat der Wohnungseigentümer also unter Umständen mit seiner Maßnahme mehr *Un*-sicherheit erzeugt.

Ein letztes in diesem Zusammenhang zu bedenkendes – und unsere grundsätzlichen hier angestellten Überlegungen zu Sicherheit weiter verkomplizierendes – Problem ist, dass, so argumentiert Schneier, das menschliche Gehirn notorisch schlecht darin ist, „objektive Sicherheit" und „gefühlte Sicherheit" miteinander in Einklang zu bringen. Seltene, aber dafür spektakuläre Risiken wie Terroranschläge führen bei vielen Menschen zu einem erheblichen Unsicherheitsgefühl – nicht zuletzt, weil sie mehr mediale Aufmerksamkeit erfahren als die gewöhnlichen, uns jeden Tag umgebenden Risiken. Diese alltäglichen Risiken, wie etwa das um ein Vielfaches höhere Risiko im Straßenverkehr statt bei einem Terroranschlag ums Leben zu kommen, werden häufig systematisch unterschätzt. Wenn eine Gesellschaft also über die gesamtgesellschaftliche „Produktion" von Sicherheit (demokratisch) zu entscheiden hat (vom Tempolimit für Autofahrer bis zum Körperscanner für Flugpassagiere), dann bildet sich dieser Umstand mitunter entsprechend in den Maßnahmen ab. Dies führt uns zum eigentlichen Schwerpunkt unserer Überlegungen in diesem Buch, der *internationalen* Sicherheit.

1.2   Internationale Sicherheit

Die Unterscheidung zwischen **innen** und **außen,** also zwischen dem, was eine Gesellschaft als ein inneres Sicherheitsproblem – etwa Kriminalität wie bspw. Wohnungseinbrüche – im Kontrast zu möglichen Bedrohungen von außen – etwa Krieg und den Angriff einer feindlichen Armee – versteht, wurde für die Analyse von Sicherheitsfragen lange als entscheidend erachtet. Zur Herstellung von Sicherheit schien sich **der Nationalstaat** in den vergangenen drei Jahrhunderten als Erfolgsmodell bewährt zu haben. Hervorgegangen aus einem in kleine und kleinste Einheiten zersplitterten Europa erzeugte der Nationalstaat „Ordnung" und Sicherheit in zuvor unbekanntem Maße.[5]

Der Nationalstaat galt – und gilt vielen bis heute – vor diesem Hintergrund als der „zentrale Akteur" mit Blick auf Fragen internationaler Sicherheit. Durch die mit ihm einhergehende Abgrenzung zwischen „innen" und „außen" war auch eine für die politikwissenschaftlichen Teildisziplinen sinnstiftende Demarkationslinie gezogen zwischen dem, was „Innenpolitik und vergleichende Regierungslehre"

---

5   Zur zentralen Bedeutung des Begriffs „Ordnung" beim Nachdenken über internationale Politik und Sicherheit siehe Bull (1977).

von „internationaler Politik" unterscheidet (kritisch dazu Smith 2004: 505). Nationalstaaten – oder als deren Repräsentanten handelnde Regierungsverantwortliche – treten in diesem Zusammenhang als prioritäre **Sicherheitsfürsorger** auf. „Unsicherheit" kann dabei als öffentliche Herausforderung verstanden werden.

Staaten haben also ein besonderes Interesse, über sicherheitspolitische Agenden Bedrohungen abzuwehren und Risiken zu kontrollieren – etwa durch „Absicherung" zentraler staatlicher Funktionen oder Infrastrukturen im Inneren. Und weil militärische Bedrohungen im Extremfall das Überleben des Staates gefährden, ist nationale „Außen- und Sicherheitspolitik" auf die Regelung seiner Außenbeziehungen sowie den Schutz des Staates vor von außen kommenden Übergriffen angewiesen. In diesem Zusammenhang ergibt sich für Staaten vor allem auch die Rolle als *agenda-setter:* Was als gesellschaftliches Sicherheitsproblem gewertet wird, welche öffentlichen Dimensionen betroffen und wer die sicherheitsgefährdenden Akteure sind, liegt in vielerlei Hinsicht im Ermessensspielraum staatlicher Akteure. Dass Terrorismus gegenüber Umweltgefährdungen als „gefährlicher" oder „unmittelbarer" eingeschätzt wird, ist daher nicht zuletzt Folge staatlicher Abwägungsprozesse. Vereinfacht gesagt: Nationalstaaten haben traditionell großen Spielraum, wenn es darum geht zu entscheiden, welche Bedrohungen inwiefern ihre innere oder äußere Sicherheit berühren und was als öffentliche Bedrohung im Rahmen staatlicher Regelungskompetenz auf welche Art und Weise zu bekämpfen ist.

Die harte Schale des in dieser Form nach innen und außen souveränen Nationalstaats wurde allerdings bereits Mitte des 20. Jahrhunderts durch die Entwicklung der Atombombe und der Interkontinentalraketen zum ersten Mal in ihren Grundfesten erschüttert (Herz 1961). Und spätestens seit Anfang der 1990er Jahre wird zunehmend lauter gefragt, ob der Nationalstaat mit Blick auf die Herstellung von Sicherheit nicht endgültig zum Auslaufmodell zu werden droht. Die Trennung zwischen „innerer Sicherheit" und „äußerer Sicherheit" scheint aufgrund weiterer vielfältiger, grenzüberschreitender Risiken und Bedrohungen heute sehr viel schwieriger zu ziehen als noch im 20. Jahrhundert. Einige dieser Bedrohungen – wenngleich nicht immer ganz neu, wie etwa der transnationale Terrorismus – wurden einleitend bereits erwähnt. Das Hinterfragen des zentralen Stellenwerts des Staates führte in den letzten zwei Jahrzehnten jedenfalls zur bereits eingangs skizzierten Ausdehnung oder „Erweiterung" des Sicherheitsbegriffs.

1.3   Aufbau und Konzeption des Buches

Wenngleich die bereits eingangs erwähnte Erweiterung des Sicherheitsbegriffs und die vielen neueren Ansätze bei der Beschäftigung mit Sicherheit jenseits des Nationalstaates derzeit große Aufmerksamkeit genießen, haben wir lange Zeit dominierende Themen in diesem Buch doch noch nicht ad acta gelegt. Wir haben uns mit Blick auf die inhaltliche Gestaltung des Buches vielmehr ganz bewusst entschieden, zunächst die aus unserer Sicht wichtigsten **klassischen Problemfelder** internationaler Sicherheit – und zwar im Sinne von **zwischenstaatlicher Sicherheit** – zu behandeln.

Abschnitt 2 widmet sich dementsprechend Problemfeldern, in denen der Staat nach wie vor das zentrale Referenzobjekt ist. Als Herausgeber haben wir entschieden, uns hier auf einige ausgewählte und aus unserer Sicht grundlegende Dimensionen zwischenstaatlicher Sicherheit zu beschränken. Den Anfang macht Kapitel 2.1 mit dem wohl nach wie vor wichtigsten Problemfeld überhaupt: **Krieg und Frieden.** Internationale Sicherheit wird hier von Konstantinos Tsetsos aus dem Blickwinkel kriegs- und konflikttheoretischer Ansätze erörtert und dabei sowohl über die Ursachen des Krieges als auch die Möglichkeiten für Frieden reflektiert. Die Gewährleistung von Sicherheit durch **Strategie** steht anschließend im Mittelpunkt von Kapitel 2.2. Dabei geht es Sebastian Enskat beileibe nicht nur um die Frage, wie sich militärische Mittel am besten einsetzen lassen, sondern genauso um die Frage, wie sich auch ohne den Einsatz von Streitkräften – etwa durch das glaubhafte Androhen eines Militärschlages – Sicherheit herstellen lässt. Eine ganz konkrete Strategie zur Herstellung von Sicherheit, das Bilden von **Allianzen,** steht im Mittelpunkt von Kapitel 2.3. Ausgehend von der Beobachtung, dass Sicherheitsbündnisse fast so alt sind wie die Menschheit selbst, eruiert Carlo Masala hier das Entstehen, die Funktionsweise und die Überlebenschancen von Allianzen. Den Abschluss dieses, den klassischen Problemfeldern gewidmeten Teils bildet Kapitel 2.4 mit einer Annäherung an das Thema **Rüstung und Rüstungskontrolle.** Dabei klären Frank Sauer und Niklas Schörnig zunächst die Frage, warum Staaten überhaupt aufrüsten, um vor diesem Hintergrund darüber zu reflektieren, wie sich dieses Streben mit Hilfe von Rüstungskontrolle am ehesten einhegen lässt.

Im Gegensatz zum eher klassisch orientierten Abschnitt 2 trägt Abschnitt 3 dem bereits angesprochenen politischen Wandel seit Anfang der 1990er Jahre und der damit einhergehenden Erweiterung des Sicherheitsbegriffs Rechnung. Das paradigmatische Umdenken innerhalb der mit „internationaler Sicherheit" befassten sozialwissenschaftlichen Disziplinen wird dabei von Philipp Klüfers anhand einer Reihe **neuerer Ansätze** nachvollzogen.

Abschließen möchten wir dieses einführende Kapitel mit einigen Bemerkungen zur Konzeption des Buches: Eine der größten Herausforderungen eines solchen Projektes besteht darin, eine Auswahl treffen zu müssen. Schließlich ist es praktisch unmöglich, den Forschungsgegenstand internationale Sicherheit in einem Einführungsband vollumfänglich auszuleuchten. Die Kunst besteht folglich im Weglassen. Unsere Auswahlentscheidungen wurden dabei vorrangig von dem bestimmt, was wir als wesentlich, wichtig und hilfreich für die weitere Beschäftigung mit dem Thema erachten. Und auch wenn wir uns um eine möglichst breite Darstellung des Feldes bemüht haben, ist das vorliegende Ergebnis lediglich als *eine* Möglichkeit des Einstiegs zu verstehen. Wir verbinden mit dem Buch dementsprechend ganz explizit die Hoffnung, dass unser spezifischer Zugriff von den Leserinnen und Lesern kritisch hinterfragt und wo nötig entsprechend ergänzt wird.

In diesem Zusammenhang soll ebenfalls nicht verschwiegen werden, dass nicht nur das Buch als Ganzes, sondern auch seine von unterschiedlichen Autoren verfassten einzelnen Kapitel Vorschläge sind, wie man sich einem spezifischen Thema nähern *könnte*. Jedes einzelne Kapitel ist dabei in erheblichem Maße von spezifischen Prädispositionen des jeweiligen Autors, seiner Sozialisation, seinem persönlichen Stil und der ihm eigenen Sprache geprägt. Wir betrachten diese Vielfalt als Stärke, halten es aber gleichzeitig – gerade im Kontext eines Einführungsbuches – für unerlässlich, explizit darauf hinzuweisen. Was die Struktur der einzelnen Beiträge angeht, haben wir uns dennoch darum bemüht, für ein gewisses Maß an Einheitlichkeit zu sorgen. In allen Kapiteln finden sich dementsprechend die Abschnitte **Definitionen, Denkansätze** und **Debatten** wieder, wobei die spezifische Ausgestaltung dieser Abschnitte wiederum im Ermessen der jeweiligen Autoren lag.

Mit dem vorliegenden Einführungsband sollen Studierende zum systematischen, politikwissenschaftlich fundierten und kritischen Nachdenken über einschlägige Aspekte des Themengebiets internationale Sicherheit befähigt und angeregt werden. Ob uns dabei die Gratwanderung zwischen einführender Reproduktion und kritischer Reflexion gelungen ist, müssen die Leserinnen und Leser dieses Buches entscheiden.

Literatur

Bonß, Wolfgang 1995: Vom Risiko. Unsicherheit und Ungewissheit in der Moderne, Hamburg.

Bull, Hedley 1977: The Anarchical Society – A Study of Order in World Politics, London.

Daase, Christopher 2002: Internationale Risikopolitik. Ein Forschungsprogramm für den sicherheitspolitischen Paradigmenwechsel, in: Daase, Christopher/Feske, Susanne/ Peters, Ingo (Hrsg.): Internationale Risikopolitik. Der Umgang mit neuen Gefahren in den internationalen Beziehungen, Baden-Baden, 9–35.

Herz, John H. 1961: Weltpolitik im Atomzeitalter, Stuttgart.

Schneier, Bruce 2006: Beyond Fear: Thinking Sensibly about Security in an Uncertain World, Berlin.

Smith, Steve 2004: Singing Our World into Existence: International Relations Theory and September 11, in: International Studies Quarterly 48: 3, 499–515.

Internationale Sicherheit: Klassische Problemfelder

2

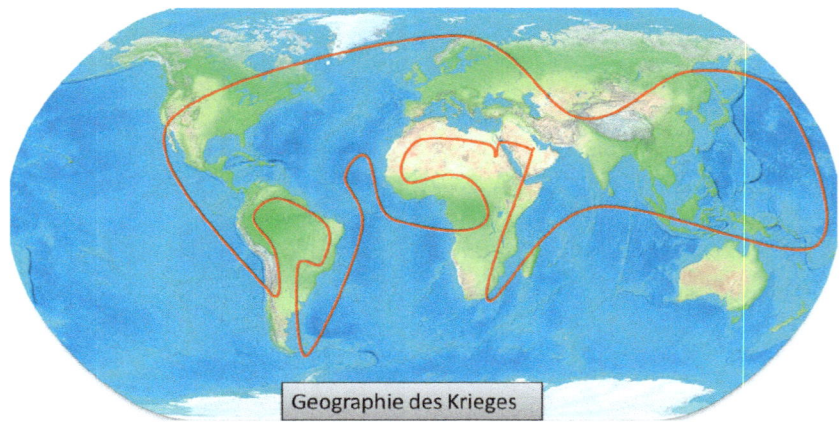

Geographie des Krieges

„In all, about seventy per cent of the world's 60,000,000 square miles of dry land is either too high, too cold or too waterless for the conduct of military operations" (Keegan 1993: 68–69). Die Darstellung zeigt die Zonen (rot umrandet), in denen große konventionelle Kriege stattgefunden haben, und jene, in denen aufgrund von geographischen Gegebenheiten Kriegsführung nahezu unmöglich ist.

Quelle: Keegan 1993: 69 (eigene Darstellung).

Krieg und Frieden

2.1

Konstantinos Tsetsos

Kriege erzeugen Unsicherheit. Sie gehen in der Regel mit hohen Opferzahlen und weitreichender Zerstörung einher, gefährden das friedliche Zusammenleben der Völker, die territoriale Integrität von Staaten und die internationale Rechtssicherheit. Ein Hauptbetätigungsfeld der Forschung im Bereich der internationalen Sicherheit ist daher die Kriegsursachen- und Konfliktforschung. Sie versucht, die politischen, historischen, kulturellen, sozialen, religiösen, ökonomischen und ideologischen Ursachen von bewaffneten Konflikten und Kriegen zu identifizieren und zu analysieren.

Die Frage, „warum" bzw. „wie" Kriege ausbrechen, ist auch Gegenstand der folgenden Überlegungen. Anhand dreier Analyseebenen (**Individuum, Staat, Internationales System**) wird eine Auswahl an Theorien und Erklärungsansätzen vorgestellt, die einen Einblick in die Kriegsursachenforschung geben und das Verständnis über die Gründe und Ursachen, die zum Ausbruch von Kriegen führen, vertiefen sollen. Zunächst wird es jedoch darum gehen zu fragen, was Krieg überhaupt ist.

2.1.1 Definitionen

Umgangssprachlich wird der Begriff „Krieg" häufig inflationär verwendet, etwa um Auseinandersetzungen zwischen zwei oder mehreren Akteuren zu beschreiben. Begriffe wie „Handelskrieg" oder „Straßenkrieg" beschreiben Konflikte des öffentlichen Lebens, in denen die beteiligten Akteure jegliche Kompromissbereitschaft vermissen lassen. Bei diesen Begriffen handelt es sich aber nicht im wörtlichen, sondern nur im übertragenen Sinn um Kriege. Eine Rolle spielt in diesem Zusammenhang auch, dass es in den Sozialwissenschaften an einer allgemein anerkannten Definition des Krieges mangelt. Dies ist einerseits der politischen Bri-

sanz einer Definition und der damit einhergehenden Legitimierung bzw. Delegitimierung politischer Handlungen, andererseits der engen Verzahnung zwischen
akademischer Debatte und politischer Praxis geschuldet (Geis 2006: 11).
Rein völkerrechtlich betrachtet gilt:

> **Krieg** ist eine mit Waffengewalt geführte Auseinandersetzung zwischen min
> destens zwei politisch organisierten Akteuren, von denen mindestens ein Ak
> teur reguläre Streitkräfte einsetzen muss (Wright [1965]).

Es muss sich also entweder um zwischenstaatliche Kriege oder um Kriege zwischen staatlichen und nicht-staatlichen Akteuren handeln. Formal werden Kriege
mit einer Kriegserklärung begonnen[1] und mit einem Friedensvertrag beendet. In
der Praxis hat sich aber der zeitliche Beginn gewaltsamer militärischer Konfliktaustragung als Indikator für einen Kriegsausbruch etabliert, da seit 1938 die Zahl
der formellen Kriegserklärungen auf eine vernachlässigbare Zahl zurückgegangen
ist (Hallett 1998: 61–70).
Der Kriegstheoretiker Carl von Clausewitz ([1980]: I, 1, 17) definiert Krieg **inhaltlich**:

> **Krieg** ist demnach ein erweiterter Zweikampf, der einen Akt der Gewalt dar
> stellt, um einen Gegner zur Erfüllung des eigenen Willens zu zwingen.

Zudem stellt Clausewitz fest, dass „der Krieg [...] nichts als eine Fortsetzung des
politischen Verkehrs mit Einmischung anderer Mittel" (Clausewitz [1980]: VIII,
6b, 674) und mithin nichts Selbständiges ist.[2] Krieg verbindet darüber hinaus stets
die Triade aus Ziel (Niederwerfen des Gegners), Mittel (Anwendung physischer
Gewalt) und politischem Zweck (Aufzwingen des eigenen Willens). Da der Krieg
aber unterschiedliche Erscheinungsformen aufweist, beschreibt ihn Clausewitz
als „ein wahres Chamäleon, weil er in jedem konkreten Falle seine Natur etwas
ändert" (Clausewitz [1980]: I, 1, 36). Er spricht in diesem Zusammenhang auch
von der „wunderlichen Dreifaltigkeit" des Krieges: (1) seiner „ursprünglichen Gewaltsamkeit," also der Feindschaft, die den organisierten und anhaltenden Einsatz militärischer Mittel beschreibt; (2) dem „Spiel der Wahrscheinlichkeiten und
des Zufalls", womit er auf die Unberechenbarkeit der entfesselten Kräfte hinweist;

---

1 Vgl. Haager Abkommen über den Beginn der Feindseligkeiten vom 18. 10. 1907, Art.1, online
   verfügbar unter: http://avalon.law.yale.edu/20th_century/hague03.asp; 01. 02. 2013.
2 Vgl. in diesem Zusammenhang auch die Ausführungen zu Clausewitz im Kapitel zu *Strategie* (2.2.2.3.).

(3) und vom Krieg als „politischem Werkzeug", wodurch er dem Zweck des Krieges eine ausschließlich politische Natur zuschreibt (Clausewitz [1980]: I, 1, 36). Clausewitz formuliert in diesem Sinne einen **funktionalistischen Kriegsbegriff**, der Krieg als Fortsetzung der Politik mit anderen Mitteln betrachtet und die Notwendigkeit der Definition von Kriegszielen betont.[3]

Immanuel Kant hat demgegenüber einen **rationalistischen Kriegsbegriff** geprägt. Unter der Annahme, dass Frieden einer Vernunftidee entspricht und der Hoffnung, dass eine aufgeklärte und bürgerliche Gesellschaftsordnung realisierbar ist, identifizierte Kant den Krieg als irrationale Art menschlichen Handelns (Bonacker/Imbusch 2010: 108). Der Grund für die bevorzugte Friedfertigkeit liegt im utilitaristischen Interessenkalkül der Bürger. Da diese durch Krieg Leib, Leben und Eigentum gefährden, widerspricht ein Kriegseintritt der instrumentellen Vernunft. Verteidigungskriege zur Erhaltung der Eigenstaatlichkeit sind hingegen rechtmäßige Kriege, da sie der instrumentellen Vernunft entsprechen.

▶ **funktionalistischer Kriegsbegriff**   **rationalistischer Kriegsbegriff**
  Krieg als Fortsetzung der Politik   Frieden als Vernunftidee und Krieg
  mit anderen Mitteln   als irrationale Art menschlichen Handelns

Der **funktionalistische Kriegsbegriff** greift insofern zu kurz, als neben politischen Zwecken Kriege auch aus anderen Gründen geführt werden. Die Motive reichen von ideologischen und religiösen Ansichten über persönlichen Geltungsdrang von Eliten bis hin zur individuellen Bereicherung (Ruloff/Schubinger 2007: 10). Der **rationalistische Kriegsbegriff** scheitert hingegen an der Prämisse, dass die Entscheidung zum Krieg nur in republikanischen Gesellschaftsordnungen von der Bevölkerung getroffen wird. Zudem sind beide Ansätze nicht in der Lage, Kriege, die zwischen nicht-staatlichen Akteuren geführt werden, definitorisch zu erfassen, da sie staatszentrische Kriegsdefinitionen formulieren. Das Ziel der klassisch-völkerrechtlichen, funktionalistischen und rationalistischen Kriegsbegriffe, eine allgemeingültige und überzeitliche Definition des Krieges zu formulieren, misslingt insofern aufgrund (1) der Konzentration auf staatszentrische, zwischenstaatliche Kriegskonstellationen, (2) der Schwierigkeit, den fließenden Übergang zwischen Kriegs- und Friedenszustand zu bestimmen und (3) dem Vernachlässigen neuer Konfliktformen wie etwa innerstaatlichen oder nicht-staatlichen Kriegen.

Eine konsensfähigere Definition des **Krieges** liefern Levy und Thompson (2010: 5), indem sie ein breiteres Spektrum an Erscheinungsformen des Krieges abdecken:

---

3   Vgl. auch hierzu die Ausführungen unter 2.2.2.3.

▶ **Krieg** ist demnach „sustained, coordinated violence between political organizations".

Neuere wissenschaftliche Versuche, den Begriff des Krieges zu erfassen, orientieren sich an Kriterien wie dem **Organisationsgrad der beteiligten Akteure**, den **Kriegstypen**, der **Intensität des Konfliktes**, der **Kriegsdauer** und den **kriegsbedingten Opferzahlen**. Die Arbeitsgemeinschaft für Kriegsursachenforschung (AKUF) definiert Krieg anhand völkerrechtlicher Kriterien und setzt somit die Beteiligung von mindestens einem staatlichen Akteur voraus. Zudem muss die Kriegsführung ein Mindestmaß an zentraler Organisation und Lenkung erfüllen und die Gewaltanwendung Kontinuität und Nachhaltigkeit aufweisen. Sollte eines dieser Kriterien nicht erfüllt werden, geht die AKUF von einem „bewaffneten Konflikt" aus, der unterhalb der Schwelle zum Krieg anzusiedeln ist. Sind die Kriterien aber in ausreichendem Maße erfüllt, wird gemäß AKUF zwischen fünf Kriegstypen unterschieden:[4]

▶ **Antiregime-Kriege** sind Kriege, in denen um den Sturz der Regierung oder die Veränderung bzw. den Erhalt des politischen Systems oder der Gesellschaftsordnung gekämpft wird.

▶ **Autonomie- und Sezessionskriege** sind jene Kriege, in denen um regionale Autonomie innerhalb eines Staates oder um Abspaltung von einem Staat gekämpft wird.

▶ **Zwischenstaatliche Kriege** sind Kriege, in denen sich reguläre Streitkräfte mindestens zweier Staaten gegenüberstehen. Der völkerrechtliche Status ist dabei irrelevant.

▶ **Dekolonisationskriege** sind Kriege, in denen gegen eine Kolonialherrschaft gekämpft wird.

▶ **Sonstige innerstaatliche Kriege** bilden die Restkategorie.

Eine weitere, inzwischen weithin etablierte systematische Definition von Krieg, die auch von den quantitativ arbeitenden Forschungsprojekten *Correlates of War (CoW)* und *Uppsala Conflict Data Program* verwendet wird, orientiert sich am Intensitätsgrad eines Konfliktes, bemessen anhand einer **Opferzahl** von mindestens 1000 kampfbedingten Toten *(battle-related deaths)* pro Konfliktjahr (Singer/Small

---

4   Die Kriegstypologie der Arbeitsgemeinschaft für Kriegsursachenforschung (AKUF) findet sich unter: http://www.sozialwiss.uni-hamburg.de/publish/Ipw/Akuf/kriege_aktuell.htm# Typ; 01. 02. 2013.

Tabelle 1   Kriegstypologie des CoW-Projekts

Traditionelle Typologie (Singer/Small)	Erweiterte Typologie (Sarkees/Wayman)

Internationale Kriege
 ▪ zwischenstaatliche Kriege
 ▪ extra-systemische Kriege
   • *kolonial*
   • *imperial*
	Internationale Kriege
	
	 Extra-staatliche Kriege
	 ▪ kolonial (Staat – Kolonie)
	 ▪ imperial (Staat – Nicht-Staat)

Bürgerkriege	**Innerstaatliche Kriege**
	 ▪ Bürgerkriege
	   • *um zentrale Kontrolle*
	   • *aus lokalen Gründen*
	 ▪ regional innerstaatliche Kriege
	 ▪ zwischenkommunale Kriege
	
	 Nichtstaatliche Kriege
	 ▪ auf nichtstaatlichem Territorium
	 ▪ transnational

Quelle: Sarkees/Wayman 2010: 46.

1972: 27).[5] Das seit ziemlich genau fünfzig Jahren laufende CoW-Projekt untersucht alle Kriege seit 1816 und versucht, durch die Aufdeckung von Gesetzmäßigkeiten für alle Fälle geltende Erklärungen des sozialen Phänomens Krieg abzuleiten. Die von Singer und Small (1972; 1989) ursprünglich untersuchten Kriegstypen wurden dabei von zeitgenössischen Vertretern des Forschungsprojekts erweitert, um mehr Erscheinungsformen des Krieges zu erfassen.

Ebenso wie beim Kriegsbegriff gibt es in den Sozialwissenschaften auch keine allgemeingültige Definition für **Frieden**. Friedensdefinitionen rekurrieren dabei in aller Regel auf den Gewaltbegriff und versuchen, einen Zustand zu beschreiben, der als Antipode zu Krieg zu verstehen ist. Friedensdefinitionen kommen demnach „nur selten ohne direkten Bezug zum Begriff der ‚Gewalt' aus" (Weller 2005: 91).

Geht man von einem **negativen Friedensbegriff** aus, lässt sich dieser wie folgt definieren:

▶ **Frieden** ist ein Zustand, der frei von kriegerischen Auseinandersetzungen und politischer, personeller Gewalt ist.

---

5   Informationen zum *Uppsala Conflict Data Program* finden sich unter: http://www.pcr.uu.se/ research/ucdp/definitions/; 01. 02. 2013.

Der **positive Friedensbegriff** geht hingegen von einem Zustand ohne Krieg aus, der zusätzlich **strukturellen Frieden** bietet und sich etwa durch Wahrung der Menschenrechte in einer demokratisch-freiheitlichen Grundordnung auszeichnet (Galtung 1975).

Krieg und Frieden zu definieren ist, wie bis hierhin deutlich geworden sein sollte, alles andere als einfach, die Ursachen für den Ausbruch von Kriegen zu identifizieren, jedoch noch ungleich schwieriger. Wohl auch deshalb hat die Beschäftigung mit Krieg und Frieden in der Vergangenheit eine Vielzahl von Forschungs- und Denkansätzen hervorgebracht hat, von denen einige im Folgenden vorgestellt und diskutiert werden sollen.

2.1.2 Denkansätze

Zahlreiche Erklärungsansätze versuchen, die bereits angedeutete Vielschichtigkeit des Phänomens „Krieg" zu erfassen. Dabei gibt es keine einheitliche Theorie der Kriegsursachenforschung. Eines der grundsätzlichen Probleme besteht vielmehr darin entscheiden zu müssen, welchen Zugang man wählt. Die in diesem Abschnitt vorgestellten Denk- und Forschungsansätze entstammen dabei verschiedenen wissenschaftlichen Disziplinen und unterschiedlichen wissenschaftstheoretischen Kontexten. Sie werden hier aus politikwissenschaftlicher Perspektive ausschließlich hinsichtlich ihrer Erklärungskraft und Anwendbarkeit für die Kriegsursachenforschung diskutiert.

2.1.2.1 Zwischenstaatliche Kriege

Drei große **Analyseebenen** haben sich in der Disziplin Internationale Beziehungen etabliert und werden auch zur Erklärung gewaltsamer Konfliktaustragung herangezogen. Die Einteilung in drei Ebenen geht auf Kenneth N. Waltz's (1959) Buch *Man, the State and War* zurück, in dem er drei sogenannte *images* beschreibt, an denen sich die Analyse internationaler Politik und die Suche nach Kriegsursachen ausrichten lassen.

▶ Diese *images* sind **das Individuum, Staaten** (kollektive Zusammenschlüsse von Individuen) und **das internationale System.**

Der Analyseebenenansatz ist noch keine Theorie, sondern dient vielmehr der Typologisierung von Kriegsursachen, da er durch die Klassifizierung kausaler Faktoren ermöglicht, das Verhalten von Akteuren zu erklären (Levy/Thompson 2010:

13). Auf jeder Analyseebene wurden in der Vergangenheit verschiedene Theorien entwickelt, um Kriegsursachen zu erklären.

2.1.2.1.1 Das Individuum als Analyseebene

Forschungsansätze, die das Individuum in den Mittelpunkt stellen, gehen von der Annahme aus, dass die Ursache von Kriegen auf (1) die **menschliche Natur** im Allgemeinen oder (2) die spezifische Natur bestimmter Individuen (beispielsweise Staatsoberhäupter, Könige oder Diktatoren) zurückzuführen ist. Dabei gilt es, innerhalb der Individuumsanalyseebene diese zwei Ansätze grundsätzlich zu unterscheiden. Die zentrale Frage beim Forschungsansatz der menschlichen Aggression ist, ob spezifische Befunde Analogien zwischen Individuen und Kollektiven von Individuen zulassen. Eine weitere, wohl problematischere Frage ist, ob sich Erkenntnisse über die Verhaltensweise von Tieren auf den Menschen problemlos übertragen lassen. Zudem wird heftig debattiert, ob menschliche Aggression biologisch determiniert oder kulturell erlernt ist.

Der Makroebenenansatz in der Aggressionsforschung
Der **Makroebenenansatz** basiert auf der Annahme, dass alle Menschen in ihrer Natur grundsätzlich gleich sind und somit **Aggression und Gewaltbereitschaft** in jedem Menschen gleichermaßen angelegt sind. Während Augustinus (354–430 n. Chr.) die Gewaltbereitschaft des Menschen als Ursünde (Waltz 1959: 23) brandmarkte und sie direkt mit der Verbannung aus dem Paradies in Verbindung brachte, sprach Thomas Hobbes (1588–1679 n. Chr.) von einem „Krieg aller gegen alle" im Naturzustand. Der Mensch im regierungslosen Naturzustand führt also einen ständigen Krieg. Die Gründe für den Kriegsausbruch führt Hobbes auf das stetige Streben des Menschen nach Macht, die grundsätzliche Gleichheit der Menschen im Sinne ihrer Tötungsfähigkeit (jeder kann jeden töten), das Konkurrenzverhalten, Misstrauen und die Ruhmsucht zurück (Ottmann 2006: 288). Für Hobbes muss der Mensch aus dem Naturzustand heraustreten und sich in einen Staat einbinden, um diesen ständigen Kriegszustand zu verlassen. Der niederländische Philosoph Spinoza (1632–1677 n. Chr.) hingegen sieht als Kriegsursache den ständigen Kampf von Kräften der Vernunft und der Passion innerhalb des Menschen an, wobei die Passion oftmals die Oberhand gewinnt (Waltz 1959: 23–24). Sigmund Freud ging davon aus, dass die Aggression auf tiefgründige unbewusste Triebe zurückzuführen ist. Zur Erklärung dieses Umstands verwies Freud auf die Existenz des Lebensinstinkts (Eros) und des Todesinstinkts (Thanatos). Während der Eros das Erhalten und Vereinen zum Gegenstand hat, ist *Thanatos* für die interne Genugtuung von Spannung, Stimulation und Aufregung des Individuums zuständig. Menschen leben, weil der Lebens- den Todesinstinkt ausgleicht. Erst

wenn die interne Aggression des Todesinstinkts nach außen getragen wird, um
Genugtuung zu erfahren, kommt es zu unverhohlenen Gewaltausbrüchen gegenüber anderen Menschen (Freud [1989]).

Ethologie und Soziobiologie

Konrad Lorenz hat in seinem Werk *Zur Naturgeschichte der Aggression* (1966) eine
der **Ethologie** (Verhaltensforschung) entstammende Erklärung für die Aggression des Menschen formuliert. Ausgehend von der Annahme, dass der Mensch
ein Produkt von zwei Millionen Jahren Evolution ist, hat Lorenz im Zuge seiner
Studien über das Verhalten von Tieren festgestellt, dass der Mensch hinsichtlich
der intra-Spezies-Aggression Unterschiede zu anderen Tieren aufweist. Bei Gewalt gegen eine andere Spezies spielt Aggression keine Rolle. Erst wenn Gewalt
gegen die eigene Art gerichtet wird, ist instinktive Aggression involviert. Ziel des
Aggressionsinstinkts ist das Überleben der Spezies: Der Schutz des Nachwuchses
wird ermöglicht, die Spezies wird vor Überbevölkerung geschützt und das Recht
des Stärkeren in der sexuellen Selektion sichert den Fortbestand. Anders als bei
Menschen aber ist die intra-Spezies-Aggression bei Tieren hochgradig ritualisiert
und zielt nicht auf die Tötung des Gegners ab. Der Mensch hat diesen Aggres-
sionsinstinkt zwar geerbt, jedoch hat die zivilisatorische Entwicklung dazu geführt, dass die natürliche Selektion (Krankheit, Naturgefahren etc.) durch eine in-
tra-Spezies-Selektion in Form von Kriegen ersetzt wurde (Schellenberg 1982: 27).
Der Krieg ist also gewissermaßen das Ventil des Menschen, um den Druck des
Aggressionsinstinkts abzulassen (Cashman 2000: 18). Edward Wilson (1978), der
Pionier der **Soziobiologie,** teilt größtenteils die Ansichten von Lorenz, geht aber
nicht so weit, Aggression als Instinkt zu identifizieren. Auch geht Wilson nicht
von einer Eruption der aufgestauten Aggression aus. Er plädiert vielmehr dafür,
die menschliche Aggression auch als Produkt einer sozialen Evolution zu verstehen. Die genetische Biologie des Menschen ist zunächst für organisierte Aggression als solche verantwortlich. Wie aber diese Aggression weitergeführt und
weiterentwickelt wird, hängt vornehmlich von den kulturellen Prozessen der jeweiligen sozialen Gruppe (Lernprozesse, Umweltbedingungen und Geschichte der
Gruppe) ab (Cashman 2000: 25). Zudem können Menschen auch auf Aggression
verzichten und altruistisch sein, falls sie daraus einen Nutzen ziehen können.

Anthropologische Ansätze

Anthropologische Ansätze gehen im Gegensatz zu ethologischen und soziobio-
logischen Ansätzen davon aus, dass Aggression nicht genetisch, sondern kulturell
determiniert ist. Aggression ist nicht angeboren, sondern muss erlernt werden.
Der Ansatz der **kulturellen Evolution** geht davon aus, dass der Mensch der Früh-
zeit grundsätzlich friedfertig war (Montagu 1980: 6). Erst eine Änderung der so-

zialen und kulturellen Umstände führte zu intra- und interkommunaler Aggression. Als Jäger-, Sammler- und Nomadengruppen begannen, sich in Siedlungen niederzulassen, vollzog sich eine **landwirtschaftliche Revolution,** die radikale soziale und kulturelle Veränderungen nach sich zog. Landbesitz wurde wertvoll, soziale Organisation notwendig und der Schutz der Siedlung und der landwirtschaftlichen Fläche zu einer Hauptaufgabe (Leaky 1981). Die Transition vom Nomadentum zur Sesshaftigkeit ist ein entscheidender Wendepunkt in der Menschheitsgeschichte und wird als Auslöser für interkommunale Aggression angesehen. Sobald benachbarte Siedlungen wachsen, kommt es zu einem Interessenkonflikt, in dem die stärkere Gemeinschaft durch die Anwendung von Gewalt zu expandieren versucht. Friedliche Gesellschaften haben dann nur vier mögliche Optionen: (1) Untergang, (2) Unterwerfung, (3) Rückzug durch Migration oder (4) Imitation. Nach Schmookler (1984) haben die meisten Siedlungen ihre aggressiven Rivalen nachgeahmt und somit eine Kultur der Aggression gegenüber Anderen etabliert.

Ein weiterer Ansatz befasst sich mit **friedlichen Gesellschaften,** die von David Fabbro (1978) untersucht wurden. Diese primitiven, agrarwirtschaftlichen Gemeinschaften zeichnen sich dadurch aus, dass sie keine Kriege gegen andere Gruppen und keine Bürgerkriege untereinander führen, keine militärische Organisation haben und es auch auf individueller Ebene kaum zu Gewaltanwendungen kommt. Diese egalitären Gemeinschaften produzieren nur das Nötigste zum Überleben (Subsistenzprinzip) und verfügen weder über die Ressourcen noch den Willen, sich eine „unproduktive" militärische Organisation durch Überproduktion zu leisten. Dyer (1985: 5) und Wright ([1965]: 63) zeigen in diesem Zusammenhang:

▸ Je ökonomisch fortschrittlicher eine Gemeinschaft wird, desto kriegsanfälliger wird ihre Gesellschaft.

Die *Social Learning Theory* geht in diesem Zusammenhang davon aus, dass Aggression primär erlernt wird. Nach Albert Bandura (1980) erlernen junge Menschen durch Erfahrung und Beobachtung die Aggression ihrer Kultur kennen und emulieren diese. Dieser Sozialisationsprozess hängt vom sozialen und kulturellen Umfeld ab und beeinflusst das Verhalten von Menschen. Ist eine Kultur der Aggression gesellschaftlich anerkannt, etwa durch die Glorifizierung von Heldentaten im Krieg, führt diese Anerkennung zu einer Reproduktion dieses Verhaltens durch nachfolgende Generationen. Ist aber das soziale Umfeld durch Friedfertigkeit geprägt, können Aggression und Gewaltbereitschaft gänzlich verlernt werden (Cashman 2000: 34).

Der Mikroebenenansatz in der Aggressionsforschung
Der **Mikroebenenansatz** basiert auf der Annahme, dass bestimmte psychologische und persönliche Charakteristika von Einzelpersonen (vornehmlich Staatsmänner/-frauen) die politischen Entscheidungen, die zu Kriegen führen, beeinflussen. Diese Theorien konzentrieren sich auf die Einschätzungen von Individuen über Weltpolitik, ihr psychologisches Befinden, ihre Persönlichkeit und Emotionalität. Die Ansätze im Mikroebenenansatz basieren auf der Annahme, dass Kriege anders verlaufen oder gar nicht erst ausgebrochen wären, wenn das untersuchte Individuum nicht die politische Macht innegehabt hätte. Also etwa:

▶ Wenn Hitler nicht Reichskanzler geworden wäre oder Gorbatschow nicht Präsident der Sowjetunion, wäre der Zweite Weltkrieg nicht ausgebrochen bzw. der Kalte Krieg nicht friedlich beendet worden.

In dieser Form handelt es sich bei Mikroebenenansätzen um sogenannte **kontrafaktische Hypothesen** (Levy/Thompson 2010: 134), die sich mit historischen Persönlichkeiten befassen und deren Psyche und Handlungen als Kriegsursache untersuchen.

Die **Psychohistorie** untersucht die psychologische Motivation hinter geschichtlichen Ereignissen. Sie konzentriert sich dabei auf drei Forschungsbereiche: Kindheitspsychologie, Psychobiographie und Gruppenpsychologie. Für den Mikroebenenansatz ist primär die **Psychobiographie** von Bedeutung, da sie die psychologischen Eigenschaften und Glaubenssysteme von Individuen – wie etwa Hitler, Stalin oder Gandhi – untersucht und psychologisch analysiert. Unterschiedliche Persönlichkeiten von Staatsmännern können dabei auf unterschiedliche Sozialisation, Erziehung, Bildung und die Interpretation historischer Erfahrungen zurückgeführt werden (Levy/Thompson 2010: 133). Diese wiederum konstituieren unterschiedliche Glaubenssysteme und Weltbilder. Wenn Glaubenssysteme variieren, werden Staatsmänner unter Stress die gleiche Situation anders interpretieren und andere Entscheidungen treffen. Diese Entscheidungsdifferenzen sind so gravierend, dass sie einen kausalen Einfluss auf die Entscheidung für oder gegen einen Krieg haben können (George 1969; Lebow 1981).

Aufgrund der unterschiedlichen Glaubenssysteme variiert auch die **Perzeption** des Weltgeschehens durch Staatsmänner. Individuen nehmen an, dass ihre Wahrnehmung des Weltgeschehens ein akkurates Abbild der Realität darstellt. Da die (Bedrohungs-)Wahrnehmungen aber immer auch ein Produkt des individuellen, subjektiven und persönlichkeitsspezifischen Filterprozesses unterschiedlicher Glaubenssysteme und Weltbilder sind, stimmen sie mit der „realen Welt" selten überein (Cashman 2000: 49). Mit anderen Worten: Es handelt sich um **Missper-**

zeptionen. Eine bedeutende Komponente des Konzepts der Missperzeption ist dabei die Fehleinschätzung der Fähigkeiten und Intentionen von Gegnern und Dritten, aber auch die Überschätzung der eigenen Kapazitäten (Levy 1983: 282–293). Fehleinschätzung, gepaart mit einer irrationalen Erwatungshaltung, dass ein anstehender Krieg kurz bevorsteht und zudem gewonnen werden wird, erhöht dabei die Wahrscheinlichkeit eines Kriegsausbruchs (Blainey 1988: 56–58). **Missperzeption** ist einer der prominentesten Erklärungsansätze auf der individuellen Ebene und hat nachhaltige Implikationen auf nahezu alle Ansätze der staatlichen und internationalen Analyseebene.

Zwischenfazit
Obwohl **ethologische und soziobiologische Denkansätze** menschliche Aggression erklären können, erfüllen sie nicht die Anforderungen für eine empirische Kriegsursachentheorie, denn sollte Aggression tatsächlich biologisch determiniert sein, gäbe es keine Erklärung für Frieden. Logischerweise müsste ein Friedenszustand nämlich bedeuten, dass (1) der Mensch seine Natur geändert hat oder (2) moralische oder kulturelle Restriktionen die Aggression kontrollieren.

Die **anthropologischen Ansätze,** die darauf verweisen, dass Aggression kulturell erlernt und nicht genetisch determiniert ist, können zwar den Ausbruch von Kriegen über die Analyseebene des Individuums breiter erklären, basieren jedoch größtenteils auf spekulativen Annahmen über die Entwicklung der Menschheit im Neolithikum, die nur schwer empirisch zu belegen sind.

Psychologische Ansätze, die vornehmlich **Missperzeption** als Kriegsursache identifizieren, leiden unter einem definitorischen Problem (Jervis 1976): Was ist **Missperzeption** und wie erkennt man sie eigentlich? Ein weiteres Problem ist, dass Fehleinschätzungen, die zu Krieg führen, nur ex post als solche erkannt werden können, da bei Kriegsausbruch die eigenen Entscheidungen von Entscheidungsträgern aus rationalen Gesichtspunkten als richtig eingestuft werden. Zwar ist **Missperzeption** eine bedeutende kausale Variable, die Implikationen für andere Analyseebenen hat und deren Bedeutung von vielen empirischen Fallbeispielen gestützt wird. Jedoch existiert noch keine systematische **psychologische oder kognitive Kriegsausbruchstheorie,** die über die ex-post-Evaluation von politischen Entscheidungen, die zu Kriegen geführt haben, hinausgeht.

2.1.2.1.2 Der Staat als Analyseebene

▶ Unter **Staaten** versteht man kollektive Zusammenschlüsse von Individuen, die die Form von Nationalstaaten oder staatsähnlichen Machtgebilden (wie etwa Imperien, Königreiche, de-facto Regime) annehmen.

Forschungsansätze, die den Staat in den Mittelpunkt rücken, gehen von der Annahme aus, dass die Ursachen von Kriegen auf politische, ökonomische und so-
ziokulturelle Eigenarten von Staaten und auf die rationalen Entscheidungen politischer Eliten innerhalb eines Staates zurückzuführen sind. Annahmen über die
Eigenarten innerstaatlicher Entscheidungsprozesse spielen dabei genauso eine
Rolle wie der Zusammenhang zwischen spezifischen Eigenschaften von Staaten
und deren Konfliktneigung.

Rational choice, bureaucratic politics und organizational process model
Ausgangspunkt einer Reihe von Forschungsansätzen, die sich mit dem Verhalten von Staaten befassen, ist das rationalistische Konzept des *homo oeconomicus*,
welches sich im *rational actor model (RAM)* wiederfindet. Rational agierende Akteure folgen demnach acht einfachen Schritten, wenn sie Handlungsentscheidun-
gen treffen (Cashman 2000: 78):

Rational choice

(1) beginnt mit der Problemidentifikation, gefolgt von Informationsakkumu-
     lation;
(2) der Identifikation von Zielen und deren Einstufung nach Priorität;
(3) der Eruierung aller alternativen Mittel zur Zielumsetzung;
(4) einer Kosten-Nutzen-Evaluation aller alternativen Mittel zur Zielumsetzung;
(5) der Auswahl des effektivsten und effizientesten Mittels;
(6) der Implementierung der Entscheidung;
(7) der Evaluation der Entscheidung je nach Erfolg oder Misserfolg;
(8) der Reform, Weiterführung oder Beendigung der Handlung.

Zu den Grundannahmen des RAM gehört, dass Regierungen einheitliche Akteure
sind, die aus allen möglichen Entscheidungen die rationalste Entscheidung aus-
wählen, um etwa in der Außenpolitik den Nutzen einer Handlung zu maximieren
(Bueno de Mesquita 1981). Kriege, deren Kosten-Nutzen-Relation unvorteilhaft ist,
sind demnach irrational und sollten vermieden werden.

▶ Wenn aber alle Regierungen rationale Entscheidungen auf Basis des RAM tref-
    fen und die Entscheidungen über ein Für und Wider eines Krieges einer Kosten-
    Nutzen-Evaluation unterziehen; warum führen Staaten dann Kriege, deren Kos-
    ten höher sind als ihr Nutzen?

Wie im vorangegangenen Abschnitt dargelegt, spielen psychologische, soziale und kulturelle Rahmenbedingungen eine Schlüsselrolle für die Entscheidungen von Individuen. Problematisch dabei ist:

(1) Nicht alle Entscheidungsträger sind rationale Akteure, da sie unter dem Einfluss ihrer psychologischen Konstitution stehen;
(2) Entscheidungsträger können Fehleinschätzungen unterliegen;
(3) Entscheidungen unter Stress beeinflussen die Fähigkeit zu rationalem Handeln;
(4) Informationsdefizite können rationale Entscheidungen negativ beeinflussen;
(5) Zeitmangel kann zu falschen Entscheidungen führen;
(6) die Kosten-Nutzen-Evaluation aller alternativen Mittel zur Zielumsetzung unter Berücksichtigung der zu erwartenden Ergebnissen übersteigt die kognitiven Fähigkeiten von Entscheidungsträgern;
(7) Rationalität variiert: Wenn Kleingruppen einen rationalen Denkprozess durchlaufen, werden unterschiedliche Ziele, Handlungen und Kosten-Nutzen-Relationen durch die jeweiligen Entscheidungsträger präferiert. Da Regierungsentscheidungen Gruppenentscheidungen sind, bedarf es Verhandlungen und Kompromissen, um einen einheitlichen Beschluss zu treffen.

Auf Basis des RAM hat Graham Allison (1971) **zwei Entscheidungsmodelle** entwickelt, die sich mit der exekutiven Gewalt von Regierungen beschäftigen. Das *organizational process*-**Modell (OPM)** konzentriert sich auf *standard operational procedures* (**SOPs**), die in Institutionen anzutreffen sind (Allison/Zelikow 1999). Anders als vom RAM angenommen, treffen Organisationen Entscheidungen demnach nicht anhand einer Evaluation der Kosten-Nutzen-Relation, sondern auf Basis bestehender SOPs. Es wird also auf bestehende Programme und Mechanismen zurückgegriffen, anstatt prognostisch in die Zukunft zu planen und strategisch die beste Entscheidung zu treffen. Diese auf Routine fixierte Handlungsweise bedient sich des Konzepts des **Inkrementalismus**, indem sie bestehende Strategien anwendet und bei Bedarf anpasst, anstatt grundsätzlich neue Strategien zu entwickeln.[6]

▶ Daher dienen außenpolitische Entscheidungen oftmals mehr den jeweiligen Institutionen als dem „nationalen Interesse".

---

6 Vgl. hierzu auch die Ausführungen zum Strategiebegriff im Kapitel *Strategie* (2.2.1).

Das *bureaucratic politics*-Modell (BPM) konzentriert sich auf die außenpolitischen Entscheidungen, welche durch die Exekutive von Staaten getroffen werden. Zu den Grundannahmen gehört, dass Staatenverhalten nicht als Handlung
eines unitären Akteurs verstanden wird. Vielmehr hinterfragt das Modell, welche
Entscheidungsträger innerhalb einer Regierung Entscheidungen treffen, welchen
Einfluss sie haben und wie diese Entscheidungen und Interessen zustande kommen. Zudem gilt es, das Wechselspiel zwischen den einzelnen Schlüsselfiguren im
Entscheidungsprozess zu beachten (etwa zwischen Präsident und Minister oder
Regierung und Parlament).

Im BPM wird grundsätzlich erwartet, dass sich bei einem Konflikt zwischen
einer Schlüsselfigur (etwa einem einflussreichen Politiker) und einer staatlichen
Institution die Position der Institution durchsetzen wird (Allison/Zelikow 1999).
Das BPM postuliert, dass die politischen Interessen und Präferenzen der einzelnen Schlüsselfiguren variieren können, da sie etwa das nationale Interesse anders
interpretieren, eine bestimmte staatliche Institution repräsentieren oder eigene
Interessen verfolgen. Daher sind außenpolitische Entscheidungen das Produkt
eines politischen Prozesses, der durch Konkurrenzverhalten, Verhandlungen und
Kompromisse zwischen den Schlüsselfiguren, staatlichen Institutionen und Inter-
essensgemeinschaften innerhalb eines Staates geprägt ist. Die Kompromisse, die
zwischen allen entscheidungsrelevanten Akteuren getroffen werden, entsprechen
dabei nicht dem Idealziel des RAM, sondern zielen statt auf die Maximierung der
nationalen Sicherheit auf eine interne Versöhnung aller Interessen. Die Folge dieses bürokratischen Kompromisses ist eine dem RAM widersprechende politische
Entscheidung (Levy/Thompson 2010: 165).

Obwohl das OPM und BPM Entscheidungsfindungstheorien und nicht
Kriegsursachentheorien sind, zeigen sie doch kausale Verbindungen auf, die es ermöglichen, Kriegsursachen zu identifizieren.

Die erste Verbindung ist das Streben *militärischer Eliten* nach Krieg. Eliten
tendieren dazu, außenpolitische Bedrohungen in überhöhter Weise darzustellen,
um innenpolitische Macht hinzuzugewinnen und letztlich durch den Kriegsausbruch die Innen- und Außenpolitik eines Staates stärker oder gar vollends zu bestimmen. Extrembeispiele für solches Verhalten finden sich im Deutschen Reich
vor 1914 und im japanischen Kaiserreich in den 1930er Jahren.

Die zweite Verbindung befasst sich mit **der Präferenz von Offensivstrate-
gien** durch militärische Eliten. Offensivdoktrinen führen zu größerem institutionellen Budget, mehr Personal und folglich mehr innenpolitischem Gewicht. Zudem rufen sie Reaktionen von anderen Staaten hervor (etwa Rüstungswettläufe),
was wiederum den militärischen Eliten mehr innenpolitisches Gewicht verleiht.
Auch wenn militärische Eliten nicht direkt für Kriege einstehen, präferieren sie

dennoch Strategien, die einen Krieg wahrscheinlicher machen (Levy/Thompson 2010: 165).[7]

Eine dritte Verbindung entsteht aufgrund von **inter-institutionellem Konkurrenzverhalten,** das eine schnelle außenpolitische Entscheidung verhindert. Stagnation in der Entscheidungsfindung führt zu einer Schwächung nach außen und signalisiert verminderte Verteidigungsbereitschaft. Auch kann inter-institutionelle Konkurrenz und die damit einhergehende Verwirrung anderer Staaten zu unintendierten Kriegen führen. So geschehen etwa am Vorabend des Ersten Weltkriegs, als die deutsche Regierung Österreich-Ungarn empfahl, die Krise auf diplomatischem Wege zu lösen, während Generalstabschef Moltke die Österreicher drängte, in Serbien einzumarschieren.

Eine vierte Verbindung entspringt aus der **Kontrolle und Verzerrung von relevanten Informationen,** die für die Formulierung staatlicher Außenpolitik relevant sind. Aufgrund der Informationsdominanz können Institutionen anderen Entscheidungsträgern verzerrte Informationen zukommen lassen und dadurch Entscheidungen herbeiführen, die im Sinne ihrer Institution sind und nicht zwangsläufig dem nationalen Interesse dienen. Dieser Vorgang wird als „politicization of intelligence" (Betts 2003) bezeichnet.

Eine letzte Verbindung findet sich in der **Rigidität vorbereiteter Prozessabläufe** und institutioneller Routinen. SOPs wiederholen bekannte Verfahren, schaffen vollendete Tatsachen und entziehen Politikern so die Möglichkeit und die notwendige Flexibilität, Krisen und Konflikte friedlich zu bewältigen. Ein bekanntes Beispiel institutioneller Rigidität sind die Mobilmachungspläne der Großmächte am Vorabend des Ersten Weltkriegs. Mit der Entscheidung der Staaten, die Mobilmachung einzuleiten, trat anstelle der politischen Entscheidung ein automatisch ablaufender Plan, der von politischer Seite kaum mehr beeinflusst, modifiziert oder abgeändert werden konnte. Zudem führte die Mobilmachung eines Staates zu automatischen Reaktionen der anderen Staaten. Durch die Rigidität der Prozesse waren Europas Entscheidungsträger im Spätsommer 1914 paralysiert und konnten die in Gang gesetzte institutionelle Maschinerie nicht weiter beeinflussen.

Pazifismus und Demokratischer Frieden[8]

Die Theorie des **Demokratischen Pazifismus** geht unter anderem auf die schon von Immanuel Kant (Zum Ewigen Frieden 1795) vertretene Annahme zurück, dass Demokratien grundsätzlich friedfertiger sind als andere Regierungssysteme. Libe-

---

7   Vgl. hierzu auch die Ausführungen im Kapitel *Rüstung und Rüstungskontrolle* (2.4).

8   Vgl. zu diesem Abschnitt auch Krell (2009: 188–197).

rale Demokratien etablieren offene Ökonomien und treiben internationalen Handel, während ein hoher Partizipationsgrad der Bürger einem militarisierten Imperialismus entgegenwirkt.[9] Liberale Staaten führen seltener Kriege, da ein Krieg nur gesellschaftlichen und militärischen Aristokratien nützt, wohingegen der Großteil der Bevölkerung darauf bedacht ist, seinen Wohlstand und seine politischen Freiheiten nicht durch Kriege aufs Spiel zu setzen (Schumpeter 1950: 128–129).

> Da die Partizipation der Bürger in einer Demokratie es ermöglicht, Interessen und gesellschaftliche Präferenzen zu artikulieren, sind demokratische Institutionen der Garant für Friedfertigkeit – vor allem aber nicht nur zwischen Demokratien (Rummel 1979).

Zwar haben viele Autoren die These angezweifelt, dass Demokratien generell friedfertiger sind (Chan 1984; Weede 1984; Maoz/Abdolali 1989), dennoch hat sich, abgeleitet aus dem **Demokratischen Pazifismus**, die Theorie des **Demokratischen Friedens** in der Forschung etabliert. Die Theorie des **Demokratischen Friedens** ist eine dyadische Theorie, da sie sich auf Interaktionen zwischen zwei demokratischen Staaten bezieht (Sobek 2009: 86). Sie geht nicht davon aus, dass Demokratien grundsätzlich friedlich sind, sondern nimmt an, dass Kriege zwischen zwei Demokratien viel unwahrscheinlicher sind als Kriege zwischen einer Demokratie und einem autoritären Staat. Das bedeutet nicht, dass es keine Konflikte zwischen zwei Demokratien geben kann, sondern weist darauf hin, dass solche Konflikte bevorzugt auf diplomatischem Wege beigelegt werden und selten in Krieg eskalieren (Doyle 1983).

Imperialismustheorie
Die **Imperialismustheorie** von John Hobson ([1965]) widmet sich der Frage, warum sich demokratische Staaten eines aggressiven Imperialismus' bedienen, wenn sie aufgrund ihres politischen Systems eigentlich friedfertig sein müssten. Als Ursache für dieses Paradox identifiziert Hobson den Kapitalismus. Kapitalistische Staaten leiden demnach an Überproduktion, Verteilungsungleichheit, Unterkonsumption, überschüssigem Kapital und periodischer ökonomischer Depression. Als Geringverdiener verfügt die Mehrheit der Bevölkerung nicht über die Kaufkraft, um die überschüssigen Waren zu erstehen. Anstatt durch Umverteilung des Reichtums diesem Missstand entgegenzuwirken, etablieren die kapitalistischen Eliten Handelskolonien in fremden Ländern und halten diese militärisch nieder, um den Zugang zu lokalen Märkten und Ressourcen zu sichern. Die Kriegsursa-

---

9 Vgl. hierzu auch die nachfolgenden Ausführungen zur *Imperialismustheorie*.

chen sind demnach nicht im *politischen* System verortet, sondern in der **Natur des ökonomischen** Systems (Hobson [1965]: 71–93).

▶ Solange der politische Prozess in Demokratien von kleinen, kapitalistischen Eliten dominiert und nicht von großen Teilen der Bevölkerung mitentschieden wird, führen Demokratien laut Hobson imperialistische Kriege.

In Anlehnung an Hobson formulierte Lenin ([1962]) eine **marxistische Imperialismustheorie,** die in Grundzügen mit Hobson übereinstimmt. Im Gegensatz zu seinem Vorgänger sieht Lenin aber keine Möglichkeit, Imperialismus durch Umverteilung der Güter oder breitere demokratische Partizipation zu vermeiden. Vielmehr ist Imperialismus das letzte Stadium des entwickelten Kapitalismus, wobei nicht politische Entscheidungen zu imperialistischen Kriegen führen, sondern ökonomische Notwendigkeiten. Da die Welt nur über eine begrenzte Zahl an kolonisierbaren Regionen verfügt, etabliert sich ein ökonomisches Nullsummenspiel zwischen Staaten. Sobald die Welt zwischen ungleich mächtigen Großmächten aufgeteilt ist, kann die im Kapitalismus weiter benötigte Expansion nur auf militärischem Weg durchgesetzt werden. Somit erweitert Lenin die Imperialismustheorie, indem er den Kapitalismus auch als Ursache für Großmachtkriege ansieht. Zur Lösung des Problems fordert Lenin die Abschaffung des Kapitalismus und die Etablierung sozialistischer Staaten, die auf Basis eines gerechteren ökonomischen Systems den Weltfrieden ermöglichen.

Intern-extern-Konflikttheorie

Die **Intern-extern-Konflikttheorie** ist ein Überbegriff für eine Reihe von Kriegsursachentheorien, die sich alle mit der Dynamik und den Ursachen von Kriegen aufgrund interner Instabilität auf Seiten eines Staates befassen. Diese Theorien basieren auf der grundsätzlichen These, dass Instabilität innerhalb eines Staates entweder externe Interventionen durch andere Staaten provoziert oder dazu führt, dass der geschwächte Staat durch aggressive Außenpolitik die internen Probleme zu überwinden sucht. Dabei legt etwa Richard Rosencrances (1963) Analyse internationaler Instabilität von 1740 bis 1960 folgenden Schluss nahe:

▶ Interne Krisen sind eine der wichtigsten Ursachen für den Ausbruch von Großmachtkriegen.

Für diesen Befund ist es interessanterweise irrelevant, ob es sich bei den Staaten um Demokratien oder autoritäre Regime handelt (Rosecrance 1963: 306).

Die **Sündenbocktheorie** *(scapegoat theory)* bedient sich eines von Bodin (1530–1596 n. Chr.) geprägten Leitsatzes:

▶ Von innenpolitischen Konflikten lässt sich am besten durch außenpolitische Erfolge ablenken.

Wenn Staaten unter sozialen, ökonomischen oder politischen Krisen leiden oder ethnische und religiöse Konflikte die öffentliche Ordnung bedrohen, beginnen Staatsführer häufig Kriege gegen externe Akteure, um durch die Steigerung des Patriotismus und des Zusammengehörigkeitsgefühls innenpolitische Probleme zu überwinden (Cashman 2000: 146).

Blainey (1988: 69–85) untersucht den von der Sündenbocktheorie angenommenen Zusammenhang zwischen internen Konflikten und externem Krieg, indem er in einem Zeitraum von 125 Jahren (1815–1939) alle zwischenstaatlichen Kriege analysiert. Blainey bekräftigt grundsätzlich den intern-extern-Zusammenhang, da in 31 Fällen (51 % der untersuchten Konflikte) interne Krisen in einem der Konfliktstaaten vorausgegangen waren. Aus seiner Sicht ist jedoch eine Umkehrung der Theorie besser dazu geeignet, die untersuchten Vorgänge zu beschreiben. Anders als von der Sündenbocktheorie angenommen, war nicht der sich in der Krise befindende Staat der Initiator des Krieges, sondern ein unbeteiligter Nachbar. Insofern handelt es sich um *kick them while they are down*-Kriege (so genannt, da aufgrund interner Konflikte primär geschwächte Staaten angegriffen werden). Der Grund für den Kriegsausbruch ist die Intention benachbarter Staaten, die interne Schwäche des Krisenstaates und die damit einhergehende Veränderung der Machtverteilung zu ihren Gunsten zu nutzen (Blainey 1988: 82).

Zeev Maoz (1989) zeigt in einer quantitativen Studie eine weitere Komponente intern-externer Kriegsursachenforschung auf. Dabei steht die Untersuchung sich neu entwickelnder Staaten und Staaten, die eine **Reform der politischen Ordnung** durchlaufen, im Mittelpunkt. Aus Revolutions- und Unabhängigkeitskriegen neu entstandene Staaten werden seltener friedlich in die internationale Staatengemeinschaft aufgenommen als Staatsgründungen, die evolutionär verlaufen. Auch bestehende Staaten, die eine revolutionäre politische Transformation durchführen, sehen sich mit einer höheren Wahrscheinlichkeit mit Krieg konfrontiert, da Staaten, die noch die alte Ordnung aufrechterhalten, sie als Bedrohung wahrnehmen. Auf Basis der Datenbank *Militarized Interstate Disputes* von 1816 bis 1976 stellt Maoz fest:

▶ Revolutionäre Staatsgründungen und Regimewechsel führen eher zu Kriegen als evolutionäre Gründungs- bzw. Transformationsprozesse.

Die auf Arnold Toynbee (1954) zurückgehende **Kriegsermüdungstheorie** *(war weariness theory)* besagt:

▶ Staaten, die kürzlich einen langen und kostspieligen Krieg durchlaufen haben, neigen eher zu Friedfertigkeit. Im Gegensatz dazu tendieren Staaten, die eine lange Friedenszeit erfahren haben, eher dazu einen Krieg zu beginnen.

Die Kriegsermüdungstheorie ist eher eine Kriegsinitiierungs- als eine Kriegsteilnahmetheorie, da im Verteidigungsfall Kriegsmüdigkeit keine Option darstellt. Der Ansatz geht von folgenden psychologischen Annahmen aus:

▶ Staatslenker werden aufgrund ihrer Kriegserfahrungen dem Ausbruch weiterer Kriege während ihrer Amtszeit entgegenwirken. Sobald jedoch eine neue Generation die Führung des Staates übernimmt, ist die Gefahr größer, dass sie sich für Krieg entscheidet.

Obwohl der Ansatz den Anschein erweckt, auf der Analyseebene „Individuum" angesiedelt zu sein, hat er doch wichtige Implikationen für die Staatsanalyseebene, denn neben der Staatsführung hat auch das Staatsvolk die zerstörerische Kraft von Kriegen erfahren, was die **kollektive Psyche** der Gesellschaft nachhaltig beeinflusst. Kriegsmüdigkeit wird dadurch ein Bestandteil des „kollektiven nationalen Bewusstseins" und der „politischen Kultur" einer Nation und führt so zu Friedfertigkeit (Cashman 2000: 153).

Zwischenfazit
Die Erklärungsansätze, die sich auf außenpolitische Entscheidungen von Entscheidungsträgern und Kleingruppen auf der Staatsanalyseebene konzentrieren, sind eng verwoben mit den biologischen und kulturellen Determinanten der Individualanalyseebene. Sowohl *rational choice*- als auch der **BPM**-Ansatz liefern Kriegsursachenerklärungen, die zumindest zum Teil auf psychologische Faktoren der beteiligten Personen zurückzuführen sind. Der Ansatz des **Demokratischen Pazifismus** scheitert am empirischen Befund, dass demokratische Staaten genau so kriegerisch sind wie Nicht-Demokratien (Sarkees/Wayman 2010). Der Ansatz des **Demokratischen Friedens** hingegen hat sich etabliert, auch wenn von Kritikern zwei Fälle (Britisch-Amerikanischer Krieg 1812 und Kargil-Krieg 1999) angeführt werden, in denen Demokratien gegeneinander Krieg führten. Zudem ist die Theorie im Grunde eine Friedens- und keine klassische Kriegsursachentheorie.
  Sowohl die Hobsonsche als auch leninistische Lesart der **Imperialismustheorie** leiden an ihren Prämissen. Nationaler Unterverbrauch und Profitgier können zwar zu Kriegen führen, sind aber nur eines von vielen verfügbaren Mitteln, um ökonomische Krisen zu bewältigen. Auch Lenins Annahme, dass Kapitalismus Krieg benötigt, um ökonomisches Wachstum zu generieren, widerspricht

dem Ideal eines friedlichen Umfelds, in dem unternehmerische Tätigkeit florieren kann. Zudem gibt es einige kapitalistische Staaten (etwa Schweden und Schweiz), die keinen Imperialismus betrieben haben, während andererseits nicht-kapitalistische Staaten (etwa Russland und Japan) exzessiv imperialistisch agierten.

Bei den intern-extern Konflikttheorien fußt die **Sündenbocktheorie**, obwohl durchaus intuitiv, auf schwachen empirischen Befunden. Wie Blainey (1988) im *kick them while they are down*-Ansatz zeigt, ist in der Regel der sich in einer innenpolitischen Krise oder in einem Bürgerkrieg befindliche Staat Ziel eines Angriffs. Diese Internationalisierung von Bürgerkriegen führt also einerseits zu Interventionen von außen oder zu Hilfeleistungen für eine der Bürgerkriegsparteien. Der **Revolutionskriegsansatz** zeigt die Korrelation zwischen revolutionären Staaten und der Wahrscheinlichkeit eines Kriegsausbruchs auf, kann allerdings nicht eindeutig erklären, ob der revolutionäre Staat eher der Initiator oder das Ziel eines militärischen Konflikts ist. Die **Kriegsermüdungstheorie** kann den Ausbruch des Zweiten Weltkrieges, der nur 20 Jahre nach dem Ersten begann, nicht erklären. Zudem unterscheidet die Theorie nicht zwischen Sieger und Verlierer. Bei Staaten, die einen vorhergehenden Krieg gewonnen haben, wird sich das nationale Bewusstsein nicht hin zu mehr Friedfertigkeit entwickeln (Levy/Morgan 1986). Aber auch Staaten, die Kriege verlieren, werden nicht zwangsläufig friedfertiger, da sich neben Kriegsmüdigkeit auch revanchistische Tendenzen in Teilen der Gesellschaft entwickeln können.

2.1.2.1.3 Das internationale System als Analyseebene

Forschungsansätze, die das internationale System in den Mittelpunkt stellen, gehen von der Annahme aus, dass die Ursachen von Kriegen in der **Interaktion** von Staaten begründet liegen. Einige Ansätze konzentrieren sich dabei auf die konkreten Interaktionen von Staaten *im* System *(Internationale Rivalität, Steps to war-Modell)*, während andere das System als Ganzes in den Blick nehmen.

Internationale Rivalität
Der Forschungsansatz der **internationalen Rivalität** ist vergleichsweise neu. Grundsätzlich wird davon ausgegangen, dass alle Staaten gleichermaßen kriegerisch sind, obwohl es einige Staaten im internationalen System gibt, die noch nie an Kriegen teilgenommen haben und andere, die an überproportional vielen Kriegen beteiligt waren.

▶   Grundsätzlich ist die Wahrscheinlichkeit eines Krieges zwischen Staaten, die sich nicht gegenseitig erreichen können, gering.

Sollte etwa zwischen Ecuador und Mali ein bewaffneter Konflikt ausbrechen, so verfügt keine der beiden Konfliktparteien über die Fähigkeit, ihre militärische Stärke über den Atlantik hinweg auf das Territorium des jeweiligen Gegners zu projizieren. Aufgrund der geographischen Entfernung ist es allerdings auch unwahrscheinlich, dass es einen Interessenkonflikt zwischen den beiden Staaten gibt. Im Falle geographischer Nähe ist das Gegenteil der Fall. Israel kämpfte noch nie gegen einen europäischen Staat, dafür aber schon mehrmals gegen Ägypten oder Syrien. Der aufgrund der geographischen Nachbarschaft entstandene Interessenkonflikt ist der entscheidende Grund für israelisch-ägyptische oder israelisch-syrische Rivalität. Da sich diese Staaten gegenseitig als die jeweils größte Bedrohung wahrnehmen und gleichzeitig um das gleiche Territorium, die gleichen Einflussbereiche, Märkte und Ressourcen ringen, etablieren sich langanhaltende Konfliktmuster und Rivalitäten, die auch dann weiterbestehen, wenn etwa territoriale Interessenkonflikte bereits beigelegt wurden.

Zwei Varianten internationaler Rivalität haben sich innerhalb des Forschungsansatzes etabliert: **anhaltende Rivalität** und **strategische Rivalität**. Nach Diehl und Goertz (2000) erkennt man **anhaltende Rivalität** an der Frequenz, mit der zwei rivalisierende Staaten gegeneinander Krieg führen. **Strategische Rivalität** hingegen untersucht, ob Entscheidungsträger einen rivalisierenden Staat als größte Bedrohung wahrgenommen haben und diese Rivalität die Außenpolitik nachhaltig bestimmt hat (Colerasi et al. 2007).

Die Tragweite internationaler Rivalitäten lässt sich auch statistisch erfassen:

> ▶ Bis zu 75 % aller zwischenstaatlichen Konflikte seit 1816 gehen auf internationale Rivalitäten zurück, also auf Staaten, die überproportional oft gegeneinander Kriege führen (Levy/Thompson 2010: 57).

Hinsichtlich der relativen Machtverteilung zwischen Staaten kann man annehmen, dass schwache Staaten es vermeiden, Offensivkriege gegen übermächtige Großmächte zu führen. Zwar gibt es Ausnahmen (etwa der Angriff Japans auf Hawaii oder die Besetzung der Falklands durch Argentinien), jedoch bestätigen eben diese Ausnahmen die Regel, dass eine große Diskrepanz relativer Machtverteilung schwache Staaten von Kriegen gegen Großmächte abhält. Daher bleibt festzuhalten, dass die geographische Nähe einen signifikanten Faktor für den Ausbruch von Kriegen darstellt und auch deshalb nicht alle Staaten per se gleich kriegerisch sind.

Steps to war-Modell

Das **steps to war**-Modell von Senese und Vasquez (2008) konzentriert sich, anders als die bisher angeführten Erklärungsansätze, nicht auf die Frage, warum sich Staaten bekriegen, sondern untersucht spezifische Streitfälle zwischen Staaten und **Prozesse, die zu Kriegen führen.** Zu den Disputarten zählen Territorialstreitigkeiten, politische Konflikte und *regime-type*-Konflikte (etwa zwischen Demokratien und autoritären Regimen). Gestützt durch eine quantitativ-statistische Großstudie, die alle zwischenstaatlichen Kriege seit 1816 umfasst, zeigen Senese und Vasquez, wie jede dieser Konfliktstufen *(steps)* einen Kriegsausbruch wahrscheinlicher macht. Territorialkonflikte führen dabei mit größerer Wahrscheinlichkeit zu Kriegen als die anderen Streitfälle (Senese/Vasquez 2008: 9).

Als erste Konfliktstufe ist ein zwischenstaatlicher Streitfall zu verstehen. Bei einem Territorialkonflikt ist die Kriegsgefahr hoch und führt zudem zu weiteren Territorialkonflikten. Sollte eine der beiden Konfliktparteien daraufhin eine Allianz eingehen, steigt die Kriegswahrscheinlichkeit wiederum. Dieser Effekt wird verstärkt, wenn die Reaktion des anderen Staates die Gründung einer Gegenallianz ist. Wenn auf die Allianzbildung ein Rüstungswettlauf folgt und internationale Rivalität vorhanden ist, steigt die Wahrscheinlichkeit für einen Kriegsausbruch noch einmal.[10] Zudem tendieren Krisen dazu, weitere Krisen hervorzurufen (Leng 2000). Grundsätzlich gilt:

▶   Die Wirkung der Konfliktstufen ist kumulativ. Je mehr Konfliktstufen durchlaufen werden, desto wahrscheinlicher kommt es zum Krieg.

Die quantitative Studie des Ansatzes seit 1816 untermauert den Erklärungsansatz, obwohl er für die Zeit des Kalten Krieges nicht immer anwendbar ist, da etwa ein Krieg zwischen den USA und der Sowjetunion ausgeblieben ist.

Internationale Anarchie, Balance of Power und Krieg
In den Theorien der Internationalen Beziehungen etablierten die realistischen Theorien (klassischer Realismus und Neorealismus) die Annahme, dass die Struktur des internationalen Systems anarchisch ist.[11]

---

10   Vgl. in diesem Zusammenhang auch die Kapitel zu *Allianzen* und *Rüstung und Rüstungskontrolle* (2.3 und 2.4).
11   Für eine Einführung in die verschiedenen Theorien der Internationalen Beziehungen vgl. Krell (2009), für eine Einführung in die realistische Theorie vgl. Krell (2009: Kap. 6). Vgl. in diesem Zusammenhang auch die Ausführungen zu IB-Theorien im Kapitel über *Rüstung und Rüstungskontrolle* (S. 121–122 und Unterkapitel 2.4.2.1).

▶ **Anarchie** bezeichnet in diesem Zusammenhang nicht Chaos, sondern nur die Abwesenheit einer übergeordneten Sanktionsinstanz.

Die handelnden Akteure (Staaten) sind hinsichtlich ihrer Funktion im System grundsätzlich gleich. Einzig die Verteilung der materiellen Fähigkeiten *(capabilities)*, etwa konventionelle Kapazitäten und Nuklearwaffen, technologisches Niveau und wirtschaftliche Stärke, variiert. Die Struktur des internationalen Systems ist durch Sozialisation und Wettbewerb zwischen den Akteuren geprägt. Ziel des Handelns der Akteure ist, das eigene Überleben zu sichern. Aufgrund der allgegenwärtigen Anarchie besteht allerdings ein Sicherheitsdilemma (Herz 1959), da sich Staaten nicht über die tatsächlichen Intentionen anderer Staaten sicher sein können und aus dem daraus resultierenden Gefühl der Unsicherheit stets nach mehr Macht als ihre Konkurrenten streben, um ihre eigene Sicherheit zu erhöhen. Daher etabliert sich ein Selbsthilfesystem (Waltz 1959: 159), in dem Staaten als die zentralen Akteure nach Macht streben bzw. Sicherheit zu maximieren suchen, um ihr Überleben zu garantieren.

Der *Balance of Power*-Ansatz ist in diesem Zusammenhang eines der ältesten Konzepte der internationalen Beziehungen. Der Ansatz ist jedoch ambivalent, da er herangezogen wird, um die tatsächliche Machtverteilung im internationalen System, die Machtverteilung zugunsten eines Staates oder jegliche existierende Machtverteilung zu beschreiben (Levy/Thompson 2010: 38). Zudem ist nicht eindeutig geklärt, ob *Balance of Power* eine Theorie oder eine Staatsstrategie im Sinne von Realpolitik ist, was zu unterschiedlichen Lesarten führt.[12]

Versteht man das Machtgleichgewicht als systemische Theorie, teilt man die grundsätzlichen Annahmen des Neorealismus:

Grundannahmen des Neorealismus

(1) Das internationale System ist anarchisch.
(2) Die wesentlichen Akteure sind Staaten.
(3) Staaten streben nach Macht- und/oder Sicherheitsmaximierung.

Aufgrund des Sicherheitsdilemmas etabliert sich ein Nullsummenspiel, was bedeutet, dass jeder Gewinn/Verlust des einen Akteurs mit einem Gewinn/Verlust

---

12 Die Vielfalt und Ausdifferenzierung der zahlreichen *balance of power*-Ansätze kann hier nicht adäquat wiedergegeben werden. Es werden deshalb nur die zentralen Annahmen und jene Gemeinsamkeiten thematisiert, die Implikationen für die Kriegsursachenforschung mit sich bringen. Vgl. im Zusammenhang mit Staatsstrategie auch die Ausführungen zu *Grand Strategy* im Kapitel *Strategie* (2.2.3.2).

eines anderen Akteurs einhergeht (relative Gewinne). Aus diesem Grund müssen
Akteure, um ihr eigenes Überleben zu gewährleisten, relative Gewinne anderer
Akteure ausgleichen *(balancing)*. Staaten können dabei versuchen, ihre materiellen Fähigkeiten durch Rüstung (internes *balancing*) oder durch die Bildung von
Allianzen (externes *balancing*) zu erhöhen. Kleinere Akteure können allerdings
auch versuchen, ihr Überleben zu sichern, indem sie sich auf die Seite des stärksten Akteurs schlagen *(bandwagoning)* (Waltz 1979: 124–128).[13]
    Hinsichtlich der Kriegsursachenforschung ist es im Zusammenhang mit *Ba-
lance of Power* wichtig, die Systemkonstellationen, in denen *balancing* stattfindet,
zu untersuchen.

▶ Bipolare Systeme, in denen zwei Großmächte und ihre jeweiligen Allianzen in
   Konkurrenz stehen, sind stabiler, da es für die beiden Akteursblöcke einfacher
   ist, die Intentionen und Fähigkeiten des Gegenübers einzuschätzen.

Zudem findet in bipolaren Systemen primär internes *balancing* statt. Die erhöhte
Transparenz ermöglicht es, ein stabiles Gleichgewicht zu etablieren, was den Ausbruch eines globalen Kriegs verhindert (Waltz 1964: 883).

▶ Multipolare Systeme, in denen sich drei oder mehrere Großmächte und ihre jeweiligen Allianzen gegenüberstehen, sind hingegen fragiler, da es für die Akteure schwierig ist, die Intentionen und Fähigkeiten richtig einzuschätzen und
   die richtigen *balancing* Maßnahmen zu ergreifen.

Das daraus entstehende Ungleichgewicht erhöht die Wahrscheinlichkeit einer militärischen Eskalation.
    In Anlehnung an Stephen Walts (1987) *„balance of threat"*-Theorie argumen-
tieren Vertreter des **defensiven Realismus,** dass Staaten nicht zwangsläufig gegen
den stärkeren Akteur im System, sondern gegen die größte wahrnehmbare Bedrohung balancieren. Bedeutend für eine Gegnerschaft ist also die **Bedrohungswahrnehmung** und nicht die tatsächliche materielle Machtverteilung im System.
Zudem legen defensive Realisten ihrem Ansatz eine verfeinerte Konzeption von
Macht zugrunde. Sie verweisen einerseits auf die räumliche Komponente, indem
sie argumentieren, dass geographische Nähe die Wahrscheinlichkeit eines Krieges
erhöht, während eine große Entfernung die Chance eines Kriegsausbruchs verringert. Zudem verweisen sie auf die entscheidende Rolle militärischer Technologie. Jervis (1978) und Van Evera (1999) zeigen etwa im *offense-defence-balance-*

---

13 Vgl. in diesem Zusammenhang auch die Kapitel zu *Allianzen* und *Rüstung und Rüstungskon-
    trolle* (2.3 und 2.4).

Ansatz, dass, wenn aufgrund eines technologischen Vorteils von Offensivwaffen Eroberung einfacher wird, Staaten in einen intensiveren Konkurrenzkampf um Macht und Sicherheit treten und sich somit die Wahrscheinlichkeit eines Kriegsausbruchs erhöht. Wenn aber im Gegensatz dazu der technologische Vorteil bei den Defensivwaffen liegt, entschärft sich der Wettbewerb um Macht und Sicherheit zwischen den Staaten und verringert spürbar die Kriegswahrscheinlichkeit (Jervis 1978: 188–189). Beide Trends werden durch die geographische Entfernung zwischen den Akteuren zusätzlich ver- bzw. entschärft (Levy/Thompson 2010: 35).

Das Verfolgen defensiver Strategien reduziert die Wahrscheinlichkeit von Kriegen, denn obwohl sich alle Staaten in einem anarchischen System befinden, können sie dadurch friedliche Intentionen signalisieren.

▶ Durch die defensive Ausrichtung der Rüstung kann die *Balance of Power* Konflikte und Kriege verhindern.

Dies ermöglicht Kooperation, auch unter den Bedingungen des Sicherheitsdilemmas (Jervis 1978). Um den Ausbruch von Kriegen zu erklären, erweitern defensive Realisten den systemischen Ansatz durch innerstaatliche Variablen. Kriege brechen demnach nicht aus, weil Staaten nach Sicherheit streben, sondern weil innerhalb einzelner Staaten revisionistische Politik, machthungrige Eliten oder extreme Fehlkalkulationen vorherrschen (Kydd 1997).

Für Vertreter des **offensiven Realismus** ist das internationale System hingegen so feindselig, dass aufgrund der allgegenwärtigen Unsicherheit über die Intentionen eines konkurrierenden Staates im Zustand der Anarchie selbst Staaten, die eigentlich die Aufrechterhaltung des Status quo anstreben, offensive Strategien übernehmen. Gepaart mit einer *worst-case*-Analyse führt dieser Offensivdrang oft zu Kriegen, die den Selbsterhalt und die Sicherheit der Großmächte garantieren sollen (Mearsheimer 2001).

Der von den defensiven Realisten angeführte *offense-defence-balance*-Ansatz ist aus Sicht des offensiven Realismus unzureichend, da es unmöglich ist, das defensive bzw. offensive Potential heutiger Waffensysteme zu unterscheiden (Lynn-Jones 1995). Deshalb lässt sich auch das Sicherheitsdilemma nicht umgehen. Nach Sicherheit strebende Großmächte müssen eine Hegemonie anvisieren und *bandwagoning* durch Anreize fördern. Da eine globale Hegemonie mit zu hohen Kosten verbunden ist, ist das Erreichen einer regionalen Hegemonie wahrscheinlicher.

▶ Trotz des zu erwartenden *counterbalancing* und der Möglichkeit eines Krieges bietet das Streben nach regionaler Hegemonie den höchsten Grad an Sicherheit.

Hegemoniale, zyklische und historisch-strukturelle Theorien
Ganz im Sinne des offensiven Realismus argumentieren auch Vertreter sogenannter hegemonialer Theorien, dass Hegemonien bzw. Hierarchien weniger kriegsanfällig sind als andere Machtverteilungskonzepte.

Power Transition Theory
A. F. K. Organski (1958) hat in *World Politics* eine Kriegsursachentheorie etabliert, die sich vornehmlich mit Veränderungen der Machtverteilung im internationalen System beschäftigt. Organski argumentiert, dass in jeder historischen Epoche eine Großmacht das internationale System dominiert, aufgrund ihrer Machtposition eine Sphäre politischer und ökonomischer Stabilität generiert und dadurch Hegemon[14] einer zufriedenen Gruppe von Staaten, die sich freiwillig untergliedern, wird. Jene Staaten, die sich unterordnen, profitieren sowohl politisch und ökonomisch als auch sicherheitspolitisch von der Allianz mit dem Hegemon. Jene Staaten, die mit dem Status quo unzufrieden sind, sind zu schwach, um den Hegemon herauszufordern (Levy/Thompson 2010: 44).

Anders als bei den **Balance of Power**-Ansätzen basiert der Machtbegriff der *Power Transition Theory* nicht ausschließlich auf militärischen Fähigkeiten.

▶ **Macht** ist vielmehr ein Produkt von Bevölkerungszahl, ökonomischer Produktivität und der politischen Befähigung, staatliche und gesellschaftliche Ressourcen zur Durchsetzung internationaler Politik zu mobilisieren.

Die *Power Transition Theory* ist insofern eine dynamische Theorie, als sie die unterschiedlichen Wachstumsraten der Macht zwischen Staaten untersucht und den Aufstieg und Fall von Führungsstaaten zu erklären versucht (Organski/Kugler 1980). Die Gefahr eines Krieges besteht dann, wenn sich ein unzufriedener Staat dem Machtniveau des Hegemons nähert und versucht, durch Krieg die Machtverschiebung zu seinen Gunsten zu beschleunigen. Die zentralen Annahmen der Theorie bezüglich der Kriegsursachen zwischen einem Hegemon und einem Herausforderer lauten wie folgt:

Kriegsursachen in der *Power Transition Theory*

(1) Machtverschiebung zwischen Hegemon und Herausforderer.
(2) Ein nahezu ausgeglichenes Machtverhältnis.
(3) Unzufriedenheit des Herausforderers mit dem Status quo.

---

14 Organski verwendet nicht den Begriff „Hegemon", sondern „Führungsmacht".

Hegemonic War Theory

Die **Hegemonialkriegstheorie** von Robert Gilpin (1981) ist keine allgemeine Kriegsursachentheorie, sondern richtet ihr Augenmerk auf Großmachtkriege. Gilpin konzentriert sich auf den dominantesten Staat im internationalen System, den Hegemon, auch wenn seine Theorie grundsätzlich auf alle Staaten im internationalen System anwendbar ist. Die Führungsposition des Hegemons im System basiert auf einer im Vergleich zu anderen Staaten überproportionalen relativen Machtposition im militärischen und ökonomischen Bereich. Diese Dominanz erlaubt es dem Hegemon, anderen Staaten im System kollektive Güter bereitzustellen, wie etwa militärische Sicherheit, eine internationale Währung, die Aufrechterhaltung des Status quo, die Wahrung von Eigentumsrechten und ein internationales Handelssystem.[15]

In Anlehnung an die *Power Transition Theory* gilt:

► Das Kriegsrisiko steigt, sobald es zu einer Veränderung der Machtverteilung kommt und der Hegemon nicht in der Lage ist, den ungleichen Machtzuwachs zu kompensieren.

Da sich Gilpin auf die Verschiebung der Machtverhältnisse konzentriert, ist es irrelevant, ob es sich dabei um ein bipolares oder ein multipolares System handelt, denn sowohl Bipolarität als auch Multipolarität garantieren keinen Frieden (Gilpin 1981: 92–93). Sobald die Struktur des internationalen Systems instabil wird, also die Kosten-Nutzen-Kalkulation für Mitglieder des Systems ungünstig ist, streben Herausforderstaaten nach einer Revision der territorialen, politischen und ökonomischen Machtverteilung, bis schließlich ein Staat die Fähigkeiten und das Interesse erlangt, das internationale System zu seinen Gunsten zu formen.

Grundsätzlich folgt Gilpin bei seiner Theorie den Grundannahmen des Realismus: Die Natur des internationalen Systems ist seit Jahrtausenden unverändert, während internationale Beziehungen ein immerwährender Kampf um Macht und Wohlstand zwischen unabhängigen Akteuren unter dem Zustand der Anarchie sind (Gilpin 1981: 7). Seiner Hegemonialkriegstheorie legt Gilpin fünf Annahmen zu Grunde:

Annahmen der Hegemonialkriegstheorie nach Gilpin

(1) Ein internationales System ist stabil, solange kein Staat es für vorteilhaft erachtet, einen Wandel voranzutreiben (Gilpin 1981: 10).

---

15 Vgl. in diesem Zusammenhang auch die Ausführungen zu hegemonialer Stabilität im Kapitel über *Allianzen* (2.3.3.1.).

(2) Auch wenn internationale Systeme lange stabil bleiben können, ist es unvermeidbar, dass eine Veränderung eintritt, sobald ein Staat den durch Wandel erwarteten Nutzen höher einschätzt als die daraus resultierenden Kosten (Gilpin 1981: 50).

(3) Staaten, die einen Wandel des internationalen Systems anstreben, werden diesen solange vorantreiben, bis die Kosten einer Weiterführung des Wandels identisch oder größer sind als der Nutzen des Wandels (Gilpin 1981: 106), also bis schließlich die Kosten-Nutzen-Kalkulation ausgeglichen ist.

(4) Sobald diese Kosten-Nutzen-Kalkulation des Systemwandels in ein Gleichgewicht *(equilibrium)* gebracht wird, sind die ökonomischen Kosten für den Hegemon immer höher als die tatsächlich vorhandenen Fähigkeiten des Hegemons, dieses Gleichgewicht aufrechtzuerhalten.

(5) Auch wenn der Hegemon und seine Partnerstaaten über längere Zeit den Status quo aufrechterhalten können, ist dieser Zustand inhärent unhaltbar, sodass sich ein Ungleichgewicht *(disequilibrium)* zwischen der politischen Organisation des Systems und der tatsächlichen Machtverteilung einstellt. Aufgrund des ungleichen Machtwachstums zwischen dem Hegemon und einem Herausfordererstaat ist ein Hegemonialkrieg die Folge, in dem entweder das alte Gleichgewicht wieder hergestellt wird oder ein neues Gleichgewicht auf Grundlage der tatsächlichen Machtverteilung entsteht (Gilpin 1981: 186).

In der Hegemonialkriegstheorie ist die Kriegsursache also die ungleiche Verteilung des **Prestiges** des Hegemons und der tatsächlichen Macht eines Herausforderers. Der Grund für den Kriegsausbruch ist demnach entweder auf den Hegemon, der durch einen Präventivkrieg versucht einen Herausforderer frühzeitig zu bezwingen, oder auf einen Herausforderer, der die aktuelle Machtverteilung dazu nützt das internationale System neu zu ordnen, zurückzuführen.

Zwischenfazit
Das Konzept der **Internationalen Rivalität** ist ein empirisch gut begründetes und hilfreiches Mittel, um die Frequenz von Konflikten zwischen bestimmten Dyaden von Staaten zu erklären. Jedoch ist es noch notwendig, die untertheoretisierten Fragen nach Entstehung, Ursachen, Entwicklung und Beendigung von Rivalitäten in den Ansatz zu integrieren. Auch das *steps to war*-**Modell** beweist, wie einzelne Disputfaktoren kumulativ die Wahrscheinlichkeit eines Kriegsausbruchs erhöhen. Kritiker weisen aber auf die Bedeutung von strukturellen Zwängen hin. Nicht die strategischen Präferenzen der Staaten, sondern die strukturellen Notwendigkeiten zwingen Staaten realpolitische Ziele zu verfolgen, die ihr Überleben garantieren, was wiederum Kriege wahrscheinlicher macht.

Die neorealistischen Kriegsursachentheorien der Systemanalyseebene gehen alle von Anarchie als zentraler Konstante der internationalen Beziehungen aus. Internationale Anarchie kann als Ursache für Kriege herangezogen werden, jedoch kann sie nicht erklären, warum in manchen historischen Zeiträumen mehr Kriege geführt wurden als in anderen. Es ist also notwendig, Variablen in der Struktur des internationalen Systems zu identifizieren, welche die unterschiedliche Frequenz von Kriegen erklären.

Wie *Balance of Power* und die *Power Transition*-Theorie zeigen, können rapide Machtverschiebungen den Ausbruch von Großmachtkriegen erklären. Historisch-strukturelle Ansätze wie Organskis *Power Transition*-Theorie und Gilpins *Hegemonic War*-Theorie haben beim Versuch, Kriegsursachen zu erklären mehrere Gemeinsamkeiten: (1) Sie beziehen sich auf das moderne Staatensystem seit 1500; (2) sie befassen sich nur mit Großmachtkriegen und nicht mit allen staatlichen Kriegen; (3) sie konzentrieren sich auf den Antagonismus zwischen einem Hegemon und einem Herausforderer; (4) beide betonen die Bedeutung von Langzeitursachen von globalen Kriegen; (5) sie untersuchen ungleiche Wachstumsraten, die zu einem Machtungleichgewicht führen und somit Kriege wahrscheinlicher machen; und (6) ein unipolares System wird als das sicherste und friedlichste erachtet, obwohl sie einräumen, dass es nicht aufrechtzuerhalten ist. Eine zentrale Problematik der historisch-strukturellen Ansätze ist **die Konzentration auf globale Kriege.**

Wie einleitend vermerkt, können also auch die Ansätze auf der systemischen Ebene keine systematische Kriegsursachentheorie liefern, die alle Kriege gleichermaßen erklären kann.

2.1.2.2 Innerstaatliche und transnationale Kriege

Die Zahl klassischer zwischenstaatlicher und extra-staatlicher Kriege (also Kriege, in denen mindestens ein Akteur ein Staat ist) nimmt ab, während die Anzahl innerstaatlicher und nicht-staatlicher Kriege zunimmt (Sarkees/Wayman 2010: 190, 335, 565, 568). In Anbetracht der steigenden Zahl innerstaatlicher Konflikte und der rapide ansteigenden Zahl von Kriegsopfern in Bürgerkriegen seit 1945 widmet sich die jüngere Kriegsursachenforschung zunehmend diesem Forschungsfeld.[16]

---

16 Vgl. hierzu auch die Ausführungen zu neueren Ansätzen internationaler Sicherheit (3.), insbesondere das Unterkapitel zur *Vertiefung des Sicherheitsbegriffs* (3.1.2).

2.1.2.2.1 Bürgerkriege und Kriegsökonomien

Die Ursachen von ethnisch, religiös, politisch, ideologisch oder ökonomisch motivierten Bürgerkriegen sind wenig erforscht. Zeitgenössische Ansätze konzentrieren sich bei der Erforschung von Bürgerkriegen zunächst auf zwei zentrale Kriegsursachen: **Gier** *(greed)* und **Unmut bzw. Missstand** *(grievance)*. Das Missstand-Argument geht von der Annahme aus, dass ein Teil der Bevölkerung eines Staates unzufrieden ist und durch Gewaltanwendung versucht, diesen Missstand zu revidieren.

Der Grund für die Unzufriedenheit der Bevölkerung ist weniger entscheidend als das Potential, große Bevölkerungsgruppen gegen die Regierung zu mobilisieren bzw. die Unfähigkeit der Regierung, eine Verbesserung der Situation herbeizuführen (Sobek 2009: 177). Dabei verursachen, wie etwa Davies (1962) und Gurr (1970) zeigen, nicht die untersten sozialen Schichten Aufstände, da sie zu sehr damit beschäftigt sind, ihr tägliches Überleben zu sichern, sondern jene gesellschaftliche Mittelschicht, der ein weiterer sozialer oder ökonomischer Aufstieg verwehrt bleibt.

▷ Das Problem des Missstand-Ansatzes ist, dass es in nahezu jedem Staat unzufriedene Bevölkerungsgruppen gibt, aber im Vergleich zur Anzahl der Staaten, Bürgerkriege relativ rar sind.

Aus diesem Grund haben Collier und Hoffler (1998, 2004) die Variable der Gier als Ursache für Bürgerkriege angefügt. Gruppen, die sich ausgebeutet fühlen, aber keine Möglichkeit haben ihren Kampf zu finanzieren, werden selten einen Bürgerkrieg beginnen. Erst wenn die Möglichkeit besteht, durch einen internen Konflikt Profit zu machen, so das Gier-Argument, werden unzufriedene Bevölkerungsteile eine Revolution anstreben. Die Wahrscheinlichkeit eines Bürgerkriegs steigt, wenn sich in der Konfliktregion natürliche Ressourcen befinden, da sich Rebellengruppen durch deren Abbau finanzieren und sich Bürgerkriege dadurch selbst perpetuieren können (Ross 2003: 30).

Eine **weitere Entwicklung** im Zusammenhang mit der Frage nach den Ursachen von Bürgerkriegen spiegelt sich in der Debatte zwischen den Vertretern des **Möglichkeiten- und des Motivationsmodells** wider. Dabei konzentriert sich das **Möglichkeiten-Modell** auf vorhandene Ressourcen, also das Bruttoinlandsprodukt, das Pro-Kopf-Einkommen, den Bildungsstand junger Männer, die Wachstumsrate des Pro-Kopf-Einkommens, die Bevölkerungsdichte sowie die geographische Beschaffenheit und den sozialen Zusammenhalt in komplexen Kriegsökonomien. Dadurch wird versucht, die notwendigen Voraussetzungen für eine Insurrektion genau zu definieren. Aufstände und Bürgerkriege sind wahrscheinlicher, wenn alle diese Variablen gegeben und somit die organisatorischen Bedürfnisse von Rebellengruppen gedeckt sind.

Fearon und Laitin (2003) erweitern das **Möglichkeiten-Modell**, indem sie darauf verweisen, dass mehr als die Hälfte der Bürgerkriege mit der Unfähigkeit des beteiligten Staatsakteurs zusammenhängt, die externen, transnationalen Basen von Rebellengruppen zu bekämpfen. Ein Großteil der Bürgerkriege sind daher regionale Konflikte und gerade diese geographische Dimension ermöglicht es Rebellengruppen, Aufstände zu initiieren und nachhaltig zu führen.

Um den Ausbruch von Bürgerkriegen besser erklären zu können, erweitert Boix (2008) das **Möglichkeiten-Modell** um das Konzept der **Motivation**. Ungleichheiten innerhalb einer Gesellschaft führen dazu, dass die reicheren Schichten im Falle eines Bürgerkriegs mehr zu verlieren haben als ärmere Schichten. Daher arbeiten die oberen Schichten auf einen Erhalt des etablierten Gesellschaftssystems hin. Arme Schichten hingegen sind motiviert, die Reichen durch Besteuerung ihrer Werte dazu zu bringen zum gesellschaftlichen Wohl beizutragen. Boix unterscheidet zwischen mobilen und fixen besteuerbaren Werten. Sollten die fixen Werte die mobilen übersteigen, handelt es sich in der Regel um autoritäre Systeme und Insurrektion bietet den einzigen Ausweg, um die Vermögensverhältnisse zugunsten der Armen zu ändern. Eine vornehmlich aus mobilen Werten bestehende Vermögensverteilung fördert dagegen demokratische Strukturen und verringert das Risiko eines Bürgerkrieges.

2.1.2.2.2 Ethnische Konflikte

Hinsichtlich der Ursachen ethnischer Konflikte gibt es keine systematische Theorie, die es vermag, den Ausbruch von Konflikten zu erklären (Brown 1993: 12). Zudem ist nicht klar, warum einige ethnische Konflikte durch friedliche Koexistenz oder unblutige Revolutionen (etwa im Fall der französischen Minderheit in Quebec oder die friedliche Spaltung der Tschechoslowakei) beigelegt werden, während andere zu hochgradig gewalttätigen Konflikten mutieren, in denen Grausamkeit und Brutalität ihres Gleichen suchen (wie etwa in den 90er Jahren im Bosnien-Krieg oder in Ruanda).

Erste Versuche, eine systematische Theorie über die Ursachen ethnischer Konflikte zu etablieren, untersuchen multiethnische Staaten und prüfen, ob die nationalen, regionalen und internationalen Kontrollmächte zu schwach sind, um ethnische Konflikte zu vermeiden bzw. individuelle Gruppen zu schützen. Weitere Annahmen gehen davon aus, dass eine Gruppe, die Unabhängigkeit in Vielvölkerstaaten anstrebt, eine Kettenreaktion auslöst (wie etwa in Jugoslawien 1991–1999). Auch wenn Minoritäten eines benachbarten Staates A an einem ethnischen Konflikt in Staat B beteiligt sind, kann dies zu Sezessions- und Angliederungskriegen

oder zu Hilfsinterventionen durch Staat A führen (etwa Armenien, Berg-Kara-
bach und Aserbaidschan 1991). Diese unterschiedlichen Prämissen und Annahmen deuten darauf hin, dass es aufgrund der Komplexität ethnischer Konflikte
bisher nicht gelungen ist, eine umfassende Kriegsursachentheorie zu etablieren.

Zwischenfazit
Jener Strang der Kriegsursachenforschung, der den Ausbruch von Revolutionen,
Bürgerkriegen und ethnischen Konflikten untersucht, steckt noch in den Kinder-
schuhen. Die aktuellen Debatten konzentrieren sich auf die Gier-Missstands- und
Motivations-Möglichkeiten-Modelle. Aufgrund der höheren Komplexität innerstaatlicher Kriege, etwa durch diffuse Akteurskonstellationen und Kriegsziele, bedarf es mehr analytischer Tiefe, als dies bei der Erforschung zwischenstaatlicher
Konflikte der Fall ist. Zudem gibt es äußerst wenige Forscher und Erklärungsansätze, die sich mit den Kriegsursachen von Konflikten zwischen zwei oder mehr
nicht-staatlichen Akteuren befassen. Auch der bisher im Kapitel bevorzugte Analyseebenenansatz lässt sich aufgrund der Komplexität innerstaatlicher Konflikte
nicht anwenden, da sich die bisherigen Erklärungsansätze ausschließlich auf die
Individuums- und Staats- bzw. Regionalebene konzentrieren.

2.1.3   Debatten

Die in diesem Beitrag verwendeten Analyseebenen sind hilfreich, um ähnliche
kausale Faktoren zu bündeln und innerhalb dieser Kategorien zu analysieren. Al-
ternativ dazu ließen sich die verschiedenen Erklärungsansätze aber auch anhand
der verschiedenen Theorien der Internationalen Beziehungen kategorisieren. Eine
theoriebasierte Kategorisierung würde allerdings dazu führen, dass eine Vielzahl
von Erklärungsvariablen aus verschiedenen Analyseebenen gemeinsam angeführt
wird. Beispielsweise konzentrieren sich Theorien des Liberalismus zwar primär
auf staatliche Entscheidungsprozesse und dyadische Interaktionen von Staaten,
beziehen aber auch systemische Variablen wie etwa Ansätze zur internationalen
politischen Ökonomie mit ein.[17]
     Auch der Analyseebenenansatz als Herangehensweise bei der Kategorisierung
von Kriegsursachen ist weiterhin umstritten. Ein grundsätzliches Problem liegt in
der Verquickung und Reziprozität der Individuums- und Staatsanalyseebene, da
sich die persönlichen und psychologischen Charakteristika von Individuen auf

---

17   Für eine Einführung in den Liberalismus vgl. Krell (2009: Kap. 7). Vgl. in diesem Zusam-
     menhang auch die Ausführungen zu IB-Theorien im Kapitel über *Rüstung und Rüstungskon-
     trolle* (S. 121–122 und Unterkapitel 2.4.2.1).

Tabelle 2   Überblick über verschiedene Denk- und Forschungsansätze der Kriegsursachen-forschung

	Analyseebene		
	Individuum	*Staat*	*Internationales System*
Zwischen-staatliche Kriege	**Mikroebene:** ▪ Psychohistorie ▪ Psychobiographie **Makroebene:** ▪ Ethologie ▪ Soziobiologie ▪ Anthropologische Ansätze	**Entscheidungsprozesse:** ▪ *Rational Actor Model* ▪ *Bureaucratic Politics* ▪ *Organizational Process Model* **Konfliktneigung:** ▪ Demokratischer Pazifismus ▪ Demokratischer Frieden ▪ Imperialismustheorie ▪ Intern-externe Konflikt-theorien	**Staateninteraktion:** ▪ Internationale Rivalität ▪ *Steps to War* **Balance of *Power*-Theorien:** ▪ Defensiver Neorealismus ▪ Offensiver Neorealismus **Hegemonialtheorien:** ▪ *Power Transition*-Theorie ▪ *Hegemonic War*-Theorie
Inner-staatliche Kriege	**Bürgerkriege und ethnische Konflikte:** ▪ Gier-Modell ▪ Missstand-Modell ▪ Möglichkeiten-Modell ▪ Motivations-Modell		

jene Erklärungsansätze auswirken, die sich mit Entscheidungsfindungsprozessen auf Staatsebene befassen. Eine Entscheidung eines rational agierenden staatlichen Entscheidungsträgers ist immer auch ein Produkt seines persönlichen, kulturellen und psychologischen Hintergrunds (vgl. Tabelle 2). Dadurch ist eine klare Trennung zwischen Individual- und Staatenebene nicht immer eindeutig möglich. Dieselbe Problematik besteht teilweise auch bei Versuchen die Staaten- und Systemebene eindeutig zu differenzieren.

Ein weiteres Problem des Analyseebenenansatzes ist die unter Forschern geführte Debatte zur Frage: Welche Analyseebene bzw. welcher Faktor hat die meiste Erklärungskraft? Jahrzehntelange Forschungen haben hinsichtlich dieser Frage zu keinem Konsens unter Kriegsursachenforschern geführt, da quantitative und qualitative Studien es nicht geschafft haben, einer bestimmten Variablen ausreichend korrelatives Gewicht zu verleihen. Die Gründe für den fehlenden Konsens liegen auf der Hand: die Komplexität des Phänomens „Krieg", die unterschiedlichen theoretischen und methodischen Herangehensweisen, die Verschiedenartigkeit der untersuchten Kriege und Konflikttypen sowie die unterschiedlichen und teils versteckten Annahmen einzelner Erklärungsansätze (Levy/Thompson 2010: 208).

Als Reaktion auf die anhaltende Debatte zur relativen Erklärungskraft der einzelnen Ebenen und Faktoren hat sich in der neueren Forschung der Konsens etabliert, dass keine einzelne Theorie eine umfassende Erklärung liefern kann und multiple Erklärungen herangezogen werden müssen. Kriege entstehen aufgrund von Missperzeption, Rivalitäten, inneren Unruhen, Systemzwängen und vielen anderen Faktoren. Die Möglichkeit, dass verschiedene kausale Faktoren zum selben Ergebnis führen, nennt man **Äquifinalität**. In der neueren Forschung wird versucht, multiple Variablen zu kausalen Entwicklungssträngen zu bündeln, um eine systemische und generelle Theorie der Kriegsursachen zu formulieren. Jedoch ist nicht klar, wie viele oder welche Variablen ausreichen, um einen Entwicklungsstrang zu konstituieren, der zum Kriegsausbruch führt. Ziel der neueren Forschung wird es daher weiterhin sein, eine allgemeingültige und systemische Kriegsursachentheorie zu entwickeln, die der Komplexität des Phänomens Krieg gerecht wird und es ermöglicht, Variablen aus allen Analyseebenen zu kombinieren. In diesem Kapitel wurden Denk- und Forschungsansätze vorgestellt, die den Ausbruch von Kriegen zu erklären versuchen. Da Kriege auch weiterhin die größte Gefahr für die internationale Sicherheit darstellen, wird die Kriegsursachenforschung wohl auch weiterhin eines der wichtigsten Betätigungsfelder in der Forschung zu diesem Thema bleiben.

Fragen zum Kenntnisstand

(1) Welche drei Kriegsdefinitionen gibt es?
(2) Ist der Analyseebenenansatz eine eigenständige Theorie?
(3) Was ist der Unterschied zwischen Mikro- und Makroebene auf der individuellen Erklärungsebene?
(4) Welche verschiedenen Erklärungen haben sich auf der Staatsanalyseebene etabliert?
(5) Welche Gemeinsamkeiten haben die historisch-strukturellen Theorien?

Fragen zum selbständigen Weiterdenken

(1) Welche alternativen Erklärungsansätze für Krieg gibt es?
(2) Kann eine Kriegsausbruchtheorie das gesamte Spektrum der Kriegsursachen erklären?
(3) Wie lassen sich zukünftige Kriege verhindern?
(4) Welche Analyseebene ist die entscheidende und warum?

Empfohlene Literatur

Einen guten Überblick über verschiedene Erklärungsansätze auf Grundlage einer historischen Analyse dyadischer Konflikte bietet:

- *Blainey, Geoffrey* 1988: The Causes of War, New York, NY.

Eine übersichtliche und gut strukturierte kritische Auseinandersetzung mit allen auf den unterschiedlichen Analyseebenen angesiedelten Erklärungsansätzen bieten:

- *Cashman, Greg* 2000: What Causes War? An Introduction to Theories of International Conflict, Boston/Oxford;
- *Levy, Jack S./Thompson, William R.* 2010: Causes of War, Oxford.

Als Klassiker der Kriegsursachenforschung auch heute noch besonders zu empfehlen:

- *Wright, Quincy* [1965]: A Study of War, Chicago, IL.

Literatur

Allison, Graham T. 1971: Essence of Decision, New York, NY.

Allison, Graham T./Zelikow, Philip 1999: Essence of Decision, New York, NY.

Arbeitsgemeinschaft für Kriegsursachenforschung (AKUF): Kriegstypologie, in: http://www.sozialwiss.uni-hamburg.de/publish/Ipw/Akuf/kriege_aktuell.htm#Typ; 01. 02. 2013.

Bandura, Albert 1980: The Social Learning Theory of Aggression, in: Falk, R./Kim, S. S.: The War System, Boulder, CO, 141–156.

Betts, Richard 2003: Politicization of Intelligence: Costs and Benefits, in: Betts, Richard/Mahnken (Hrsg.): Paradoxes of Strategic Intelligence, London, 59–79.

Boix, Carles 2008: Civil Wars and Guerilla Warfare in the Contemporary World: Toward a Joint Theory of Motivations and Opportunities, in: Kalyvas, Stathis N./Shapiro, Ian/Massoud, Tarek (Hrsg.): Order, Conflict, and Violence, Cambridge, MA, 197–218.

Bonacker, Thorsten/Imbusch, Peter 2010: Zentrale Begriffe der Friedens- und Konfliktforschung: Konflikt, Gewalt, Krieg, Frieden, in: Friedens- und Konfliktforschung. Eine Einführung, Wiesbaden, 67–142.

Blainey, Geoffrey 1988: The Causes of War, New York, NY.

Brown, Michael E. 1993: Causes and Implications of Ethnic Conflict, in: Brown, Michael E. (Hrsg.): Ethnic Conflict and International Security, Princeton, NJ, 3–26.

Cashman, Greg 2000: What Causes War? An Introduction to Theories of International Conflict, Oxford.

Chan, Steve 1984: Mirror, Mirror on the Wall …: Are the Freer Countries More Pacific?, in: Journal of Conflict Resolution 28: 4, 617–648.

Clausewitz, Carl von [1980]: Vom Kriege. hinterlassenes Werk/Carl von Clausewitz. Unge-kürzter Text, Frankfurt a. M.

Colerasi, Michael/Rasler, Karen/Thompson, William R. 2007: Strategic Rivalry: Space, Posi-tion and Conflict Escalation in World Politics, Cambridge, MA.

Collier, Paul/Hoeffler, Anke 1998: On Economic Causes of Civil War, in: Oxford Economic Papers 50, 563–73.

Collier, Paul/Hoeffler, Anke 2004: Greed and Grievance in Civil War, in: Oxford Economic Papers 56, 563–95.

Davies, James, C. 1962: Towards a Theory of Revolution, in: American Sociological Review 27: 1, 5–19.

Diehl, Paul F./Goertz, Gary 2000: War and Peace in International Rivalry, Ann Arbor, MI.

Doyle, Michael 1983: Kant, Liberal Legacies and Foreign Affairs, in: Philosophy and Public Affairs 12: 3, 205–35.

Dyer, Gwynne 1985: War, New York, NY.

Fabbro, David 1978: Peaceful Societies, in: Journal of Peace Research 15: 1, 67–83.

Fearon, James D./Laitin, David D. 2003: Ethnicity, Insurgency and Civil Wars, in: American Science Review 90: 4, 75–90.

Freud, Sigmund [1989]: Why War?, in: Singer, David J./Small, Melvin (Hrsg.): International War: An Anthology, 2. Aufl., Chicago, IL, 176–181.

Galtung, Johan 1975: Gewalt, Frieden und Friedensforschung, in: Galtung, Johan (Hrsg.): Strukturelle Gewalt. Beiträge zur Friedens- und Konfliktforschung, Reinbek, 7–36.

Geis, Anna (2006): Den Krieg überdenken. Kriegsbegriffe und Kriegstheorien in der Kon-troverse, in: Geis, Anna (Hrsg.): Den Krieg überdenken. Kriegsbegriffe und Kriegs-theorien in der Kontroverse (Schriftenreihe der DVPW-Sektion Politische Theorien und Ideengeschichte), Baden-Baden, 9–43.

Geller, Daniel S./Singer, J. David 1998: Nations at War: A Scientific Study of International Conflict (Cambridge Studies in International Relations, 58), New York, NY.

George, Alexander L. 1969: „The Operational Code": A Neglected Approach to the Study of Political Leaders and Decision-Making, in: International Studies Quarterly 13: 2, 190–222.

Gilpin, Robert 1981: War and Change in World Politics, Cambridge, MA.

Gurr, Ted R. 1970: Why Men Rebel, Princeton, NJ.

Haager Abkommen über den Beginn der Feindseligkeiten, 18. 10. 1907, in: http://avalon.law. yale.edu/20th_century/hague03.asp; 01. 02. 2013.

Hallett, Brien 1998: The Lost Art of Declaring War, Champaign, IL.

Herz, John H. 1959: Political Realism and Political Idealism, Chicago, IL.

Hobson, John [1965]: Imperialism: A Study, Ann Arbor, MI.

Holsti, Kalevi J. 1991: Peace and War: Armed Conflicts and International Order 1648–1989 (Cambridge Studies in International Relations, 14), New York, NY.

Krell, Gert 2009: Weltbilder und Weltordnung. Einführung in die Theorie der internationa-len Beziehungen, 4. überarbeitete und aktualisierte Auflage, Baden-Baden.

Jervis, Robert 1978: Cooperation under the Security Dilemma, in: World Politics 30: 2, 167–214.

Keegan, John 1993: A History of Warfare, London.

Kydd, Adrew 1997: Sheep in Sheep's Clothing: Why Security Seekers Do Not Fight One An-other, in: Security Studies 7: 1, 114–154.

Leaky, Richard 1981: The Making of Mankind, New York, NY.

Lebow, Richard N. 1981: Between Peace and War, Baltimore, MD.

Leng, Russell 2000: Bargaining and Learning in Recurring Crises: The Soviet-American, Egyptian-Israeli and Indo-Pakistan Rivalries, Ann Arbor, MI.

Lenin, Wladimir Illjitsch [1962]: Der Imperialismus als höchstes Stadium des Kapitalismus, Berlin.

Levy, Jack 1983: Misperception and the Causes of War: Theoretical Linkages and Analytical Problems, in: World Politics 36: 1, 76–99.

Levy, Jack S./Morgan T. C. 1986: The War-Weariness Hypothesis: An Empirical Test, in: American Journal of Political Science 30: 1, 26–49.

Levy, Jack S./Thompson, William R. 2010: Causes of War, Oxford.

Lorenz, Konrad 1966: On Aggression, New York, NY.

Lynn-Jones, Sean M. 1995: Offense-Defense Theory and Its Critics, in: Security Studies 4: 4, 660–691.

Maoz, Zeev 1989: Joining the Club of Nations: Political Development and International Conflict, 1816–1976, in: International Studies Quarterly 32: 2, 199–231.

Maoz, Zeev/Abdolali, Nasrin 1989: Regime Types and International Conflict 1816–1976, in: Journal of Conflict Resolution 33: 1, 3–35.

Mearsheimer, John J. 2001: The Tragedy of Great Power Politics, New York, NY.

Montagu, Ashley 1980: Sociobiology Examined, New York, NY.

Organski, A. F. K. 1958: World Politics, New York, NY.

Organski, A. F. K./Kugler, Jacek 1980: The War Ledger, Chicago, IL.

Ottmann, Henning 2006: Geschichte des politischen Denkens. Die Neuzeit. Von Machiavelli bis zu den großen Revolutionen, Bd. 3/1, Stuttgart.

Rosecrance, Richard 1963: Action and Reaction in World Politics, Boston, MA.

Ross, Michael 2003: The Natural Resource Curse: How Wealth Can Make You Poor, in: Bannon, Ian/Collier, Paul (Hrsg.): Natural Resources and Violence Conflict: Options and Actions, Washington, DC, 17–42.

Rummel, Rudolph J. 1979: Understanding Conflict and War: Volume 4: War, Power, Peace, Beverly Hills, CA.

Ruloff, Dieter/Schubinger, Livia 2007: Kriegerische Konflikte: Eine Übersicht, in: Aus Politik und Zeitgeschichte 16-17/2007, Bonn, 10–16.

Sarkees, Meredith Reid/Wayman, Frank Whelon 2010: Resort to War: A Guide to Inter-State, Extra-State, Intra-State, and Non-State Wars 1816–2007, Washington, DC.

Schellenberg, James A. 1982: The Science of Conflict, New York, NY.

Schmookler, Andrew 1984: The Parable of the Tribes: The Problem of Power in Social Evolution, Boston, MA.

Schumpeter, Joseph 1950: Capitalism, Socialism, and Democracy, New York, NY.

Senese, Paul D./Vasquez, John A. 2008: The Steps to War: An Empirical Study, Princeton, NJ.

Singer, David J./Small, Melvin 1972: The Wages of War 1816–1965: A Statistical Handbook, New York, NY.

Singer, David J./Small, Melvin 1989: International War: An Anthology, 2. Aufl., Chicago, IL.

Sobek, David 2009: The Causes of War, Cambridge, MA.

Toynbee, Arnold 1954: A Study of History, Vol. IX, London.

Uppsala Conflict Data Program, in: http://www.pcr.uu.se/; 01.02.2013.

Van Evera, Stephen 1999: Causes of War: Power and the Roots of Conflict, New York, NY.

Walt, Stephen 1987: The Origins of Alliances, Ithaca, NY.

Waltz, Kenneth N. 1959: Man, the State and War, New York, NY.

Waltz, Kenneth N. 1964: The Stability of a Bipolar World, in: Daedalus 93: 3, 881–909.

Waltz, Kenneth N. 1979: Theory of International Politics, New York, NY.

Weede, Erich 1984: Democracy and War Involvement, in: Journal of Conflict Resolution 28: 4, 649–664.

Weller, Christoph 2005: Gewalt, Frieden, Friedensforschung, in: Jahn, Egbert/Fischer, Sabine/Sahm, Astrid (Hrsg.): Die Zukunft des Friedens, Band 2: Die Friedens- und Konfliktforschung aus der Perspektive der jüngeren Generationen, Wiesbaden, 91–110.

Wilson, Edward O. 1978: Sociobiology: The New Synthesis, Cambridge, MA.

Wright, Quincy [1965]: A Study of War, Chicago, IL.

Dieses Gemälde des deutschen Malers Philipp Foltz zeigt den griechischen „Strategen" Perikles. Die so genannten strategoi (deutsch auch „Strategen") waren im antiken Athen vom Volk gewählte Heerführer, die neben der Heeresführung im eigentlichen Sinne auch viele andere politisch-strategische Aufgaben wahrnahmen. Für den altgriechischen Historiker Thukydides verkörpert Perikles, der das einflussreiche Strategenamt lange Zeit innehatte, in vielerlei Hinsicht das Ideal des klugen, unbestechlichen, dem Gemeinwohl dienenden, großen Staatsmannes.

Bildquelle: Wikimedia Commons.

Strategie

Sebastian Enskat

2.2.1 Definitionen

Strategisches Denken ist so alt wie die Menschheit selbst. Ob beim Jagen und Sammeln, der Partnersuche oder dem Führen von Kriegen – von jeher ist derjenige im Vorteil, der zum Erreichen seines Ziels einen konkreten Plan, eine Strategie, verfolgt.

▶ **Strategie** ist „der Entwurf und die Durchführung eines Gesamtkonzeptes, nach dem der Handelnde […] ein bestimmtes Ziel zu erreichen sucht".

Diese Definition stammt aus Meyers Enzyklopädischem Lexikon (1978: s. v. Strategie), das damit in gewisser Weise auch ein Missverständnis perpetuiert. In seiner derart ausgedehnten, uns aus der modernen Alltagssprache geläufigen Bedeutung unterscheidet sich der Strategiebegriff nämlich erheblich von dem, was klassischerweise als Strategie bezeichnet wird – und in diesem Kapitel im Mittelpunkt steht.

Etymologisch lässt sich das deutsche „Strategie" auf das altgriechische Wort *strategía* (στρατηγεία) für „Heeresführung" oder „Feldherrenamt" bzw. *strategós* (στρατηγός) für „Heerführer" oder „Feldherr" zurückführen (Knaurs etymologisches Lexikon 1983: s. v. Strategie). In diesem, seinem engeren Sinne lässt sich strategisches Denken – wenn auch nicht die Verwendung des Begriffes selbst (Gray 2010: 4) – bis mindestens zu Sunzi, also rund 2500 Jahre zurückverfolgen (vgl. die Ausführungen zu Sunzi unter 2.2.2.1).[1]

---

1 Im Deutschen wird der Begriff „Strategie" etwa seit Beginn des 18. Jahrhunderts verwendet (Deutsches Wörterbuch 1957: s. v. Strategie).

Neben einer etymologischen Annäherung an den Strategiebegriff lässt sich dem, was Strategie ist, aber auch näherkommen, indem man der Frage nachgeht, was Strategie *nicht* ist. Klassisch ist dabei vor allem die Unterscheidung zwischen **Strategie** und **Taktik**. Zwar haben in den vergangenen Jahrhunderten durchaus nicht alle Autoren Strategie und Taktik in der gleichen Art und Weise oder überhaupt trennscharf voneinander unterschieden. Allerdings findet sich bereits im byzantinischen Sprachgebrauch des 6. Jahrhunderts jene hierarchische Unterscheidung zwischen „übergeordneter" Strategie und „untergeordneter" Taktik, die heute als weitgehend etabliert gelten kann (Heuser 2010a: 18).[2]

Der angloamerikanische Militärstratege Colin S. Gray bringt diese Unterscheidung prägnant auf den Punkt, wenn er in Anlehnung an das Zitat von Wayne Hughes (1986: 10, Hervorh. dort) „strategists *plan,* tacticians *do*" schreibt: „You *have* a strategy, but you *do* tactics" (Gray 1999a: 20, m. Hervorh.). Wenn man sich daran orientiert, lässt sich klar unterscheiden, was Strategie ist und was zum Bereich des Taktischen gehört: Alle militärischen Aktivitäten, also Streitkräfte in Aktion, sind von Natur aus taktisch, die Konsequenzen dieser Aktivitäten und das Nachdenken darüber strategisch (Gray 1999a: 18).

Strategie ist der Einsatz militärischer Mittel zu politischen Zwecken, aber Strategie *ist* nicht Politik. Auch diese Unterscheidung zwischen **Strategie** auf der einen und **Politik** auf der anderen Seite ist wesentlich für die Entwicklung des Strategiebegriffs seit der Antike (Heuser 2010a: 33–34). Im Dreiklang von **Taktik, Strategie** und **Politik** ist die Strategie gewissermaßen das Bindeglied, die Brücke (Gray 1999a: 17; 2010: 7), die militärische Mittel mit politischen Zwecken verbindet. Je nach konkretem Anforderungsprofil und entsprechendem Abstraktionsgrad können strategische Überlegungen dabei nahe am Bereich des Taktischen verbleiben oder sich, etwa in Form so genannter *Grand Strategies* (vgl. die Ausführungen zu *Grand Strategy* unter 2.2.3.2), stark dem Bereich des Politischen annähern.

Aus dem bisher Gesagten lässt sich eine vorläufige Definition des Strategiebegriffs ableiten, die sich – wie später noch zu zeigen sein wird – noch immer an die fast 200 Jahre alten Überlegungen des preußischen Offiziers und Militärtheoretikers Carl von Clausewitz anlehnt (vgl. 2.2.2.3). So heißt es beispielsweise bei Heuser (2010a: 18):

► **Strategie** „ist Einsatz jeglicher verfügbaren Mittel, vor allem des Mittels der Streitkräfte, zu politischen Zwecken, mit dem Ziel, dem Gegner die eigene Politik und den eigenen Willen aufzuzwingen bzw. seinem Willen zu widerstehen."

---

2   Vgl. hierzu auch die Ausführungen zur Unterscheidung von Strategie und Taktik bei Clausewitz (S. 77–79).

Oder ähnlich, allerdings auf Englisch und etwas konziser formuliert, bei Gray (1999a: 17):

▶ „By **strategy** I mean the use that is made of force and the threat of force for the ends of policy."

Beide Definitionen stehen stellvertretend für das, was Heuser (2010a: 18) als den „heutigen Konsens unter Experten" bezeichnet. Trotzdem wird anhand der im Folgenden erläuterten Denkansätze und Debatten immer wieder deutlich werden, dass auch diese Definitionen nur zwei von vielen und vor allem nur eine Momentaufnahme sind. Die Verwendung des Strategiebegriffs hat sich im Laufe der Jahrhunderte erheblich gewandelt und wird sich wohl auch in Zukunft weiter verändern.

2.2.2 Denkansätze

Denkansätze zu strategischen Fragen füllen ganze Bibliotheken. Das alles auf wenigen Seiten zusammenzufassen, ist deshalb eigentlich ein Ding der Unmöglichkeit und kann nur gelingen, wenn aus der Not eine Tugend gemacht und die Kunst des Weglassens zum Prinzip erhoben wird. Statt vieler werden im Folgenden deshalb „nur" drei Autoren vorgestellt. Diese drei können allerdings für sich beanspruchen, mehr zu sein, als nur ein kleiner Ausschnitt aus der gewaltigen Bibliothek strategischen Denkens. Colin Gray (2007: 58) bringt diese Überzeugung in der für ihn typischen Weise zum Ausdruck, wenn er als eine von vierzig Maximen zu Krieg, Frieden und Strategie die folgende formuliert: „If Thucydides, Sun-tzu, and Clausewitz did not say it, it probably is not worth saying". Für ihn steckt in **Thukydides'** *Geschichte des Peloponnesischen Krieges,* **Sunzis** *Die Kunst des Krieges* und **Clausewitz'** *Vom Kriege* alles, was man über Strategie wissen muss:

> „Can just three books, written in ca. 400 bc in Ancient Greece and in China, and in Prussia in the 1820s, really contain all that one needs to know, perhaps all that there is to know, about strategy and war? The answer to that not unreasonable objection based on ignorance is an uncompromising ‚yes'" (Gray 2007: 60).

Im Lichte moderner Phänomene wie dem Heraufziehen des Atomzeitalters, der so genannten *Revolution in Military Affairs* oder auch dem Aufkommen des internationalen Terrorismus scheint zumindest fraglich, ob sich Grays Maxime in ihrer Absolutheit halten lässt. Eines lässt sich allerdings mit Sicherheit sagen:

▶ Wer sich mit der Geschichte des strategischen Denkens vertraut machen
möchte, ist in jedem Fall gut beraten, mit den drei hier vorgestellten Klassikern
zu beginnen.[3]

Dabei gilt es allerdings zu berücksichtigen, dass der Zugriff der drei Autoren auf
das Thema Strategie unterschiedlicher kaum sein könnte. Sunzi hat der Nachwelt ein 13 kurze Kapitel umfassendes **Regelwerk** des Krieges hinterlassen, von
Gray (1999a: 84) etwas despektierlich als „cook-book guidance for statecraft" bezeichnet. Thukydides formuliert im Gegensatz dazu gar keine Regeln. Strategische
Lehren sind bei ihm in das kunstvoll aus Erzählung, Rede und Gegenrede arrangierte Ganze einer monumentalen Geschichtsschreibung **eingebettet**. Clausewitz
schließlich geht es um eine mitunter abstrakte, **philosophische Reflexion** über die
Natur des Krieges und die Möglichkeit einer entsprechenden Theorie.

Diese Unterschiede spiegeln sich auch in den folgenden Ausführungen wieder.
Sie machen einen Vergleich der drei Denkansätze nicht immer leicht. Gleichwohl
sind es vor allem auch die Gemeinsamkeiten, die die Lektüre dieser drei Klassiker
so aufschlussreich machen.

2.2.2.1 Sunzi

Rund 2500 Jahre alt, in einer Sprache verfasst, derer in der westlichen Welt kaum
jemand mächtig ist und einer Kultur entstammend, die von der abendländischen
in vielerlei Hinsicht verschieden ist. Was lässt sich aus einem solchen Text heute
noch über Strategie lernen? Im Fall von Sunzis *Die Kunst des Krieges* lautet die
Antwort: ungeheuer viel. Für Basil H. Liddel Hart, inzwischen selbst ein Klassiker
des strategischen Denkens, ist Sunzi allen anderen Klassikern an Reichweite und
Tiefe überlegen, aktueller gar als sein mehr als 2000 Jahre jüngeres westliches Pen-
dant Carl von Clausewitz (Liddell Hart 1971: v).[4]

Wer also war dieser Sunzi und was hat er uns in seinen 13 kurzen Kapiteln zur
Kunst des Krieges für Denkansätze hinterlassen, die ihn auch heute noch lesens-
wert machen? Schon der erste Teil dieser Frage entpuppt sich als nicht ganz leicht
zu beantworten. Gemeinhin wird *Die Kunst des Krieges* einem Mann mit dem Na-

---

3   Für einen Einblick in das Denken einiger anderer, deutlich weniger bekannter Klassiker vgl.
    Heuser (2010b).
4   Während Sunzi in der westlichen Welt deutlich weniger bekannt ist als etwa Clausewitz, gilt
    er in Asien als bedeutendster Klassiker zum Thema Kriegsführung. Bis heute wird das stra-
    tegische Denken in China und seinen Nachbarländern maßgeblich von Sunzis Werk beein-
    flusst (Lau 1965: 319; O'Dowd/Waldron 1991: 26–34). Vgl. in diesem Zusammenhang auch
    die Ausführungen unter 2.2.2.3.

men Sun Wu zugeschrieben, der als Zeitgenosse des Konfuzius um 500 v. Chr. in China gelebt haben soll. „Sunzi" (je nach Transkription aus dem Chinesischen auch Sun Zi, Sun Tzu, Sun-tzu, Sun Tsu, Sun Tse) wäre dann die Kombination aus dem Familiennamen dieses Mannes, Sun, ergänzt um das Suffix „zi", was so viel wie „Meister" bedeutet und als Zeichen des Respekts von den Schülern eines solchen Meisters oder der Nachwelt verliehen wird (Klöpsch 2009b: 105).[5] Ob *Die Kunst des Krieges* aber tatsächlich von besagtem Sun Wu zu dessen Lebzeiten verfasst worden ist, ja ob es diesen Sun Wu überhaupt gegeben hat, ist in der Forschung bis heute umstritten. „**Authorship Unsettled**" lautet deshalb das Fazit von Samuel Griffith (1971: 12).

Wer verstehen will, warum die Frage nach der Autorschaft des Werks so kompliziert ist, muss wissen, dass es im China der damaligen Zeit üblich war, das geistige Erbe vergangener Generationen in Form von Leitsätzen und Merksprüchen mündlich weiterzugeben, bevor es (im besten Fall) irgendwann schriftlich fixiert wurde. Das Werk eines verehrten Lehrers oder Vorbilds weiter zu bearbeiten und um eigene Gedanken zu ergänzen, war dabei nicht nur unanstößig, sondern sogar ein Zeichen echter Wertschätzung (Klöpsch 2009b: 104, 110). Es wäre deshalb falsch davon auszugehen, *Die Kunst des Krieges* sei in einem einzelnen schöpferischen Akt, von einem einzelnen Autor zu einem bestimmten Zeitpunkt hervorgebracht worden. Angemessener scheint da schon die Perspektive von Volker Klöpsch, der das Entstehen des Werks als einen **Prozess der „geistigen Sedimentierung"** beschreibt, in dessen Verlauf sich das militärische Gedankengut jener Zeit nach und nach an der idealtypischen Gestalt des Sunzi abgelagert hat (Klöpsch 2009b: 109; Ames 1993: 20; Mair 2007: 1).

Den spezifischen kulturellen Entstehungskontext gilt es aber nicht nur bei der Frage nach der Autorschaft, sondern erst recht bei der Übersetzung und Interpretation des Textes zu berücksichtigen. Das fängt schon beim Titel des Werkes an. Seit inzwischen mehr als hundert Jahren wird dessen chinesischer Titel „Bing fa" im Englischen mit „The Art of War(fare)" im Deutschen mit „Die Kunst des Krieges" bzw. „der Kriegsführung" übersetzt. Klöpsch weist in diesem Zusammenhang darauf hin, dass der Titel mit **„Die Gesetze des Krieges"** oder **„Das Regelwerk des Krieges"** besser und genauer übersetzt wäre. Hier hat sich offenbar die vor allem von der Antike geprägte westliche Vorstellung von der Kriegsführung als einer Kunstform in einer irreführenden Übersetzung niedergeschlagen (Klöpsch 2009a: 71).[6]

---

5   „Sunzi" ist eine insbesondere im Deutschen gebräuchliche Form der Transkription, während die Variante „Sun Tzu" vor allem im anglo-amerikanischen Raum verbreitet ist.

6   Victor Mair bläst ins selbe Horn, wenn er als Alternative zum gängigen „The Art of War" eine Übersetzung mit „Military Methods/Tactics/Strategy" vorschlägt (Mair 2007: 1, 55–56).

Vergleicht man *Die Kunst des Krieges* beispielsweise mit dem Werk von Clausewitz, in dem die Orientierung an der Kunst tatsächlich eine zentrale Rolle spielt,
wird deutlich, dass die alternative Übersetzung, die Klöpsch für den Titel vorschlägt, auch im Hinblick auf den Inhalt des Textes angemessener ist. Clausewitz
wählt den Kunstvergleich nämlich vor allem deshalb, weil er im Hinblick auf die
Möglichkeit, den Krieg mit Hilfe der Wissenschaft vollständig zu entschlüsseln,
außerordentlich skeptisch ist (vgl. 2.2.2.3). Sunzi ist im Vergleich dazu deutlich
zuversichtlicher, wenn es darum geht, **Gesetzmäßigkeiten** des Krieges zu identifizieren und das Führen eines solchen mit einer Strategie, die sich an klaren Regeln
orientiert, plan- und vorhersehbar zu machen. Sunzi sagt:

> „Der Feldherr, der meiner Bewertung folgt, wird im Einsatz siegreich bleiben, und er
> wird das Kommando behalten. Der Heerführer, der meiner Bewertung nicht folgt, wird
> im Einsatz unterliegen, und ihm wird das Kommando entzogen" (Sunzi [2009]: 12).

Was aber ist Sunzis „Bewertung", der es zu folgen gilt, wenn man als Heerführer
im Einsatz siegreich bleiben und sein Kommando behalten will? Welche Strategie
muss hierfür befolgt werden? Welche Regeln gilt es zu beachten?

▶   Die wohl wichtigste aller Regeln ist der mittlerweile zur Alltagsweisheit gewor-
    dene Leitsatz: **kenne deinen Gegner.**[7]

Das ist allerdings erst der zweite Schritt. Um die eigenen Chancen, das Kräfte-
verhältnis und etwaige strategische Vorteile wirklich beurteilen zu können, muss
man zunächst **sich selbst kennen.** Sunzi sagt:

> „Wer den Gegner kennt *und* sich selbst, wird in hundert Schlachten nicht in Not gera-
> ten. Wer den Gegner nicht kennt, sondern nur sich selbst, wird das eine Mal siegen, das
> andere Mal unterliegen. Wer aber weder den Gegner kennt noch sich selbst, der wird
> in jeder Schlacht unweigerlich geschlagen werden" (Sunzi [2009]: 20, meine Hervorh.).

Die Einsicht in die Bedeutung möglichst genauer Kenntnisse über potentielle
Gegner und die sich daraus ergebenden Kräfteverhältnisse ist heute noch so aktuell wie vor 2500 Jahren – und das nicht nur in China, wo das so genannte *net assessment* traditionell eine wichtige Rolle spielt (McNeilly 2001: 86). Auch im amerikanischen Verteidigungsministerium gibt es seit Anfang der 1970er Jahre ein

---

7   Vgl. in diesem Zusammenhang auch die Ausführungen zu Rüstungskontrollmaßnahmen im
     Kapitel *Rüstung und Rüstungskontrolle* (2.4.2.2).

Office of Net Assessment, vom riesigen amerikanischen Geheimdienstapparat ganz zu schweigen.

Wenn auch noch nicht so ausgeklügelt, sind die Methoden der **Informations-gewinnung** bei Sunzi den heutigen nicht unähnlich. Neben Spionen, denen er ein ganzes Kapitel widmet, lernt man den Gegner am besten kennen, indem man ihn genau beobachtet. Sunzi sagt:

> „Spricht er zurückhaltend und verstärkt dennoch die Vorbereitungen, wird er angrei-fen; redet er großspurig und erweckt den Anschein eines baldigen Angriffs, wird er sich zurückziehen [...]. Stehen seine Soldaten auf ihre Waffen gestützt, sind sie hung-rig, trinken sie zuerst, bevor sie Wasser schöpfen, sind sie durstig; haben sie einen Vor-teil vor Augen und greifen nicht an, sind sie erschöpft" (Sunzi [2009]: 42).

Neben dem Gegner gilt es für eine angemessene Lagebeurteilung aber auch an-dere Faktoren zu berücksichtigen, darunter die Jahreszeiten, das Wetter, die Be-schaffenheit des Geländes, Grenzverläufe und vieles mehr. Nur wer alle relevan-ten Faktoren mit einkalkuliert, kann als umsichtiger Feldherr gelten. Sunzi sagt:

> „Kennst du dich selbst und den Gegner,
> ist der Sieg dir unbenommen;
> kennst du Himmel und Erde,
> ist der Sieg vollkommen" (Sunzi [2009]: 48).

Genauso wichtig wie den Gegner zu durchschauen, ist für Sunzi, den Gegner an Selbigem zu hindern. Diesem Zweck dient bei ihm das strategische Mittel der **Täuschung.** Es bildet für Sunzi einen wesentlichen Bestandteil jeder Kriegsfüh-rung. Kein anderes Thema wird in *Die Kunst des Krieges* so häufig thematisiert (Handel 2005: 167). Sunzi sagt:

> „Die Kriegführung gehorcht dem Prinzip der Täuschung. Der Fähige gibt sich daher den Anschein der Unfähigkeit, Einsatzbereitschaft gibt sich den Anschein von Zurück-haltung, Nähe gibt sich den Anschein von Ferne, und Ferne gibt sich den Anschein von Nähe" (Sunzi [2009]: 12).

Im Gegensatz zur westlichen Tradition der Kriegsführung, wo der Kampf mit of-fenem Visier als heroisches Ideal gilt,[8] nehmen List und Täuschung in der chine-sischen Strategie-Kultur von jeher einen zentralen Platz ein und sind keineswegs negativ konnotiert. Gleiches gilt für eine Strategie, die stets darum bemüht ist,

---

8   Das trojanische Pferd ist hier die vielleicht berühmteste Ausnahme von der Regel.

Schwächen des Gegners zu identifizieren und diese zum eigenen Vorteil zu nutzen. Für Sunzi und seine Zeitgenossen ist es weder unfair noch feige ein „echtes" Kräftemessen in Form einer direkten Konfrontation zu vermeiden. Im Gegenteil, die Suche nach dem **komparativen Vorteil** und das strategische Ausnutzen solcher Vorteile bilden einen wesentlichen Bestandteil in Sunzis strategischen Überlegungen.[9] Sunzi ([2009]: 27) sagt: „der erfolgreiche Angriff greift Ziele an, die nicht verteidigt werden". Er vergleicht diese Strategie mit dem Verhalten von Wasser, das stets den Weg des geringsten Widerstandes geht (Sunzi [2009]: 30). Die Suche nach einem strategischen Vorteil beschränkt sich bei Sunzi aber keineswegs auf das Schlachtfeld. Vielmehr versteht er das Kriegführen als einen Prozess, der lange vor dem Einsatz von Gewalt beginnt. In diesem Sinne sind seine Überlegungen so umfassend, dass man sie mit einem modernen Vokabular wohl als *Grand Strategy* bezeichnen müsste (vgl. die Ausführungen zu *Grand Strategy* unter 2.2.3.2). Sunzi sagt:

> „Als die höchste Kriegskunst gilt es, die Strategie des Gegners zu bekämpfen, danach kommt die Bekämpfung der Allianzen, wieder danach die Bekämpfung der Truppen und erst am Ende der Angriff auf die befestigten Städte" (Sunzi [2009]: 17).

In der Hierarchie der vier hier genannten Spielarten der Kriegskunst steht der bewaffnete Kampf nicht zufällig nur an dritter Stelle. Die Strategie und die Allianzen des Gegners zu bekämpfen, sind die höchsten Formen der Kriegskunst.[10] Alle bis hierher erläuterten strategischen Überlegungen dienen deshalb immer auch dem Zweck, die militärische Auseinandersetzung zu vermeiden.

▶ So paradox das bei einem Werk mit diesem Titel klingen mag, in gewisser Weise ist Sunzis *Die Kunst des Krieges* auch ein Anti-Kriegstext.

Sunzi ist sich stets der Kosten bewusst, die Krieg verursacht und zwar sowohl der wirtschaftlichen Kosten als auch der Kosten in Form des Verlusts von Menschenleben. Sunzi sagt:

> „Wer sich über den Schaden eines militärischen Einsatzes nicht völlig im klaren ist, der vermag auch den Nutzen eines solchen Einsatzes nicht vollständig zu begreifen" (Sunzi [2009]: 14).

---

9   McNeilly (2001: 33–67, 88), Klöpsch (2009b: 87), Boorman (1972: 315, 325, 328), Mair (2007: 55).

10   Vgl. in diesem Zusammenhang auch die Ausführungen zu *Allianzen* (2.3).

Wer sich über den Schaden eines militärischen Einsatzes im Klaren *ist,* wird dagegen stets darum bemüht sein, einen Krieg zu vermeiden. Der **kampflose Sieg** gilt Sunzi deshalb als höchstes Ideal. Er sagt:

> „Daher ist nicht derjenige der Inbegriff der Tüchtigkeit, der in hundert Schlachten hundert Siege erringt, sondern derjenige, der sich die Truppen des Gegners ohne Kampf unterwirft" (Sunzi [2009]: 17).

Sunzi ist sich sehr wohl bewusst, dass der kampflose Sieg ein schwer zu erreichendes Ideal ist. Eingehend widmet er sich deshalb der Frage, wann gekämpft werden soll und wann nicht (Sunzi [2009]: 21–23). Gleichzeitig betont er, dass man sich, wenn man schon Krieg führt, stets darum bemühen sollte, diesen so schnell wie möglich zu beenden und die Verluste gering zu halten – und zwar nicht nur die eigenen, sondern auch die Verluste auf Seiten des Gegners (Sunzi [2009]: 14–20; vgl. auch Klöpsch 2009a: 72).

▶ Aus all dem spricht eine Haltung zum Krieg, die diesen als (manchmal leider nur schwer zu vermeidendes) Übel und **Ultima Ratio** begreift.

Sunzi ist damit Spiegelbild einer Kultur, die dem Einsatz von Gewalt, geprägt vor allem von den Einflüssen des Konfuzianismus und des Daoismus, traditionell ablehnend gegenübersteht. Krieg überhaupt führen zu müssen, ist in diesem Verständnis schon für sich eine Niederlage. Kein Wunder, dass die Kriegsführung in der traditionellen chinesischen Kultur weder gefeiert noch glorifiziert wird und militärisches Heldentum ein vergleichsweise unterentwickeltes Konzept ist (Ames 1993: 31, 58–60; Fairbank 1974: 7, 25; Handel 2005: 102–104; Mair 2007: 47–49).

Das spezifisch Chinesische an Sunzis Haltung zum Krieg lässt sich abschließend vielleicht am besten mit einem Vergleich veranschaulichen. Demnach lässt sich das strategische Denken des Abendlandes am besten mit dem dort populärsten Brettspiel Schach vergleichen. Beim Schach stehen sich zu Spielbeginn jeweils 16 Spielfiguren – die das Landvolk, die Streitkräfte und den Hofstaat eines Königreichs verkörpern – auf dem Spielbrett gegenüber. Ziel des Spiels ist es, den gegnerischen König schachmatt zu setzen. Dazu werden im Spielverlauf die Spielfiguren des Gegners „geschlagen", um sich so strategische Vorteile zu verschaffen. Am Ende eines Schachspiels gleicht das Spielbrett in der Regel einem mittelalterlichen Schlachtfeld (McNeilly 2001: 22; Handel 2005: 184).

Ganz anders beim Go, dem Jahrtausende alten chinesischen Strategiespiel. Hier ist das Spielbrett zu Beginn des Spiels leer. Die beiden Spieler setzen abwechselnd ihre schwarzen bzw. weißen Spielsteine mit dem Ziel auf das Spielbrett, mit möglichst wenig Steinen ein möglichst großes Territorium zu besetzen. Zwar ist es auch beim Go möglich, Spielsteine des Gegners zu schlagen, dies ist aber nur selten die beste Option und gerade bei versierten Spielern ganz klar die Ausnahme (McNeilly 2001: 22–23; Handel 2005: 184).[11]

2.2.2.2 Thukydides[12]

Jede Wissenschaftsdisziplin hat ihre Säulenheiligen, jene Klassiker, die als unverrückbarer Bezugspunkt allen Nachdenkens über ein Themengebiet oder gar Gründerväter der jeweiligen Disziplin gelten. Die Naturwissenschaften haben ihren Newton, die Ökonomen Adam Smith, die Soziologen beanspruchen Max Weber, die Historiker Thukydides (Handel 2005: 1). Tatsächlich kann es am Stellenwert von Thukydides für die Historiographie kaum einen Zweifel geben. Wilhelm Hennis (2003: 12) nennt ihn den „unbestrittenen Meister der abendländischen Geschichtsschreibung". Wer deshalb aber meint, Thukydides sei nur für Historiker interessant, die etwas über das antike Griechenland oder die Anfänge der Historiographie erfahren wollen, irrt. Seine monumentale *Geschichte des Peloponnesischen Krieges* ist alles andere als ein rein narratives Geschichtswerk. Als „deliberative brief composed to instruct officers and members of the Athenian council" hat es Mark Munn (2000: 323) beschrieben, ein **Handbuch der Staatskunst und Strategie** also (Kateb 1964). Kein Wunder, dass die Lektüre von Thukydides von jeher nicht nur Historiker, sondern auch alle an strategischen Fragen Interessierten gefesselt hat.

Im Vergleich zu Sunzi, dessen strategische Lehren sich sehr konkret und im engeren Sinne mit dem Führen von Kriegen befassen und ganz explizit an den Feldherren richten, sind die zentralen strategischen Einsichten bei Thukydides auf einer höheren Abstraktionsebene angesiedelt und eher im Bereich der Staatsführung zu verorten. Dabei gilt sein Werk vielen als klassischer Beleg für die Einsicht, dass sich die Sicherheit und das Überleben eines Staates letztlich nur durch eine Strategie gewährleisten lassen, die sich einzig und allein am **Faktor Macht** orientiert. Thukydides vermittle mit seiner Geschichtsschreibung, so die Anhänger dieser Lesart, die Einsicht, dass es im Bereich zwischenstaatlicher Beziehungen keine übergeordnete Regelungs- und Sanktionsinstanz gibt, Macht und deren Verteilung entscheidende Bedeutung zukommt und Krieg unter der Bedingung von An-

---

11   Clausewitz vergleicht das Kriegführen im Gegensatz dazu mit einem Kartenspiel, um das Unberechenbare und den Einfluss des Zufalls herauszustellen (Clausewitz: Buch 1/Kapitel 1; Handel 2005: 184; vgl. auch die Ausführungen unter 2.2.2.3).

12   Für eine ausführlichere Beschäftigung mit den im Folgenden behandelten Fragen vgl. Enskat (2005).

archie auf Dauer kaum zu verhindern ist (Doyle 1997: 51; Waltz 1979: 66, 102).
Ganz in diesem Sinne beschreibt Thukydides – in einer der am häufigsten zitier-
ten Passage aus dem *Peloponnesischen Krieg* – auch „den wahrsten Grund" für den
Krieg zwischen Athen und Sparta:

> „Es fing damit an, dass Athener und Peloponnesier den dreißigjährigen Vertrag auf-
> hoben, den sie nach der Einnahme Euboias geschlossen hatten. Die Ursachen, warum
> sie ihn aufhoben, und die Streitpunkte schreibe ich vorweg, damit nicht später einer
> fragt, woher denn ein solcher Krieg in Hellas ausbrach. Den wahrsten Grund freilich,
> zugleich den meistbeschwiegenen, sehe ich im Wachstum Athens, das die erschreckten
> Spartaner zum Krieg zwang" (Thukydides [1993]: I.23.4–6).

Wenn Thukydides dann auch noch die Athener im so genannten **Melierdialog** ihr
kaltblütiges Plädoyer für das Recht des Stärkeren halten lässt, scheinen spätestens
damit auch die letzten Zweifel ausgeräumt, was die strategischen Lehren aus seiner *Geschichte des Peloponnesischen Krieges* sein könnten:

> „Wir glauben nämlich, vermutungsweis, dass das Göttliche, ganz gewiss aber, dass alles
> Menschenwesen allezeit nach dem Zwang seiner Natur, soweit es Macht hat, herrscht.
> Wir haben dies Gesetz weder gegeben noch ein vorgegebenes zuerst befolgt, als gül-
> tig überkamen wir es, und zu ewiger Geltung werden wir es hinterlassen, und wenn
> wir uns daran halten, so wissen wir, dass auch ihr und jeder, der zur selben Macht wie
> wir gelangt, ebenso handeln würde" (Thukydides [1993]: V.105.2, meine Hervorh.).

Ist Thukydides also ein Verfechter kühl kalkulierter, gar amoralischer Machtstra-
tegien?[13] Diese Frage erübrigte sich nur dann, wenn das, was bisher zu Gunsten
dieser Perspektive angeführt worden ist, alles und die *Geschichte des Peloponnesischen Krieges* nur einige wenige und nicht hunderte Seiten lang wäre.

▶ Tatsächlich ist das Werk des Thukydides mehr als die drei oder vier immer wieder zitierten Passagen.

Die Athener des Melierdialogs sind nicht die einzigen, die bei Thukydides zu
Worte kommen und machtstrategische Argumente dementsprechend nur eine der

---

13 Diese und die im Folgenden im Zusammenhang mit Thukydides thematisierten Fragen
     zum Thema Strategie sind der höchsten Strategieebene zuzuordnen, jener Ebene also, die
     sich stark dem Bereich des Politischen bzw. der Staatsführung annähert und gemeinhin als
     Grand Strategy bezeichnet wird, vgl. dazu auch die Ausführungen unter 2.2.3.2 sowie Platias/
     Koliopoulos (2006: 16).

zahlreichen Facetten seiner in Wirklichkeit äußerst **komplexen und vielschichtigen** *Geschichte des Peloponnesischen Krieges* (Gustafson 2000: 179–180; Krell 2009: 130).

Wenn es um die strategischen Lehren aus der *Geschichte des Peloponnesischen Krieges* geht, spielen vor allem Thukydides' Ausführungen zu **Perikles** eine entscheidende Rolle. Hier „verdichtet [Thukydides] seinen strategischen Denkstil am eindrucksvollsten", schreiben etwa Joachim Raschke und Ralf Tils (2007: 47).

▶ Tatsächlich kann es kaum Zweifel daran geben, dass Perikles für Thukydides die nahezu idealtypische Verkörperung des klugen, unbestechlichen, dem Gemeinwohl dienenden großen Staatsmannes ist.[14]

An einer Stelle schreibt er über ihn:

> „Denn solange er die Stadt [Athen] leitete im Frieden, führte er sie mit Mäßigung und erhielt ihre Sicherheit, und unter ihm wurde sie so groß, und als der Krieg ausbrach, da hatte er, wie sich zeigen lässt, auch hierfür die Kräfte richtig vorausberechnet" (Thukydides [1993]: II.65.5).

Als Perikles jedoch wenige Jahre nach dem Ausbruch des Peloponnesischen Krieges stirbt, hat dies für Thukydides einen radikalen Wandel in der athenischen Kriegspolitik zur Folge:

> „Denn er [Perikles] hatte ihnen [den Athenern,] gesagt, sie sollten sich nicht zersplittern, die Flotte ausbauen, ihr Reich nicht vergrößern während des Krieges und die Stadt nicht aufs Spiel setzen, dann würden sie siegen. Sie aber taten von allem das Gegenteil und rissen außerdem aus persönlichem Ehrgeiz und zu persönlichem Gewinn den ganzen Staate in Unternehmungen, die mit dem Krieg ohne Zusammenhang schienen und die, falsch für Athen selbst und seinen Bund, solange es gut ging, eher einzelnen Bürgern Ehre und Vorteile brachten, im Fehlschlag aber die Stadt für den Krieg schwächten" (Thukydides [1993]: II.65.7).

Thukydides betont hier die erhebliche Diskrepanz zwischen der Strategie des Perikles auf der einen und der seiner Nachfolger auf der anderen Seite und vertritt damit – zumindest implizit – auch das kontrafaktische Argument, wenn Perikles nur länger gelebt hätte, wäre alles anders gekommen. Insofern ist Thukydides'

---

14 Thukydides ([1993]: II.60.5., II.65); vgl. auch Doyle (1997: 64, 77), Lebow (2001: 551), Lebow (2003: 71, 131), Leppin (1999: 143–170), Waggaman (2000: 202).

Diagnose zu den Ursachen des Aufstiegs und Niedergangs Athens nicht zuletzt auch ein Urteil über die Strategie des Perikles.[15]

Während Perikles Athen in Friedenszeiten mit einer **Strategie der Mäßigung** zu Macht und Größe führt und auch in Kriegszeiten eine von den Launen des Volkes unabhängige gemäßigte Politik im Interesse des Gemeinwohls betreibt, schreibt Thukydides über die kurzsichtigen, nur an eigenen Interessen orientierten Entscheidungen „der Späteren" – gemeint sind die nachperikleischen Führer Athens, u. a. Alkibiades, Kleon, Nikias, Phrynichos, Antiphon, Theramenes (Leppin 1999: 144):

> „Die Späteren, einer ziemlich wie der andere und jeder nur bemüht, der Erste zu werden, sanken so tief, den Launen des Volkes sogar in der Staatsführung nachzugeben. Daher wurden wegen der Größe der Stadt und ihrer Herrschaft immer wieder Fehler begangen, so vor allem die Fahrt nach Sizilien" (Thukydides [2000]: II.65.10–11).

Wenn Thukydides hier einen Bogen vom Tod des Perikles hin zur desaströsen Expedition nach Sizilien spannt – die letztlich den Niedergang Athens einleitet –, wird deutlich, inwiefern dieses Ereignis ein entscheidender Wendepunkt in seiner *Geschichte des Peloponnesischen Krieges* ist. Während die Athener unter Perikles noch stets um die Legitimierung ihrer Macht, Mäßigung bei deren Ausübung, eine Balance von Macht und Gerechtigkeit sowie die Achtung der Gesetze bemüht sind, setzt spätestens mit dessen Tod eine Entwicklung ein, in deren Verlauf alles dies immer stärker zugunsten eines **ungezügelten Machstrebens** in den Hintergrund rückt.[16]

▸ Vieles spricht dafür, dass Thukydides den Melierdialog ganz bewusst als symbolischen Höhepunkt dieser strategischen Fehlentwicklung inszeniert hat.

In dieser vielleicht berühmtesten Passage aus der *Geschichte des Peloponnesischen Krieges* versuchen die Athener, die Bewohner der Insel Melos davon zu überzeugen, ihre Neutralität aufzugeben und sich ihnen kampflos zu unterwerfen. Täten sie dies nicht, so die Athener, werde man Melos vernichten. Recht könne schließlich nur unter Gleichstarken gelten, während unter Ungleichen der Stärkere herrsche. Zwar enthält sich Thukydides auch in diesem Zusammenhang, wie so oft,

---

15 Boucher (1998: 83), Doyle (1997: 65, 77), Hawthorn (2003: 17), Johnson Bagby (1994: 139–140), Lebow (2001: 551), Lebow (2003: 71–95), Platias/Koliopoulos (2006: 136–138), Waggaman (2000: 202).
16 Thukydides ([1993]: II.65.12, VIII.1–2); vgl. auch Boucher (1998: 83), Gilpin (1988: 605), Lebow/Kelly (2001: 593, 596, 598, 602), Platias/Koliopoulos (2006: 237, 246).

eines expliziten Kommentars, die Einbettung des Melierdialogs in das kunstvoll arrangierte Ganze seiner Geschichtsschreibung spricht allerdings eine fast ebenso deutliche Sprache.[17]

▶ Es ist eine solche **holistische Perspektive** auf Thukydides' Werk, die deutlich macht, inwiefern seine *Geschichte des Peloponnesischen Krieges* eine Geschichte vom Aufstieg und Fall Athens ist.

Aus einer solchen Perspektive zeigt uns Thukydides, wie Kühnheit und Wagemut der Athener, dank der Strategie des Perikles gepaart mit **Mäßigung und Selbstbeschränkung,** den Aufstieg der Stadt zur größten Macht des antiken Griechenlands begründen, wie Kühnheit und Wagemut zu **Selbstüberschätzung und Hybris** führen, als diese Strategie aufgegeben wird, und wie das In-den-Hintergrund-treten von Mäßigung und Selbstbeschränkung zu jenem ungezügelten Machtstreben führt, das Athen schließlich in den Untergang treibt.[18]

2.2.2.3 Clausewitz

Viel zitiert, wenig gelesen, berühmt, aber nicht bekannt (Münkler 2003: 5; Aron 1980: 17–18) – dieses Schicksal teilt Carl von Clausewitz – Autor des für Bernard Brodie „einzig wahrhaft großen Buches über den Krieg" (Brodie 1989: 53, meine Übersetzung) – mit Thukydides. „Krieg ist eine bloße Fortsetzung der **Politik mit anderen Mitteln**" (Clausewitz [1991]: 210). Wohl kein anderer Satz aus Clausewitz' opus magnum *Vom Kriege* ist so häufig zitiert – und so häufig missverstanden worden. Als Ausdruck einer militaristischen Philosophie der zwischenstaatlichen Beziehungen ist er interpretiert, um nicht zu sagen verballhornt worden (Aron 1980: 155; Münkler 2003: 5).[19] Inwiefern eine solche Interpretation die Intention, die Clausewitz mit diesem Satz verfolgte, gewissermaßen in ihr Gegenteil verkehrt, wird später noch Thema sein. Zunächst soll jedoch die Frage im Vordergrund stehen, warum derartige **Missverständnisse** bei der Clausewitz-Lektüre leider keine Seltenheit sind.

---

17 Thukydides ([1993]: V.85–113); Connor (1984: 149, 151–157), Forde (2000: 165–172), Lebow/ Kelly (2001: 593, 600), Monoson/Loriaux (1998: 292).
18 Gilpin (1988: 605), Gustafson (2000: 186, 194), Krell (2009: 131–132), Lebow (2003: 365), Lebow/Kelly (2001: 594, 596).
19 Vgl. in diesem Zusammenhang auch die Ausführungen zu Clausewitz im Kapitel *Krieg und Frieden* (S. 22–23).

Genau wie die *Geschichte des Peloponnesischen Krieges* ist auch Clausewitz'
Vom Kriege alles andere als leicht zugänglich (Lebow 2003: 188).[20] Clausewitz' Gegenstand ist **komplex,** seine Sprache **kompliziert,** seine Gedankenführung häufig **abstrakt** (Heuser 2005: IX–XI; Rothfels 1980: 261). Obwohl Clausewitz bereits
zwischen 1815 und 1818 mit den Arbeiten an *Vom Kriege* begann, war es ihm nicht
vergönnt, das Werk vor seinem Tod abzuschließen. Als er 1830, zu diesem Zeitpunkt Direktor der Allgemeinen Kriegsschule in Berlin, wieder in den aktiven
Militärdienst berufen wurde, riss ihn das aus einer Phase, in der er sich daran gemacht hatte, sein Werk noch einmal grundlegend zu überarbeiten. Nur ein Jahr
später starb er an den Folgen einer Cholera-Erkrankung (Hahlweg 1969: 62–63,
70; Heuser 2005: 5–6, 51–52).

Clausewitz selbst war sich des Risikos, der Nachwelt ein unter Umständen un-
fertiges Werk zu hinterlassen, sehr wohl bewusst. Fast schon prophetisch schrieb
er 1827:

> „Sollte mich ein früher Tod in dieser Arbeit unterbrechen, so wird das, was sich vor-
> findet, freilich nur eine unförmliche Gedankenmasse genannt werden können, die, un-
> aufhörlichen Mißverständnissen ausgesetzt, zu einer Menge unreifer Kritik Veranlas-
> sung geben wird" (Clausewitz [1991]: 180–181).

Missverständnisse rühren bei Clausewitz aber nicht nur daher, dass sein Werk un-
vollendet und mitunter widersprüchlich ist, sondern auch daher, dass *Vom Kriege*
immer wieder als etwas gelesen wird, was es nicht ist, ja ganz explizit nicht sein
will: ein Regelwerk des Krieges. Auch wenn die Nachfrage nach derartigen Regeln für das Kriegführen, insbesondere bei jenen, die eben dafür ausgebildet werden, durchaus nachvollziehbar ist, darf unter keinen Umständen außer Acht gelas-
sen werden, dass es Clausewitz in *Vom Kriege* eben gerade nicht darum geht, ein
„positives Lehrgebäude" zu errichten oder Handlungsanweisungen zu formulieren
(Clausewitz [1991]: 289–290).

▶ Worum es ihm geht, ist eine **philosophische Reflexion** über die Natur des
Krieges.[21]

---

20 Zum Vergleich zwischen *Vom Kriege* und der *Geschichte des Peloponnesischen Krieges* vgl.
    auch Aron (1980: 37).
21 Aron (1980: 19); (Heuser 2005). Gerade bei Clausewitz ist es deshalb auch besonders proble-
    matisch, Einzelnes aus dem komplexen Gesamtzusammenhang zu reißen oder sein Werk als
    „Zitatenschatz" zu missbrauchen. Zahlreiche Clausewitz-Interpreten haben (leider ohne gro-
    ßen Erfolg) auf diese Problematik aufmerksam gemacht. Vgl. stellvertretend für viele Hahl-
    weg (1969: 82–83).

Es ist die Einsicht in ebendiese Natur, die Clausewitz schon früh von der Vorstellung Abstand nehmen lässt, ein so komplexes Phänomen wie der Krieg lasse sich in ein starres Regelwerk, eine abstrakte Theorie pressen. Bereits mit Mitte Zwanzig schreibt er:

> „Da, wo bei der Abstraktion nichts zur Sache gehöriges verloren geht, wie in der Mathematik, erreicht sie ihren Zweck vollkommen. Aber wo sie unaufhörlich das Lebendige fallen lassen muß, um sich an das zu halten, was freilich am leichtesten zu abstrahieren ist, die tote Form, wird sie am Ende ein trockenes Geripppe von faden Wahrheiten und Gemeinplätzen, in eine Schulform gezwängt, und man muß wirklich verwundert sein, Menschen zu finden, die ihre Zeit mit solchen Entwicklungen verlieren, wenn man bedenkt, daß gerade das, was im Kriege und in der Strategie vorzüglich das wichtigste ist, nämlich die größten Besonderheiten, Eigentümlichkeiten und Lokalitäten, sich den Abstraktionen und wissenschaftlichen Systemen am ärgsten entziehen" (Clausewitz [1941]: 82).

Ist eine **Theorie des Krieges** also unmöglich? Clausewitz hat sich ein Leben lang mit dieser Frage beschäftigt und mit seinem unvollendeten Werk den Versuch einer Antwort vorgelegt. Zentral ist dabei die Einsicht, dass sich physikalische und soziale Phänomene fundamental unterscheiden.

▸   Wenn eine Theorie des Krieges möglich sein soll, muss sie also eine andere Art Theorie sein als etwa eine Theorie der Physik.

Sie muss dem Umstand Rechnung tragen, dass sich soziale Phänomene immer wieder ähnlich, aber nie ganz gleich darstellen, dass der konkrete Kontext einer Situation, der Zufall, Emotionen, das Subjektive, das Unberechenbare oftmals eine entscheidende Rolle spielen[22].

Clausewitz' Anspruch an eine Theorie des Krieges ist deshalb in gewisser Weise bescheiden. Er schreibt: „Die Theorie soll mit einem klaren Blick die Masse der Gegenstände beleuchten, damit der Verstand sich leichter in ihnen finde" (Clausewitz [1991]: 949). Oder an anderer Stelle:

> „Daß also nicht jeder von neuem aufzuräumen und sich durchzuarbeiten habe, sondern die Sache geordnet und gelichtet finde, dazu ist die Theorie vorhanden. Sie soll den Geist des künftigen Führers im Kriege erziehen oder vielmehr ihn bei seiner Selbsterziehung leiten, nicht aber ihn auf das Schlachtfeld begleiten; so wie ein weiser Erzieher

---

22   Lebow (2003: 169, 178–180, 183–184).

die Geistesentwicklung eines Jünglings lenkt und erleichtert, ohne ihn darum das ganze Leben hindurch am Gängelbande zu führen" (Clausewitz [1991]: 290).

Wenn Clausewitz in *Vom Kriege* nach einem „Ausweg für die Möglichkeit einer Theorie" (Clausewitz [1991]: 290) sucht, dann findet er ihn, indem er sich vor allem die Beschränktheit einer solchen Theorie bewusst macht, indem er sich statt an den Naturwissenschaften an der Kunst, der Architektur und der Medizin orientiert und indem er darauf abzielt, mit seiner Theorie keine Handlungsanweisungen zu formulieren, sondern die Urteilskraft zu schärfen (Lebow 2003: 184; Howard 2002: 35, vgl. auch 22–34).[23]

Den Vertretern der „alten Schule", all jenen also, die sich nach wie vor an einem mechanistischen Regelwerk des Krieges und der Strategie abarbeiten, steht Clausewitz, wie nicht anders zu erwarten, außerordentlich kritisch, ja verächtlich gegenüber. Zu spüren bekommt dies unter anderem der damals einflussreiche Militärschriftsteller Dietrich Heinrich von Bülow, zu dessen 1805 erschienenen Buch *Lehrsätze des neuern Krieges oder reine und angewandte Strategie* (Bülow 1805) der zu diesem Zeitpunkt Fünfundzwanzigjährige einen Verriss verfasst. Clausewitz' *Bemerkungen über die reine und angewandte Strategie des Herrn von Bülow; oder Kritik der darin enthaltenen Ansichten* (Clausewitz [1979]) ist vor allem deshalb auch heute noch interessant, weil Clausewitz hier, in der Auseinandersetzung mit von Bülows Strategie- und Taktikbegriff, zu einem sehr frühen Zeitpunkt seine eigene für das spätere Werk zentrale Unterscheidung von **Strategie** und **Taktik** entfaltet (Aron 1980: 76–85; Paret 1976: 89).[24]

Für von Bülow unterscheiden sich Strategie und Taktik wie folgt: „Strategie ist […] die Wissenschaft kriegerischer Bewegungen außerhalb der Gesichtsweite oder dem Kanonenschusse [eines Feindes]. Taktik sind alle Bewegungen innerhalb dieser Grenzen" (Bülow 1805: 1). Clausewitz weist diese Definition entschieden zurück, weil sie ein Wahrnehmungs- bzw. Raumkriterium – die Gesichtsweite bzw. die Reichweite der Kanonen – zur Unterscheidung heranzieht. Für ihn aber muss der Gegensatz in der Natur des Gegenstandes begründet sein. Es geht ihm um ein abstraktes Unterscheidungskriterium, ein intellektuelles Prinzip, mithilfe dessen sich Taktik und Strategie definieren lassen (Clausewitz [1979]: 67–68; Aron 1980: 79, 151; Paret 1986: 190).

---

23 Als Theorie einer Praxis lässt sich Clausewitz' Theorie, will man einen modernen Begriff verwenden, auch als Praxeologie bezeichnen (Aron 1980: 80). Für eine systemtheoretische Interpretation von Clausewitz' Handlungstheorie vgl. auch Beckmann (2011).

24 Die für sein späteres Werk zentrale Definition von Strategie und Taktik findet sich bereits in der *Strategie von 1804* (Clausewitz [1941]). Für einen entwicklungsgeschichtlichen Nachvollzug der Entfaltung von Clausewitz' Strategiebegriff vgl. auch Schössler (1997).

Auch in diesem Zusammenhang spielt Clausewitz' spezifisches Theorieverständnis eine wichtige Rolle.

▶ An die Stelle des bei von Bülow zentralen Wissenschaftsbegriffs tritt bei Clausewitz die **Kunst.**

Er schreibt: „Der Gegenstand einer Kunst ist der Gebrauch der vorhandenen Mittel zum vorgesetzten Zweck" (Clausewitz [1979]: 68) und führt damit die für sein gesamtes Werk zentralen Analysekategorien ein: das Mittel und den Zweck. Es sind diese beiden Kategorien, die Clausewitz heranzieht, um seinen Untersuchungsgegenstand systematisch zu zergliedern, um Taktik und Strategie zu unterscheiden und später auch das Verhältnis von Krieg und Politik zu bestimmen (Aron 1980: 80, 147; Lebow 2003: 182).

Wie aber lassen sich Taktik und Strategie anhand von **Mittel** und **Zweck** unterscheiden? Clausewitz schreibt dazu an einer der unzähligen Stellen, an denen er sich zum Verhältnis der beiden Begriffe äußert: „Es ist also nach unserer Einteilung die Taktik die Lehre vom Gebrauch der Streitkräfte *im* Gefecht, die Strategie die Lehre vom Gebrauch *der* Gefechte zum Zweck des Krieges" (Clausewitz [1991]: 271, meine Hervorh.). Relativ mühelos lässt sich anhand dieses Satzes identifizieren, inwiefern sich Taktik und Strategie im Hinblick auf ihre Mittel unterscheiden:

▶ Die Streitkräfte sind das Mittel der Taktik, die Gefechte das Mittel der Strategie.

Dieser Unterschied hinsichtlich ihrer Mittel ist für Clausewitz der *wesentliche* Unterschied zwischen Taktik und Strategie (Aron 1980: 149).

Taktik und Strategie lassen sich für Clausewitz aber auch anhand ihrer Zwecke unterscheiden. Er schreibt: „In der Taktik sind die Mittel die ausgebildeten Streitkräfte, welche den Kampf führen sollen. Der Zweck ist der Sieg" (Clausewitz [1991]: 292). Clausewitz beschränkt den Ausdruck Sieg damit auf den Bereich des Taktischen. Siege werden auf dem Schlachtfeld errungen. Erfolgreich geführte Gefechte sind *Mittel* aber nicht *Zweck* von Strategie (Aron 1980: 149, 159; Paret 1976: 372). Hieran wird deutlich, wie Clausewitz mithilfe der Mittel-Zweck-Relation die bereits eingangs erwähnte Hierarchisierung von übergeordneter Strategie und untergeordneter Taktik vornimmt (vgl. die Ausführungen zur Unterscheidung von Strategie und Taktik unter 2.2.1). Was aber ist der Zweck von Strategie? Clausewitz führt aus: „Die Strategie hat ursprünglich nur den Sieg, d. h. den taktischen Erfolg, als Mittel und, in letzter Instanz, die Gegenstände, welche unmittelbar zum Frieden führen sollen, als Zweck" (Clausewitz [1991]: 293–294; vgl. Tabelle 1).

Wenn Clausewitz an dieser Stelle den **Frieden** als eigentlichen Zweck von Strategie und Kriegsführung ausmacht, dann ist das in seiner „Vorstellung vom Krieg

Tabelle 1   Unterscheidung von Taktik und Strategie bei Clausewitz

	Taktik	Strategie
Mittel	Streitkräfte	(siegreiche) Gefechte
Zweck	Sieg	Frieden

als eines durch die Hierarchie von Mitteln und Zwecken strukturierten Ganzen" (Aron 1980: 150) nur der vorletzte Schritt. Frieden ist schließlich nicht gleich Frieden. Ein Frieden kann zustande kommen, nachdem ein Angriff auf das eigene Territorium zurückgeschlagen wurde. Er kann geschlossen werden, nachdem der Gegner durch einen eigenen Angriff vernichtet und sein Territorium vollständig besetzt wurde. Frieden kann aber auch das Ergebnis einer Strategie sein, die sich auf die glaubwürdige Androhung von Gewalt beschränkt und dadurch gänzlich ohne Blutvergießen auskommt.[25]

Im Zusammenhang mit der Frage, *was für ein* Frieden Ziel einer spezifischen Strategie ist, kommt nun die anfangs zitierte Formel „Krieg ist eine bloße Fortsetzung der Politik mit anderen Mitteln" wieder ins Spiel. Immer wieder ist dieser Satz so interpretiert worden, als wolle Clausewitz damit in erster Linie zum Ausdruck bringen, Krieg sei etwas *Selbstverständliches,* ein Instrument wie jedes andere auch. Tatsächlich geht es Clausewitz an dieser Stelle aber vor allem darum herauszustellen, dass Krieg „nichts *Selbstständiges"* (Clausewitz [1991]: 990, meine Hervorh.) ist.

▶ Es geht ihm um die Unterordnung des Militärischen unter die Führung der Politik.

Im Sinne seiner Mittel-Zweck-Systematik ist der Krieg **ein Mittel der Politik,** dessen Zweck, Ziele und Intensität einzig und allein von der Politik festzulegen sind (Clausewitz [1991]: 990–998; Aron 1980: 159; Münkler 2003: 12–14; Heuser 2005: 39).

Clausewitz ist damit alles andere als ein Advokat des bedenkenlosen Einsatzes von Streitkräften. Er warnt vielmehr ausdrücklich vor einer Entwicklung, bei der der Krieg zum Selbstzweck verkommt: „Man fängt keinen Krieg an, oder man sollte vernünftigerweise keinen anfangen, ohne sich zu sagen, was man mit und was man in demselben erreichen will" (Clausewitz [1991]: 952). Was man mit und in einem Krieg erreichen will, ist allerdings eine *politische* und keine *militärische*

25   Vgl. hierzu auch die Ausführungen zu Abschreckung unter 2.2.3.1.

Frage (Clausewitz [1991]: 994). Das ist gemeint, wenn Clausewitz davon spricht, dass Krieg eine bloße Fortsetzung der Politik mit anderen Mitteln ist.

2.2.3 Debatten

Was für Denkansätze zu strategischen Fragen gilt, gilt für Debatten allemal. Die Zahl an Beiträgen, die sich unter der losen Formel „Debatten zu strategischen Fragen" versammeln ließen, ist schier unüberschaubar. Auch hier gilt es also, eine Auswahl zu treffen. Im Folgenden werden deshalb im bewussten Kontrast zu den klassischen Denkansätzen der vorangegangenen Ausführungen zwei in der Moderne zu verortende Debatten vorgestellt: die Debatte um **nukleare Abschreckungsstrategien** in der Folge des 2. Weltkriegs und – beispielgebend für etliche Debatten rund um das Thema *Grand Strategy* – die Debatte um **Kontinuität und Wandel deutscher Außenpolitik.**

2.2.3.1 Nukleare Abschreckung[26]

Bei jeder Abschreckungsstrategie geht es simpel gesprochen darum, ein Gegenüber von einem bestimmten Vorhaben abzuhalten, indem man ihm **Furcht** einflößt (Waltz 2003: 5). Dies geschieht in aller Regel durch eine irgend geartete Demonstration der Stärke. Auch wenn es ein solches Verhalten zwischen Menschen – und auch Tieren – wohl schon immer gegeben hat, entwickelt die Abschreckung im modernen Staatensystem eine ganz eigene Dynamik. Dies liegt zum einen am Fehlen einer der innerstaatlichen Sphäre vergleichbaren Regelungs- und Sanktionsinstanz *(self help system)*, zum anderen an der Existenz von **Nuklearwaffen.** Zwar ist eine Abschreckungsstrategie zwischen Staaten grundsätzlich auch mit konventionellen Waffen möglich, die grundlegenden Mechanismen der Abschreckung kommen aber erst durch die Vernichtungskraft von Nuklearwaffen voll zum Tragen (Freedman 2004: 9–10; Jervis 1979: 290; Mearsheimer 1990: 30–31):

> „Nuclear weapons purify deterrent strategies by removing elements of defense and warfighting. Nuclear warheads eliminate the necessity of fighting and remove the possibi-

---

26 Dieses Unterkapitel gründet sich im Wesentlichen auf Ausführungen aus Frank Sauers (2008) „Die Rückkehr der Bombe". Ich verwende Sie hier mit seiner freundlichen Genehmigung.

lity of defending, because only a small number of warheads need to reach their targets"
(Waltz 1990: 732).

Mit dem Aufkommen der **nuklearen Abschreckung** nach dem Ende des Zweiten
Weltkriegs verlagerte sich dementsprechend der Schwerpunkt strategischer Überlegungen. Strategische Konzepte beschäftigten sich jetzt nicht mehr in erster Linie mit der Frage, wie ein Krieg am besten zu führen sei, sondern immer stärker
mit der **Kunst, einen Krieg** *nicht* **zu führen**, also der Kriegsvermeidung (Brodie
1946: 76).[27]

Den Vordenkern der nuklearen Abschreckung drängte sich das Konzept schon
deshalb auf, weil es den USA und ihren Verbündeten eine effiziente und sofort um-
setzbare Möglichkeit zu bieten schien, um die Sowjetunion in Europa in Schach
zu halten (McNamara 1983: 62–63; Freedman 2004: 38–40; Bundy 1988: 248). Insofern lieferte die Abschreckungsstrategie die vermeintlich passenden Antworten
auf die drängendsten sicherheitspolitischen Fragen – vor allem jene, wie ein Krieg
zwischen den beiden Supermächten zukünftig vermieden werden könne.

▶ Abschreckung war das dem Zeitgeist entsprechende **sicherheitspolitische**
   „Allheilmittel".[28]

Befördert wurde die Dominanz des Abschreckungskonzeptes allerdings nicht allein durch die historischen Umstände im Kalten Krieg und die Implementierung
der Abschreckungs*strategie,* sondern ganz wesentlich auch durch die akademische Beschäftigung mit dem Konzept in den USA und seinem Ausbau zur **Abschreckungs***theorie.*[29] Initiator der so genannten **ersten Welle** auf dem Weg zur
Abschreckungstheorie war der Politikwissenschaftler Bernard Brodie. In Abwesenheit einer übergeordneten Regelungsinstanz und angesichts zweier nuklear bewaffneter Kontrahenten, identifizierte Brodie die Sicherstellung von Kapazitäten
zur **Vergeltung von nuklearen Angriffen mit gleichen Mitteln** als ersten und le-
benswichtigen Schritt. Nur mittels dieser Kapazitäten und der Drohung mit einem

---

27 Vgl. in diesem Zusammenhang auch die Ausführungen zu Sunzi unter 2.2.2.1.

28 Bundy (1988: 289–290), Freedman (2004: 11).

29 „Abschreckungstheorie" wird hier verstanden als die akademische Beschäftigung mit dem
    Konzept der Abschreckung als einer Form von Nötigungen und Drohungen zwischen Ak-
    teuren in der internationalen Politik, die zum Nichthandeln *(deterrence)* oder Handeln
    (compellence) aus Furcht vor Konsequenzen zwingen sollen. Es sei an dieser Stelle jedoch
    angemerkt, dass die akademischen Schriften zur Abschreckung die strikten Kriterien für
    eine „Theorie" nicht erfüllen, der Terminus „Theorie" aber in dieser Literatur allgemein üb-
    lich und daher auch hier beibehalten worden ist, vgl. dazu Bundy (1988: 289: Anm. 1, 292)
    und Aron (1964: 26–27).

vernichtenden nuklearen „Zweitschlag" kann nach dieser Logik ein potenzieller Aggressor vom „Erstschlag", dem überfallartigen Angriff mit Nuklearwaffen, abgeschreckt werden. Mit diesem muss der Aggressor mindestens ebenso hart zurückgeschlagen werden können – auf dass er gar nicht erst in die Versuchung eines Erstschlags gerät. „If such arrangements are made, the bomb cannot but prove in the net a powerful inhibition to aggression" (Brodie 1946: 75).

Mit der stetig steigenden Zahl von Atombomben in den 1950er Jahren, vor allem aber mit der Erfindung der Wasserstoffbombe, hob die **zweite Welle** in der Literatur an, in der Brodies Vorarbeit nun systematischer ausgeführt wurde (Freedman 2004: 11; Aron 1964: 44). Die zentrale Frage für die Autoren war dabei, wie ein Zweitschlag effektiv angedroht werden konnte. Den Theoretikern war klar, dass die Drohung mit dem Zweitschlag nur dann effektiv sein konnte, wenn sie absolut glaubwürdig war. Ohne absolut **glaubwürdige Drohung mit Vergeltung** konnte Abschreckung nicht funktionieren – was im Sinne der Abschreckungslogik einer Einladung des Gegners zum Angriff gleichkam. Es musste also ein Weg gefunden werden, die Glaubwürdigkeit der Drohung sicherzustellen, damit Abschreckung sowohl in der Theorie als auch in der Praxis funktionieren konnte.

Der Großteil der Literatur aus der zweiten Welle zur Abschreckungstheorie verfolgte die Lösung des „Glaubwürdigkeitsproblems" mittels möglichst eleganter spieltheoretischer Modelle.[30] In den Mittelpunkt rückte damit die **Annahme rational handelnder Akteure.** Der ursprüngliche, basale Gedanke des „Furcht-Einflößens" wurde in diesem Zug also ersetzt durch ausgeklügelte, formalisierte Überlegungen in Modellform, mittels derer Entscheidungssituationen und die Beeinflussung von Verhalten systematisch durchdacht werden sollte. In den abschreckungstheoretischen Modellen ging es dementsprechend darum, die „Kosten-Nutzen-Abwägungen" des Gegenübers – mit bisweilen mathematischer Exaktheit (etwa Fink 1965) – zu kalkulieren und zu eigenen Gunsten zu manipulieren. Entscheidend war dabei, Entschlossenheit zu demonstrieren, um damit die Erwartungen des Gegenübers im Hinblick auf die eigenen Handlungen zu beeinflussen – sei es, indem man ihm das unkontrollierbare Risiko der totalen Vernichtung oder die stufenweise, stoische Eskalation von Gewalt in Aussicht stellte.[31]

---

30 Zur Definition von Spieltheorie heißt es bei Calvert (2011: 947): „Game theory is the study of rational behavior in situations of interactive decision making – that is, situations in which two or more individuals make decisions that jointly determine an outcome about which the participants have differing preferences or information. As a theory, it aims to articulate the criteria and implications of such decision making, defining principles of idealized strategic choice".

31 Mit der Ablösung von „massive retaliation" durch „flexible response" fanden solche, aus konkurrierenden Modellen der Abschreckungstheorie stammenden, Überlegungen zu Be-

In der **dritten Welle** der Abschreckungstheorie wurde zwar weiterhin versucht, die Arbeiten der zweiten Welle fortzuführen und zu verfeinern (stellvertretend Achen/Snidal 1989), immer mehr Forscherinnen und Forscher widmeten sich aber auch den **Widersprüchlichkeiten** der bis dato existierenden Modelle und hinterfragten sie kritisch (Aron 1964: 22–23). Dabei wurden erstmals auch umfassendere empirische Studien durchgeführt, um zu überprüfen, ob staatliche Entscheidungsträger sich überhaupt so verhielten, wie es nach den Modellen zu erwarten gewesen wäre (George/Smoke 1989; Jervis 1989).

▶ Tatsächlich zeigte sich, dass modellhafte Kosten-Nutzen-Abwägungen und Wahrscheinlichkeitskalküle die Realität nicht adäquat abbildeten.

Mit den Rationalitätsannahmen der zweiten Welle ging das Verhalten echter Entscheidungsträger offenbar kaum zusammen. So gut wie nie wählten diese in einer Krise absichtlich und in kalkulierter Weise Handlungsoptionen, mit denen Eskalationsrisiken absichtlich in die Höhe getrieben und somit übermäßiger Druck auf ihr Gegenüber ausgeübt worden wäre (Bundy 1988: 303, 310–311). Richard Ned Lebow und Janice Gross Stein formulierten plakativ: „Rational deterrence theory may be elegant but irrelevant" (Lebow/Stein 1989: 218).

Die Ergebnisse der empirischen Studien schürten erhebliche Zweifel an der Eignung der Abschreckungstheorie als Richtschnur für die politische Praxis (Jervis 1979: 208, 213); vernachlässigte diese doch nicht nur die Nuancen des politischen Geschäfts. Auch ganz entscheidende Aspekte, wie etwa der Einfluss dritter Akteure, Belohnungen aufgrund bewältigter Krisen oder auch die Möglichkeit eines Kompromisses blieben in den abstrakten Modellen völlig außen vor. Die dritte Welle kritisierte, dass die Abschreckungstheorie damit Gefahr lief, die eigenen Grundannahmen durch die enge Rückkopplung mit der strategisch-politischen Ebene *ad infinitum* zu reproduzieren.

Um das Missverhältnis zwischen den Erwartungen, die die Theorie bis dato nahegelegt hatte, und dem tatsächlich beobachtbaren Verhalten politischer Entscheidungsträger besser zu verstehen und die Abschreckungstheorie in diesem Zuge auch „praxisrelevanter" zu machen, wurde im Rahmen des kritischen Hinterfragens rationalistischer Akteursmodelle unter anderem die **kognitive Psychologie** befragt (Krell 2009: 385–423). Auf diese Weise ließen sich die Ergebnisse der Fallstudien systematisieren und für die Weiterentwicklung der Abschreckungstheorie fruchtbar machen.

---

ginn der 1960er Jahr auch ihren Niederschlag in den außenpolitischen Strategien der Vereinigten Staaten und der NATO.

Erkenntnisse der dritten Welle[32]

(1) Aufgrund der Komplexität der Welt verlassen sich Entscheidungsträger auf bereits bestätigtes Wissen und neigen dazu, neue Informationen in bestehende Überzeugungssysteme einzuordnen.

(2) Geschichte ist entscheidend. Der Zweite Weltkrieg und die Erfahrungen mit Nazi-Deutschland waren für die Entwicklung der Abschreckungstheorie und die Wahl der Abschreckungsstrategie wichtige Einflussgrößen.

(3) Die Rollen von Verwirrung, Engstirnigkeit und eigenem Selbstverständnis auf Seiten des Gegenübers werden regelmäßig unterschätzt.

(4) Entscheidungsträger denken stets wohlmeinend über das eigene Land, an dessen „Innenseite der Außenpolitik" (also die Ministerialbürokratie oder auch das Militär) sie zudem in ihren Entscheidungen und Handlungen gekoppelt sind.

(5) Entscheidungsträger neigen dazu, die Erfolgsaussichten ihrer Politik zu überschätzen, obgleich die Implementierung konkreter Politiken nicht selten von ihren Anordnungen und Erwartungen abweicht.

Für die Abschreckungstheorie ergaben sich aus den Erkenntnissen der dritten Welle zahlreiche Implikationen. Deren Kern aber machte die stete Gefahr der **„Fehlwahrnehmung und Fehlkalkulation"** aus (Jervis 1979: 215–216; Mearsheimer 1990: 381–386). Die Autorinnen und Autoren der dritten Welle pochten daher darauf, dass eine bessere Abschreckungstheorie, die – möglicherweise auf Kosten von „Eleganz" – auch wieder mehr „Relevanz" für die Praxis beanspruchen wollte, dieser Erkenntnis würde Rechnung tragen müssen.

Das **zentrale Paradox** der nuklearen Abschreckung konnte derweil keine der drei Theorie-Wellen auflösen. Schon 1946 hatte Frederick Dunn (1946: 17) nämlich erkannt:

> „Thus we come to the final paradox that […] the strongest present ally in the effort to get rid of war is the capacity to resort to atomic warfare at a moment's notice."

Mit anderen Worten: Der Theorie entsprechend in die Praxis umgesetzt zwingt die nukleare Abschreckung mit ihren zur glaubwürdigen Zweitschlagsdrohung im permanenten Alarmzustand gehaltenen Waffenarsenalen paradoxerweise dazu, eben jene Situation zu *befördern,* die man eigentlich unter allen Umständen zu *verhindern* sucht – die totale nukleare Vernichtung nämlich.

---

32 Waltz (1990: 195–199), Jervis (1985).

► Der prekäre „nukleare Frieden" hat unterdessen Bestand.

Wenngleich die Risiken, gegen welche die Abschreckung Schutz verspricht, also zugleich von dieser perpetuiert werden, vertrauen viele Praktiker auch weiterhin auf eine nukleare Abschreckungsstrategie. Ob diese Strategie den Nichtgebrauch von Nuklearwaffen auch in Zukunft verhindern kann, ist allerdings ungewiss. Trotz jahrzehntelanger Erfahrung in Theorie und Praxis, bleiben auch heute noch viele Fragen offen – insbesondere im Hinblick auf das Verhältnis von Theorie und Praxis. Dementsprechend mahnt auch Colin Gray (1999b: 12): „The elegance and sophistication of the theory of […] nuclear deterrence […] stand in sharp contrast with the difficulties that can impede the successful practice of deterrence".

2.2.3.2 Grand Strategy

Seit inzwischen mehr als einem Jahrzehnt erlebt das Nachdenken und Debattieren über *Grand Strategy* seine jüngste Renaissance. Die Frage nach der US-amerikanischen *Grand Strategy* für das 21. Jahrhundert ist dabei nur ein, wenn auch sehr prominenter Gesichtspunkt, unter dem über das Thema diskutiert wird (Layne 1998: 8).[33] Was ist überhaupt eine *Grand Strategy*? Hat Staat XY eine *Grand Strategy* und wenn ja, was für eine? Beziehungsweise: Braucht Staat XY eine *Grand Strategy* und wenn ja, was für eine? Es sind solche Fragen, um die sich die unzähligen Debattenbeiträge zum Thema *Grand Strategy* ranken und die in den folgenden Ausführungen eine Rolle spielen werden. Dabei wird es zunächst darum gehen, sich dem Thema auf einer allgemeinen, eher abstrakten Ebene zu nähern und die seit vielen Jahrzehnten andauernde Debatte um die Frage, was *Grand Strategy* überhaupt ist, zu beleuchten. Anschließend soll das Thema *Grand Strategy* am konkreten Beispiel der Debatte um die deutsche Außenpolitik nach 1990 veranschaulicht werden.

Auf den ersten Blick scheint die Frage, was *Grand Strategy* – im Deutschen am ehesten „**Gesamt-**" oder „**Leitstrategie**" – überhaupt ist, nicht sonderlich kontrovers.

► ***Grand Strategy*** „is the art of reconciling ends and means".

---

33 Zum Einstieg in die Debatte um eine US-amerikanische *Grand Strategy* für das 21. Jahrhundert vgl. Posen/Ross (1996), Mead (2005), Flournoy/Brimley (2008), Art (2009), Fontaine/Lord (2012).

So definiert beispielsweise Peter Feaver (2009) den Begriff und liefert damit eine Definition, unter die sich die allermeisten *Grand Strategy*-Definitionen subsumieren ließen. Sobald es allerdings konkret wird, sobald es darum geht, besagte *ends* und *means,* also **Zwecke** und **Mittel** von *Grand Strategy,* genauer zu bestimmen, gehen die Vorstellungen einzelner Autoren weit auseinander. Dabei wird das Spektrum unterschiedlicher Auslegungen auf der einen Seite durch eine Perspektive begrenzt, die **Sicherheit** als höchsten Zweck staatlichen Strebens und das **Militär** als ultimatives Mittel zur Verwirklichung dieses Zwecks begreift (vgl. Abbildung 1).

Nahezu idealtypisch wird dieses Ende des Spektrums von John Mearsheimer verkörpert. An einer der wenigen Stellen, an denen er sich explizit zu Grand Strategy äußert, heißt es:

▶ *Grand Strategy* „encompasses two important questions. First, what are the principal military threats from abroad and how should they be ordered? [...] Second, what kinds of military forces should a state develop to support those commitments?".[34]

Die Auslegung dessen, was *Grand Strategy* ausmacht, wird sukzessive breiter, wenn man sich der Mitte des Spektrums zuwendet. Dort lassen sich Autoren wie Basil Liddell Hart verorten, die betonen, dass sich die im Rahmen einer *Grand Strategy* eingesetzten Mittel nicht auf den Einsatz des Militärs beschränken müssen. Schon Anfang der 1950er Jahre schreibt Liddell Hart:

▶ „The role of **grand strategy** – higher strategy – is to co-ordinate and direct *all the resources* of a nation, or band of nations, towards the attainment of the political object of the war. [...] Fighting power is but one of the instruments of grand strategy – which should take into account of and apply the power of financial pressure, of diplomatic pressure, of commercial pressure, and, not least of ethical pressure, to weaken the opponent's will."[35]

Ebenfalls in der Mitte des Spektrums ist Robert J. Art anzusiedeln, auch wenn er das Argument von der Vielfalt der Mittel einer *Grand Strategy* gewissermaßen auf den Kopf stellt. Er schreibt:

▶ *Grand Strategy* „refers to the ways that a state [...] employs its military power to support its national interests. Grand Strategy differs from foreign policy. The

---

34 Mearsheimer (1988: 17, Hervorh. dort); vgl. auch Mearsheimer (2001: 4, 31, 55–56).
35 Liddell Hart ([1967]: 322, m. Hervorh.).

Abbildung 1   Spektrum unterschiedlicher Perspektiven auf Grand Strategy

latter posits the national interests a state should pursue and then figures out the best way to integrate all the instruments of state power – economic, political, military, diplomatic, and so on – to attain and protect those interests. Grand strategy has a narrower focus: it concentrates on how the military instrument can best be used to support foreign policy goals. Foreign policy deals with all the goals and all the instruments of statecraft; grand strategy deals with *all the goals but only one instrument.*"[36]

Während also einige Autoren die enge Definition von *Grand Strategy* vor allem im Hinblick auf die zum Einsatz kommenden Mittel erweitern, betonen andere die Vielfalt der Zwecke, halten aber an einer engen Auslegung im Hinblick auf die Mittel fest (vgl. Abb. 1).

Bliebe noch das der engen Definition von *Grand Strategy* entgegengesetzte Ende des Spektrums. Dieses Ende wird von Autoren markiert, die eine sowohl im Hinblick auf die Mittel als auch im Hinblick auf die Zwecke von *Grand Strategy* außerordentlich **breite Auslegung** vertreten. Einer dieser Autoren ist John Lewis Gaddis, der in einem Text mit dem passenden Titel „What Is Grand Strategy?" schreibt:

▶   ***Grand Strategy*** „is the calculated relationship of means to large ends. It's about how one uses whatever one has to get to wherever it is one wants to go."[37]

Aus einer solchen Perspektive geht es für Staaten bei der Konzeption einer *Grand Strategy* sowohl darum, sich über die eigenen Ziele klar zu werden *(wherever one wants to go)*, als auch sich zu fragen, welche Mittel zur Verfolgung dieser Ziele zur Verfügung stehen *(whatever one has)* bzw. gerade im Hinblick auf den Einsatz von Streitkräften: Welche der ihm zur Verfügung stehenden Mittel er unter welchen Bedingungen einzusetzen bereit ist *(how one uses what he has).* Insofern betont eine solche Perspektive vor allem die **Vielfalt politischer Entscheidungsmöglichkeiten** (Doyle 1993: 47). In diesem Sinne schreibt auch Edward N. Luttwak:

---

36   Art (2009: 1, m. Hervorh.).
37   Gaddis (2009: 7).

„At the level of grand strategy, some governments above all seek power over other states or actual territorial expansion; other governments desire only to keep what external power and influence they have, while dedicating their greater efforts to domestic purposes, including the increase of prosperity; some are active on the world scene primarily to claim economic aid in various forms and can measure their achievement with rare precision; others see a fullness of success if they are simply left alone, and still others seek external support precisely to be left alone by states they fear" (Luttwak 1987: 182).

Eine solche, breite Auslegung von *Grand Strategy* umfasst häufig auch eine **normative Dimension**. In diesem Sinne schreibt etwa Stephen Krasner:

> ▶ „Eine **Grand Strategy** entwirft ein Bild, wie die Welt ist, entwickelt eine Vorstellung, wie sie sein sollte und benennt Richtlinien, wie diese Vorstellung umgesetzt werden könnte. Grand Strategies dienen dazu, das internationale Umfeld zu gestalten, um mit ihrer Hilfe die Architektur einer internationalen Ordnung zu prägen, auf die außenpolitischen Entscheidungen anderer Staaten einzuwirken und den Systemcharakter anderer Staaten zu beeinflussen oder sogar zu bestimmen."[38]

„Milieu-oriented" *Grand Strategies* nennt John Ikenberry (2007: 2) diese Art von *Grand Strategies*. Staaten, die eine solche *Grand Strategy* verfolgen, geben sich nicht mit der Gewährleistung der eigenen Sicherheit durch Streitkräfte zufrieden, sondern wollen die Welt und die eigene Rolle darin aktiv und ganz bewusst auch mit einem normativen Impetus gestalten.

Wie ist die Welt bzw. das internationale Staatensystem beschaffen? Wie lassen sich die internationalen Beziehungen im 21. Jahrhundert gestalten? Und vor allem: welche Rolle kann und soll Deutschland dabei spielen? Es sind solche Fragen, die auch in der Debatte um die **deutsche Außenpolitik nach 1990** – die vor dem Hintergrund der bisherigen Ausführungen nicht zuletzt eine Debatte um *Grand Strategy* (im weiten Sinne) ist[39] – im Mittelpunkt stehen.

Nachdem 1990 der Eiserne Vorhang gefallen und Deutschland wiedervereinigt ist, stellt sich unter anderem die Frage nach der zukünftigen Ausrichtung deutscher Außenpolitik. Um diese Frage entspinnt sich schon bald eine Debatte, die

---

38 Krasner (2010: 10).
39 Dass der Begriff *Grand Strategy* in der Debatte um die deutsche Außenpolitik nach 1990 so gut wie nie gebraucht wird, sagt für sich schon viel über die Besonderheiten deutscher Außenpolitik aus. Ausnahmen bestätigen aber auch hier die Regel: Krause (2005), Roos (2012: 7), Stelzenmüller (2010).

zunächst auf der Grundlage vornehmlich theoretisch begründeter **Prognosen** geführt wird. Während eine Reihe von Autoren prognostiziert, Deutschland werde sich auch nach der Wiedervereinigung an den außenpolitischen Traditionen der „Bonner Republik" – Zurückhaltung, Multilateralismus, Integration – orientieren (stellvertretend Katzenstein 1991: 78–79; von Bredow/Jäger 1991: 37), sagen andere einen grundlegenden Wandel in der deutschen Außenpolitik und die Rückkehr zu einer am nationalen Interesse orientierten klassischen Großmachtpolitik voraus (stellvertretend Waltz 1993: 64–67; Schwarz 1994: 92–93; vgl. auch Roos 2010: 9–10, 13–15; Hellmann 2000: 16–18, 24–32).

Indem die „neue" deutsche Außenpolitik im Laufe der 1990er Jahre an Kontur gewinnt, entwickelt sich die Debatte jedoch mehr und mehr zu einer Auseinandersetzung um die treffende **Beschreibung des Ist-Zustands**. Dabei scheint die außenpolitische Praxis den Anhängern der Kontinuitätsthese zunächst die besseren Argumente zu liefern (Roos 2010: 15–16). Einflussreich ist in diesem Zusammenhang vor allem das **Zivilmachtkonzept** von Hanns Werner Maull, das sich stark vereinfacht auf die beiden Formeln „never again" und „never alone" bringen lässt. Maull führt aus:

> „Never again": Gemeint ist damit die dauerhafte Abkehr von deutschen „Sonderwegen", von autoritären und totalitären Versuchungen in der Politik und den Gräueln, die sie hervorbrachte, sowie von der macht- und expansionsorientierten Außenpolitik nicht nur des nationalsozialistischen, sondern auch des wilhelminischen Deutschlands. Daraus folgt außenpolitisch die Integration in westliche Bündnisstrukturen, die Ausrichtung der Außen- und Sicherheitspolitik an den Zielen der Friedenswahrung, Friedensmehrung und des gewaltfreien Konfliktaustrags sowie das Engagement für Demokratie und Menschenrechte weltweit. „Never again" impliziert schließlich vor dem Hintergrund der deutschen Erfahrungen mit militärischer Machtpolitik zwar keinen grundsätzlichen Pazifismus, aber doch eine profunde Skepsis gegenüber militärischen Machtmitteln (Maull 2004: 20; vgl. auch Maull 1992).

Um die Jahrtausendwende ist Maulls Zivilmachtkonzept auf dem besten Weg, sich als dominante Beschreibung deutscher Außenpolitik nach 1990 durchzusetzen. Das ändert sich allerdings mit dem deutschen Nein zur Beteiligung am Irakkrieg 2003 (Roos 2010: 16–17; Maull 2006: 3–4). Gunther Hellmann weist in diesem Zusammenhang darauf hin, dass die einseitige Festlegung von Bundeskanzler Gerhard Schröder, Deutschland werde sich unter keinen Umständen an UN-Zwangsmaßnahmen gegen Saddam Hussein beteiligen, und der damit verbundene Bruch in den transatlantischen Beziehungen vor allem als Indiz für einen grundlegenden **Wandel deutscher Außenpolitik** gewertet werden kann (Hellmann 2004: 82–83).

▶ Es ist damit paradoxerweise die *Nicht*-Beteiligung Deutschlands an einer be-
    waffneten Intervention – und nicht etwa die lange Zeit undenkbare Entsen-
    dung deutscher Truppen in Kampfeinsätze – die der Diagnose eines grundle-
    genden Wandels deutscher Außenpolitik neuen Auftrieb verleiht.

Ganz im Sinne der oben erläuterten Dimensionen von *Grand Strategy* spielt auch
in der Debatte um die deutsche Außenpolitik nicht nur die Frage nach dem Sein
(Hat Deutschland eine *Grand Strategy* und wenn ja, was für eine?), sondern auch
die Frage nach dem Sollen (Braucht Deutschland eine Grand Strategy und wenn
ja, was für eine?) eine wichtige Rolle. In dieser, normativen Hinsicht wird ein vermeintlicher Wandel deutscher Außenpolitik von den einen als **„Normalisierung"**
begrüßt (stellvertretend Bahr 1999) von den anderen als **„machtpolitische Resozialisierung"** (stellvertretend Hellmann 2004) kritisiert. Gleiches gilt für Kontinuität: Was dem Einen das Festhalten an bewährten Traditionen (stellvertretend
Rode 1992: 222–227), ist dem anderen Stillstand und naiver Idealismus unter Ver-
kennung des dramatischen Wandels der weltpolitischen Rahmenbedingungen
(stellvertretend Link 2004).

Vor diesem Hintergrund ist nicht damit zu rechnen, dass die Debatte um die
Ausrichtung deutscher Außenpolitik, ihre *Grand Strategy*, ein baldiges Ende finden wird. Im Gegenteil, kritische Entscheidungen wie die deutsche Enthaltung
bei der Abstimmung zur Libyen-Resolution des UN-Sicherheitsrates (Resolution
1973) bieten immer wieder Anlass, um die Auseinandersetzung mit neuen Argumenten fortzuführen (vgl. auch Hellmann 2011; Maull 2011; Roos 2012). Einige
Autoren ziehen deshalb auch grundsätzlich in Zweifel, ob sich das Ideal einer
Grand Strategy, einer kohärenten, alles umfassenden außenpolitischen Strategie,
unter den Bedingungen des 21. Jahrhunderts überhaupt je wird verwirklichen lassen (Mead 2005: 14–18; Sinnreich 2011: 254–256). Möglicherweise ist es aber gerade in Demokratien weniger das Erreichen des Ziels, als vielmehr der Weg, der
eine Debatte über *Grand Strategy* lohnenswert macht.

Fragen zum Kenntnisstand

(1) Was ist Strategie?
(2) Worin unterscheiden sich Strategie und Taktik?
(3) Was haben die Denkansätze von Sunzi, Thukydides und Clausewitz gemein-
     sam und worin unterscheiden sie sich?

Fragen zum selbständigen Weiterdenken

(1) Inwieweit sind die Denkansätze von Sunzi, Thukydides und Clausewitz auch heute noch aktuell?
(2) Kann die nukleare Abschreckung Krieg zwischen Großmächten auf Dauer verhindern?
(3) Braucht Deutschland eine *Grand Strategy* und wenn ja, was für eine?

Empfohlene Literatur

Wer sich mit der Geschichte des strategischen Denkens vertraut machen möchte, ist gut beraten, zuallererst die im Rahmen dieses Kapitels vorgestellten Klassiker zu lesen – und zwar am besten in folgenden Ausgaben:

- *Sunzi* [2009]: Die Kunst des Krieges. Aus dem Chinesischen übertragen und mit einem Nachwort versehen von Volker Klöpsch, Frankfurt am Main.
- *Thukydides* [1993]: Geschichte des Peloponnesischen Krieges, griechisch-deutsch, übersetzt von Georg Peter Landmann, München.
- *Clausewitz, Carl von* [1991]: Vom Kriege. Vollständige Ausgabe im Urtext, drei Teile in einem Band, Bonn.

In der Debatte um nukleare Abschreckung führt kein Weg an folgendem, bereits 1946 erschienenen Sammelband vorbei:

- *Brodie, Bernard* (Hrsg.) 1946: The Absolute Weapon: Atomic Power and World Order, New York, NY.

Und nicht zuletzt zum Thema *Grand Strategy* lohnt sich vor allem die Lektüre eines modernen Klassikers:

- *Liddell Hart, Basil H.* [1967]: Strategy, New York, NY.

Literatur

Achen, Christopher H./Snidal, Duncan 1989: Rational Deterrence Theory and Comparative Case Studies, in: World Politics 41: 2, 143–169.
Ames, Roger T. 1993: Preface to the Ballantine Edition, in: Ames, Roger T. (Übs.): Sun-tzu: The Art of Warfare, New York, NY, 9–65.
Aron, Raymond 1964: Einführung in die Atomstrategie. Die atlantische Kontroverse, Köln.
Aron, Raymond 1980: Clausewitz. Den Krieg denken, Frankfurt am Main.
Art, Robert J. 2009: America's Grand Strategy and World Politics, New York, NY.
Bahr, Egon 1999: Die „Normalisierung" der deutschen Außenpolitik, in: Internationale Politik 54: 1, 41–52.

Beckmann, Rasmus 2011: Clausewitz trifft Luhmann. Eine systemtheoretische Interpretation von Clausewitz' Handlungstheorie, Wiesbaden.

Boorman, Scott A. 1972: Deception in Chinese Strategy, in: Whitson, William W. (Hrsg.): The Military and Political Power in China in the 1970s, New York, NY, 313–337.

Boucher, David 1998: Political Theories of International Relations: From Thucydides to the Present, New York, NY.

Brodie, Bernard 1946: Implications for Military Policy, in: Brodie, Bernard (Hrsg.): The Absolute Weapon: Atomic Power and World Order, New York, NY, 70–107.

Brodie, Bernard 1989: The Continuing Relevance of On War, in: Howard, Michael/Paret, Peter (Hrsg.): Carl von Clausewitz: On War, Princeton, NJ, 45–58.

Bülow, Adam Heinrich Dietrich von 1805: Lehrsätze des neuern Krieges oder reine und angewandte Strategie aus dem Geist des neuern Kriegssystems, hergeleitet von dem Verfasser des Geistes des neuern Kriegssystems und des Feldzuges von 1800, Berlin.

Bundy, McGeorge 1988: Danger and Survival: Choices about the Bomb in the First Fifty Years, New York, NY.

Calvert, Randall 2011: Game Theory, in: Badie, Bertrand/Berg-Schlosser, Dirk/Morlino, Leonardo (Hrsg.): International Encyclopedia of Political Science, Thousand Oaks, CA, 947–962.

Clausewitz, Carl von [1941]: Strategie aus dem Jahr 1804 mit Zusätzen von 1808 und 1809, hrsg. von Eberhardt Kessel, Hamburg.

Clausewitz, Carl von [1979]: Bemerkungen über die reine und angewandte Strategie des Herrn von Bülow oder Kritik der darin enthaltenen Ansichten. 1805, hrsg. von Hahlweg, Werner, Osnarbrück.

Clausewitz, Carl von [1991]: Vom Kriege. Vollständige Ausgabe im Urtext, drei Teile in einem Band, Bonn.

Connor, Robert W. 1984: Thucydides, Princeton, NJ.

Deutsches Wörterbuch 1957: Zehnter Band dritte Abteilung (STOB – STROLLEN), hrsg. von Jacob und Wilhelm Grimm, Leipzig.

Doyle, Michael W. 1993: Politics and Grand Strategy, in: Rosencrance, Richard/Stein, Arthur A. (Hrsg.): The Domestic Bases of Grand Strategy, Ithaca, NY, 22–47.

Doyle, Michael W. 1997: Ways of War and Peace: Realism, Liberalism, and Socialism, New York, NY.

Dunn, Frederick S. 1946: The Common Problem, in: Brodie, Bernard (Hrsg.): The Absolute Weapon: Atomic Power and World Order, New York, NY, 3–20.

Enskat, Sebastian 2005: How IR Theorists Should Go On Reading Thucydides. Die Geschichte des Peloponnesischen Krieges als Prüfstein für die Theorie der Internationalen Beziehungen (Magisterarbeit), Frankfurt a. M., unv. Ms.

Fairbank, John K. 1974: Introduction: Varieties of the Chinese Military Experience, in: Kierman, Frank A. Jr./Fairbank, John K. (Hrsg.): Chinese Ways in Warfare, Cambridge, MA, 1–26.

Feaver, Peter 2009: What Is Grand Strategy and Why Do We Need It?, in: http://shadow.foreignpolicy.com/posts/2009/04/08/what_is_grand_strategy_and_why_do_we_need_it; 8. 8. 2012.

Fink, Clinton F. 1965: More Calculations about Deterrence, in: The Journal of Conflict Resolution 9: 1, 54–65.

Flournoy, Michèle A./Brimley, Shawn (Hrsg.) 2008: Finding Our Way: Debating American Grand Strategy, Washington, DC.

Fontaine, Richard/Lord, Kristin M. (Hrsg.) 2012: America's Path: Grand Strategy for the Next Administration, Washington, DC.

Forde, Steven 2000: Power and Morality in Thucydides, in: Gustafson, Lowell S. (Hrsg.): Thucydides' Theory of International Relations: A Lasting Possession, Baton Rouge, LA, 151–173.

Freedman, Lawrence 2004: Deterrence, Cambridge.

Gaddis, John Lewis 2009: What Is Grand Strategy? (keynote address for a conference on „American Grand Strategy after War", Duke University, 26. 2. 2009), in: http://www.ndu.edu/capstone/docUploaded/What%20is%20Grand%20Strategy.pdf; 12. 7. 2012.

George, Alexander L./Smoke, Richard 1989: Deterrence and Foreign Policy, in: World Politics 41: 2, 170–182.

Gilpin, Robert G. 1988: The Theory of Hegemonic War, in: Journal of Interdisciplinary History 28: 4, 591–613.

Gray, Colin S. 1999a: Modern Strategy, New York, NY.

Gray, Colin S. 1999b: The Second Nuclear Age, Boulder, CO.

Gray, Colin S. 2007: Fighting Talk: Forty Maxims on War, Peace, and Strategy, Westport, CT.

Gray, Colin S. 2010: The Strategy Bridge: Theory for Practice, New York, NY.

Griffith, Samuel B. 1971: Introduction, in: Griffith, Samuel B. (Übs.): Sun Tzu: The Art of War, Oxford, 1–56.

Gustafson, Lowell S. 2000: Thucydides and Pluralism, in: Gustafson, Lowell S. (Hrsg.): Thucydides' Theory of International Relations: A Lasting Possession, Baton Rouge, LA, 174–194.

Hahlweg, Werner 1969: Carl von Clausewitz. Soldat – Politiker – Denker, Göttingen.

Handel, Michael I. 2005: Masters of War: Classical Strategic Thought, London.

Hawthorn, Geoffrey 2003: Thucydides Then and Now (revised version of a lecture given at Birkbeck College, University of London, 8. 5. 2003), unv. Ms.

Hellmann, Gunther 2000: Rekonstruktion der „Hegemonie des Machtstaates Deutschland unter modernen Bedingungen"? Zwischenbilanzen nach zehn Jahren neuer deutscher Außenpolitik (Beitrag zum 21. Wissenschaftlichen Kongreß der Deutschen Vereinigung für Politische Wissenschaft, Halle/Saale, 1.–5. 10. 2000), in: http://www.soz.uni-frankfurt.de/hellmann/mat/hellmann-halle.pdf; 21. 7. 2012.

Hellmann, Gunther 2004: Wider die machtpolitische Resozialisierung der deutschen Außenpolitik. Ein Plädoyer für offensiven Idealismus, in: Welt-Trends 12: 42, 79–88.

Hellmann, Gunther 2011: Berlins Große Politik im Fall Libyen, in: Welt-Trends 19: 80, 19–22.

Hennis, Wilhelm 2003: Die „hellenische Geisteskultur" und die Ursprünge von Webers politischer Denkart, in: Hennis, Wilhelm: Max Weber und Thukydides. Nachträge zur Biographie des Werks, Tübingen, 3–52.

Heuser, Beatrice 2005: Clausewitz lesen! Eine Einführung, München.

Heuser, Beatrice 2010a: Den Krieg denken. Die Entwicklung der Strategie seit der Antike, Paderborn.

Heuser, Beatrice 2010b: The Strategy Makers: Thoughts on War and Society from Machiavelli to Clausewitz, Santa Barbara, CA.

Howard, Michael 2002: Clausewitz. A Very Short Introduction, New York, NY.

Hughes, Wayne P. 1986: Fleet Tactics: Theory and Practice, Annapolis, MD.

Ikenberry, G. John 2007: Grand Strategy as Liberal Order Building (paper prepared for a conference on „After the Bush Doctrine: National Security Strategy for a New Administration", University of Virginia, 7.–8. 6. 2007), in: http://www.princeton.edu/~gji3/Ikenberry-Grand-Strategy-as-Liberal-Order-Building-2007-word.pdf; 12. 7. 2012.

Jervis, Robert 1979: Deterrence Theory Revisited, in: World Politics 31: 2, 289–324.

Jervis, Robert 1985: Perceiving and Coping with Threat, in: Jervis, Robert/Lebow, Richard N./Stein, Janice G. (Hrsg.): Psychology & Deterrence, Baltimore, MD, 13–34.

Jervis, Robert 1989: Rational Deterrence: Theory and Evidence, in: World Politics 41: 2, 183–207.

Johnson Bagby, Laurie M. 1994: The Use and Abuse of Thucydides in International Relations, in: International Organization 48: 1, 131–153.

Kateb, George 1964: Thucydides' History: A Manual of Statecraft, in: Political Science Quaterly 79: 4, 481–503.

Katzenstein, Peter J. 1991: Die Fesselung der deutschen Macht im internationalen System: der Einigungsprozeß 1989–90, in: Blank, Bernhard/Wollmann, Hellmut (Hrsg.): Die alte Bundesrepublik. Kontinuität und Wandel, Opladen, 68–80.

Klöpsch, Volker 2009a: Anmerkungen, in: Klöpsch, Volker (Übs.): Sunzi: Die Kunst des Krieges, Frankfurt am Main, 71–84.

Klöpsch, Volker 2009b: Nachwort, in: Klöpsch, Volker (Übs.): Sunzi: Die Kunst des Krieges, Frankfurt am Main, 85–130.

Knaurs etymologisches Lexikon 1983: 10 000 Wörter unserer Gegenwartssprache – Herkunft und Geschichte, hrsg. von Ursula Hermann, München.

Krasner, Stephen D. 2010: Verantwortliche Souveränität. Ein Orientierungsprinzip für das 21. Jahrhundert, in: Internationale Politik 65: 5, 10–20.

Krause, Joachim 2005: Auf der Suche nach einer Grand Strategy. Die deutsche Sicherheitspolitik seit der Wiedervereinigung, in: Internationale Politik 60: 8, 16–25.

Krell, Gert 2009: Weltbilder und Weltordnung. Einführung in die Theorie der Internationalen Beziehungen, 4. überarbeitete und aktualisierte Auflage, Baden-Baden.

Lau, D. C. 1965: Some Notes on the *Sun Tzu,* in: Bulletin of the School of Oriental and African Studies 28: 2, 319–335.

Layne, Christopher 1998: Rethinking American Grand Strategy: Hegemony or Balance of Power in the Twenty-First Century?, in: World Policy Journal 15: 2, 8–28.

Lebow, Richard N./Stein, Janice G. 1989: Rational Deterrence Theory: I Think, Therefore I Deter, in: World Politics 41: 2, 208–224.

Lebow, Richard Ned 2001: Thucydides the Constructivist, in: American Poltical Science Review 95: 3, 547–560.

Lebow, Richard Ned 2003: The Tragic Vision of Politics: Ethics, Interests and Orders, Cambridge.

Lebow, Richard Ned/Kelly, Robert 2001: Thucydides and Hegenomy: Athens and the United States, in: Review of International Studies 27: 4, 593–609.

Leppin, Hartmut 1999: Thukydides und die Verfassung der Polis. Ein Beitrag zur politischen Ideengeschichte des 5. Jahrhunderts v. Chr., Berlin.

Liddell Hart, Basil H. 1971: Foreword, in: Griffith, Samuel B. (Übs.): Sun Tzu: The Art of War, Oxford, v–vii.

Liddell Hart, Basil H. [1967]: Strategy, New York, NY.

Link, Werner 2004: Vom Elend des „offensiven Idealismus". Eine Antwort auf Hellmanns „Traditionslinie" und „Sozialisationsperspektive", in: Welt-Trends 12: 43, 77–81.

Luttwak, Edward N. 1987: Strategy: The Logic of War and Peace, Cambridge, MA.

Mair, Victor H. 2007: Introduction, in: Mair, Victor H. (Hrsg.), in: Mair, Victor H. (Übs.): The Art of War: Sun Zi's Military Methods, New York, NY, 1–75.

Maull, Hanns Werner 1992: Zivilmacht Bundesrepublik Deutschland. Vierzehn Thesen für eine neue deutsche Außenpolitik, in: Europa-Archiv 47: 10, 269–278.

Maull, Hanns Werner 2004: „Normalisierung" oder Auszehrung? Deutsche Außenpolitik im Wandel, in: Aus Politik und Zeitgeschichte 52: 11, 17–23.

Maull, Hanns Werner 2006: Introduction, in: Maull, Hanns Werner (Hrsg.): Germany's Uncertain Power: Foreign Policy of the Berlin Republic, Basingstoke, 1–12.

Maull, Hanns Werner 2011: Deutsche Außenpolitik: Orientierungslos, in: Zeitschrift für Politikwissenschaft 21: 1, 93–117.

McNamara, Robert S. 1983: The Military Role of Nuclear Weapons: Perceptions and Misperceptions, in: Foreign Affairs 62: 1, 59–80.

McNeilly, Mark 2001: Sun Tzu and the Art of Modern Warfare, Oxford.

Mead, Walter Russell 2005: Power, Terror, Peace, and War: America's Grand Strategy in a World at Risk, New York, NY.

Mearsheimer, John J. 1988: Liddell Hart and the Weight of History, London.

Mearsheimer, John J. 1990: Back to the Future: Instability in Europe after the Cold War, in: International Security 15: 1, 5–56.

Mearsheimer, John J. 2001: The Tragedy of Great Power Politics, New York, NY.

Meyers Enzyklopädisches Lexikon 1978: Band 22, hrsg. von Bibliographisches Institut AG, Mannheim.

Monoson, S. Sara/Loriaux, Michael 1998: The Illusion of Power and the Disruption of Moral Norms: Thucydides' Critique of Periclean Policy, in: American Poltical Science Review 92: 2, 285–298.

Münkler, Herfried 2003: Clausewitz' Theorie des Krieges, Baden-Baden.

Munn, Mark 2000: The School of History: Athens in the Age of Socrates, Berkeley.

O'Dowd, Edward/Waldron, Arthur 1991: Sun Tzu for Strategists, in: Comparative Strategy 10: 1, 25–36.

Paret, Peter 1976: Clausewitz and the State, London.

Paret, Peter 1986: Clausewitz, in: Paret, Peter (Hrsg.): Makers of Modern Strategy: from Machiavelli to the Nuclear Age, Princeton, NJ, 186–213.

Platias, Athanassios G./Koliopoulos, Constantinos 2006: Thucydides on Strategy: Athenian and Spartan Grand Strategies in the Peloponnesian War and Their Relevance Today, Athen.

Posen, Barry R./Ross, Andrew L. 1996: Competing Visions for U.S. Grand Strategy, in: International Security 21: 3, 3–51.

Raschke, Joachim/Tils, Ralf 2007: Politische Strategie. Eine Grundlegung, Wiesbaden.

Rode, Reinhard 1992: Deutschland: Weltwirtschaftsmacht oder überforderter Euro-Hegemon?, in: Schoch, Bruno (Hrsg.): Deutschlands Einheit und Europas Zukunft, Frankfurt am Main, 203–228.

Roos, Ulrich 2010: Deutsche Außenpolitik. Eine Rekonstruktion der grundlegenden Handlungsregeln, Wiesbaden.

Roos, Ulrich 2012: Deutsche Außenpolitik nach der Vereinigung: Zwischen ernüchtertem Idealismus und realpolitischem Weltordnungsstreben, in: Zeitschrift für Internationale Beziehungen 19: 2, 7–40.

Rothfels, Hans 1980: Clausewitz, in: Dill, Günter (Hrsg.): Clausewitz in Perspektive. Materialien zu Carl von Clausewitz: Vom Kriege, Frankfurt am Main, 261–290.

Sauer, Frank 2008: Die Rückkehr der Bombe? Nichtgebrauch von Nuklearwaffen und internationaler Terrorismus, Saarbrücken.

Schössler, Dietmar 1997: Der Strategiebegriff bei Clausewitz, in: Schössler, Dietmar (Hrsg.): Die Entwicklung des Strategie- und Operationsbegriffs seit Clausewitz, München, 19–35.

Schwarz, Hans-Peter 1994: Die Zentralmacht Europas. Deutschlands Rückkehr auf die Weltbühne, Berlin.

Sinnreich, Richard Hart 2011: Patterns of Grand Strategy, in: Murray, Willamson/Sinnreich, Richard Hart/Lacey, Jim (Hrsg.): The Shaping of Grand Strategy: Policy, Diplomacy, and War, New York, NY, 254–270.

Stelzenmüller, Constanze 2010: Die selbstgefesselte Republik. Eine Polemik in fünf Thesen, in: Internationale Politik 65: 1, 76–81.

Sunzi [2009]: Die Kunst des Krieges. Aus dem Chinesischen übertragen und mit einem Nachwort versehen von Volker Klöpsch, Frankfurt am Main.

Thukydides [1993]: Geschichte des Peloponnesischen Krieges, griechisch-deutsch, übersetzt von Georg Peter Landmann, München.

Thukydides [2000]: Der Peloponnesische Krieg, übersetzt von Helmut Vretska und Werner Rinner, Stuttgart.

von Bredow, Wilfried 2007: Am Hindukusch. Wen und was deutsche Soldaten in Afghanistan verteidigen und schützen und warum sie unbedingt dort bleiben müssen. Die Welt 15. 6. 2007.

von Bredow, Wilfried/Jäger, Thomas 1991: Die Außenpolitik Deutschlands. Alte Herausforderungen und neue Probleme, in: Aus Politik und Zeitgeschichte 41: 1–2, 27–38.

Waggaman, Craig 2000: The Problem of Pericles, in: Gustafson, Lowell S. (Hrsg.): Thucydides' Theory of International Relations: A Lasting Possession, Baton Rouge, LA, 197–220.

Waltz, Kenneth N. 1979: Theory of International Politics, New York, NY.

Waltz, Kenneth N. 1990: Nuclear Myths and Political Realities, in: American Poltical Science Review 84: 3, 731–745.

Waltz, Kenneth N. 1993: The Emerging Structure of International Politics, in: International Security 18: 2, 44–79.

Waltz, Kenneth N. 2003: More May Be Better, in: Sagan, Scott D./Waltz, Kenneth N. (Hrsg.): The Spread of Nuclear Weapons: A Debate Renewed, New York, NY, 3–45.

Dieser Kupferstich von Jean Godefroy zeigt die leitenden Staatsmänner Europas bei ihren Verhandlungen im Rahmen des Wiener Kongresses (1814–1815). Mit dem Wiener Kongress begründeten die fünf europäischen Großmächte, Österreich, Großbritannien, Russland, Preußen und Frankreich, die sogenannte Pentarchie. Bei ihren Bemühungen zur Neuordnung Europas bildeten diese fünf Staaten diplomatische und militärische Allianzen. Immer dann, wenn ein Staat zu stark wurde, verbündeten sich die anderen Staaten gegen ihn, um seine Stärke auszugleichen. Während der mehr als 50 Jahre, in denen das sogenannte europäische Konzert existierte, war die Bildung von Allianzen und Gegenallianzen nicht nur fester Bestandteil zwischenstaatlicher Beziehungen in Europa, sondern auch die Voraussetzung dafür, dass die fünf Staaten keine Kriege gegeneinander führten, die zu einer Destabilisierung des gesamten europäischen Kontinents geführt hätten.

Bildquelle: Wikimedia Commons.

Carlo Masala

Schon lange vor der Entstehung des modernen Nationalstaates waren **Allianzen** ein wichtiges Element der Sicherheitspolitik.[1]

► Um ein gemeinsames Ziel erreichen zu können, haben Stämme, Fürstentümer und später Nationalstaaten schon immer Alliierte gesucht, mit denen sie ihre Ressourcen bündeln konnten.

Deshalb ist die Geschichte von Allianzen so alt, wie die Geschichte der Beziehungen sozialer Akteure selbst. Obwohl Allianzen ein Kernbestandteil der Geschichte der Forschungsdisziplin Internationale Beziehungen (IB) sind und das Konzept selbst ein „key term" (Modelski 1962: 773) im akademischen Diskurs ist, sind sie gleichzeitig „**understudied**" (Snyder 1997: 1).

Es gibt zwar viele Studien über Allianzmanagement, aber gleichzeitig ein Forschungsdefizit bezüglich der Fragen, warum Allianzen gebildet werden und unter welchen Bedingungen sie sich auflösen. Dies ist umso erstaunlicher angesichts der Tatsache, dass: „[A]lliances are apparently a universal component of relations between political units, irrespective of time and place" (Holsti et al. 1973: 2).

Einer der Gründe für dieses Puzzle liegt darin, dass das Thema Allianzen nur schwer von anderen Forschungsfeldern der Internationalen Beziehungen getrennt werden kann. Es ist unmöglich, über Allianzen zu reflektieren, ohne sich auf allgemeinere **Theorien der Internationalen Beziehungen** wie z. B. den Realismus (Morgenthau 1948), den Neorealismus (Waltz 1979), den neoliberalen Institutionalismus (Keohane 1984) oder den Konstruktivismus (Wendt 1999) zu beziehen

---

1 Eine frühere Version dieses Beitrages ist unter dem Titel „Alliances" erschienen in: *Mauer, Victor/Dunn Myriam* (Hrsg.) 2010: Handbook of Security Studies, London, 382–392.

bzw. ohne sogenannte „substantive issues" (Carlsnaes et al. 2002: iv), etwa Konflikttheorie (Zartman 1985) oder Abschreckung (Freedman 2004), zu streifen.[2]

Weil das Thema Allianzen untrennbar mit anderen Feldern der Disziplin der Internationalen Beziehungen verwoben ist, haben sich Theoretiker aus forschungspragmatischen Gesichtspunkten entweder auf bestimmte Allianzen konzentriert (meistens auf die NATO) oder Theorien mittlerer Reichweite, die sich auf bestimmte Aspekte von Allianzen fokussieren, entwickelt.

▶   Bis dato hat es lediglich **drei Versuche** gegeben, die der Entwicklung einer **Großtheorie** über Allianzen nahegekommen sind.

Der erste Versuch war George **Liskas** (1962) „Nations in Alliance", dem 25 Jahre später Stephen **Walts** (1987) bahnbrechende Arbeit „The Origins of Alliances" folgte und eine weitere Dekade später Glenn **Snyders** (1997) „Alliance Politics". Alle drei Studien haben ihre Grenzen. Liskas Versuch, eine Allianztheorie auszuarbeiten, leidet an ihrem anekdotenhaften Charakter, obwohl sie einige nützliche Einsichten über Allianzbildung und die Struktur der Zusammenarbeit von Allianzmitgliedern liefert. Walts Studie ist, wie der Titel schon andeutet, auf die Ursprünge von Allianzen beschränkt und Snyders Monografie über Allianzen in multipolaren Systemen konzentriert sich auf das Management der Beziehungen zwischen den Mitgliedern innerhalb einer Allianz.

Das Fehlen grundlegenden Wissens über Allianzen trat deutlich in den 1990er Jahren zutage, als die Frage nach dem Fortbestehen der NATO nach dem Ende des Kalten Krieges zu einer akademischen Auseinandersetzung zwischen verschiedenen Denkschulen führte,[3] ohne dass dabei konkrete Ergebnisse in Form „kumulierten Wissens" (Lakatos/Musgrave 1970) oder eines „Paradigmenwechsels" herauskamen (Kuhn 1962).

Der größte Teil der Debatte schien selbstbezogen zu sein und konzentrierte sich auf die Bestätigung der unterschiedlichen Forschungsprogramme, anstatt nach einer Erweiterung unseres Wissens über Allianzen zu streben.

Dieser Beitrag versucht, eine Schneise in die derzeitige Konfusion zu schlagen, indem er einen Überblick über **Definitionen, Denkansätze** und **Debatten** zum Thema Allianzen liefert. Drei Fragen stehen dabei im Mittelpunkt: Erstens, was

---

2   Für eine Einführung in die verschiedenen Theorien der Internationalen Beziehungen vgl. Krell (2009); vgl. auch die Ausführungen zu IB-Theorien im Kapitel über *Rüstung und Rüstungskontrolle* (S. 121–122 und Unterkapitel 2.4.2.1); vgl. zu Abschreckung auch die entsprechenden Ausführungen im Kapitel über *Strategie* (2.2.3.1).

3   Für einen Überblick siehe Hellmann (2008).

sind Allianzen? Zweitens, wie entstehen sie? Und drittens, unter welchen Bedingungen funktionieren Allianzen bzw. unter welchen nicht?

2.3.1   Definitionen: Was sind Allianzen?

Die Tatsache, dass Allianzen als ein eigenes Forschungsobjekt in den IB lange Zeit „unterbelichtet" waren, hat unter anderem dazu geführt, dass der Begriff **Allianz** in der Vergangenheit auf zwei sehr unterschiedliche Arten verwendet worden ist:

► einerseits als Bezeichnung für militärische Bündnisse im engeren Sinne, also multilaterale Verträge, deren einziger und expliziter Grund die Vorbereitung eines Angriffes auf einen Drittstaat bzw. die Abwehr eines bevorstehenden Angriffs eines Nicht-Vertragspartners auf eine der Vertragsparteien war,

► andererseits umgangssprachlich für fast jeden bilateralen Vertrag, wenn dieser eine langfristige Kooperation zwischen den vertragsschließenden Parteien vorsah.

Die letztere, eher umgangssprachliche als wissenschaftliche Verwendung des Begriffes hat dazu geführt, dass sowohl wirtschaftliche, kulturelle, innenpolitische aber eben auch außen- und sicherheitspolitische Beziehungen zwischen zwei oder mehr Staaten als Allianzen bezeichnet wurden. Diese nicht-diskriminierende Verwendung des Begriffes hat lange Zeit zu seiner Sinnentleerung beigetragen. Auch im originär sicherheitspolitischen Bereich wurde der Begriff Allianz unpräzise verwendet – und zwar mit Blick auf den konkreten definitorischen Inhalt des Terminus. Was haben die NATO und die US-Japanische Sicherheitspartnerschaft im Kern gemeinsam? Handelt es sich bei den amerikanisch-britischen *special relations* um eine Allianz innerhalb der NATO? Dies sind nur zwei von unzähligen Beispielen, die verdeutlichen sollen, dass der Terminus Allianz, obgleich er eine zentrale Rolle in den Internationalen Beziehungen einnimmt, **definitorisch unterspezifiziert** gewesen ist.

Klarheit in diese begriffliche Kakophonie brachte erst Ende der 1980er Jahre Stephen Walt mit seiner bahnbrechenden Studie „**The Origins of Alliances**" (1987: 1):

► Eine **Allianz** ist demnach eine „formal or informal relationship of security cooperation between at least two sovereign states".

Damit definierte Walt einen Kern dessen, was Allianzen ausmacht, unabhängig von ihrer konkreten Materialisierung.

▶ Es geht bei **Allianzen** um **sicherheitspolitische Kooperation,** die in ihrem Kern
die Bereitschaft resp. die Verpflichtung enthält, im Falle eines Angriffes auf eine
der Allianzparteien **militärischen Beistand** zu leisten.

Allianzen können somit entweder die Form einer formalen oder einer formlosen
internationalen Institution annehmen (Duffield 2007). Es ist aus der Perspektive
dieser Definition sekundär, ob diese gegenseitige Bereitschaft zur sicherheitspolitischen Kooperation die Form einer hochinstitutionalisierten Allianz annimmt,
wie es etwa im Falle der NATO erfolgte, oder ob die Allianz auf geheimen Abspra-
chen beruht, wie es sich gegenwärtig möglicherweise bei den US-Bemühungen
zur Gegenmachtbildung gegenüber China im asiatischen Raum beobachten lässt.

Hat man den Kern dessen, was eine Allianz ausmacht, erst einmal definiert,
dann lassen sich Allianzen noch hinsichtlich ihrer idealtypischen Struktur klassi-
fizieren (Weber 1997: 33): **hierarchisch** oder **egalitär.**[4]

▶ Während eine **hierarchische Allianz** durch eine signifikante Ungleichheit der
Leitungsfähigkeit ihrer Mitglieder gekennzeichnet ist, ist Macht unter den Mitgliedern einer **egalitären Allianz** nahezu gleich verteilt.

Hierarchisch strukturierte Allianzen können darüber hinaus in **hegemoniale** und
imperiale Allianzen unterteilt werden. Diese Unterscheidung bezieht sich darauf,
wie das stärkste Allianzmitglied seine Führungsrolle wahrnimmt.

▶ Wenn das stärkste Mitglied im Konsens mit den schwächeren Allianzmitgliedern führt, wird diese Allianzbeziehung im Folgenden als **hegemonial** bezeichnet (vgl. Triepel 1938). Vereinbarungen zwischen dem stärksten Allianzmitglied
und den anderen Mitgliedern, die auf Zwang beruhen (wie z. B. im Falle des
Warschauer Paktes), werden als **imperial** klassifiziert.

Mit der Studie von Stephen Walt wurde eine von der IB-Community bis heute
allgemein akzeptierte Definition von Allianzen vorgelegt. Umstritten ist deshalb
heute nicht mehr, was Allianzen in ihrem Kern ausmacht, sondern warum und
wie sie sich zusammenfinden, wie sie funktionieren (nach innen wie nach außen)
bzw. warum und wie sie aufhören zu funktionieren.

Im Folgenden sollen deshalb zunächst vier Denkansätze zur Entstehung von
Allianzen präsentiert werden, bevor im Anschluss einschlägige Debatten zum
Funktionieren bzw. Nicht-mehr-Funktionieren von Allianzen skizziert werden.

---

4   Holsti et al. (1973: 166) unterscheiden zwischen monolithischen und pluralistischen Allian-
     zen.

2.3.2   Denkansätze: Wie entstehen Allianzen?

Es gibt eine weitverbreitete Übereinkunft zwischen Vertretern unterschiedlicher theoretischer Denkschulen, dass Staaten in Abwesenheit einer zentralisierten Autorität, die Schutz und „redress of grievance" (Grieco 2002: 65) bieten kann, agieren und interagieren. Wie und warum es unter diesen Bedingungen zur Entstehung von Allianzen kommt, erklären die einzelnen, im Folgenden erläuterten Denkansätze allerdings sehr unterschiedlich.

2.3.2.1   *Balancing* und *bandwagoning*

Für **Neorealisten** sind Allianzen Werkzeuge zum *balancing,* wenn Staaten nicht dazu in der Lage sind, das Gleichgewicht der Mächte aus eigener Kraft wiederherzustellen.[5] Staaten benutzen daher Allianzen als ein Instrument, um ihre relative Machtposition global oder regional zu erhalten oder zu verbessern. Neorealisten glauben, dass Staaten aus exogenen – nicht endogenen – Beweggründen Allianzen bilden bzw. ihnen beitreten, denn „[a]lliances are against, and only derivatively for, someone or something" (Liska 1962: 12). Allianzen können deshalb als ein bestimmtes Resultat eines Konfliktes angesehen werden.

▸ Durch die Bildung einer Allianz versuchen Staaten, ihre Fähigkeiten zu maximieren, um die Übermacht eines einzelnen anderen Staates oder einer Staatengruppe auszubalancieren.

Stephen Walt hat diese neorealistische Beschreibung von Allianzbildung etwas modifiziert. Wahrnehmungs- und Verhaltensvariablen in die neorealistische Theorie einbeziehend argumentiert er, dass Staaten nicht per se darauf abzielen, Übermacht auszubalancieren, sondern die Übermacht von Akteuren, die sie als bedrohlich für die eigene Sicherheit und Souveränität **wahrnehmen** (Walt 1987: 21–28). Jedoch ist der Versuch, ein Gleichgewicht herzustellen, lediglich *eine* mögliche Option, die Staaten zur Verfügung steht. Wenn Staaten, die sich bedroht fühlen, nicht dazu in der Lage sind, eine *balance of power*-Strategie aus eigener Kraft zu verfolgen und auch keine potenziellen Alliierten zur Verfügung stehen, können sie dazu gezwungen sein, zu ihrer Sicherheit „to accommodate the most imminent

---

5   Für eine Einführung in die (neo-)realistische Theorie vgl. Krell (2009: Kap. 6); vgl. in diesem Zusammenhang auch die Ausführungen zu *Balance of Power* im Kapitel über *Krieg und Frieden* (S. 43–45). Für eine Unterscheidung zwischen internem und externem *balancing* siehe Waltz (1979: 116–128).

threat" (Walt 1987: 30). Diese als *bandwagoning* bezeichnete Strategie soll entweder vermeiden, dass man das Opfer eines bedrohenden Staates wird oder ist mit der Hoffnung verbunden, an dessen Erfolgen teilhaben zu können.[6] Walt (1987: 33) geht jedoch davon aus, dass Staaten normalerweise *balancing* und nicht *bandwagoning* betreiben, weil *bandwagoning* immer mit einem ungleichen Tausch verbunden ist, bei dem ein Staat (nämlich der Schwächere) eine untergeordnete Rolle akzeptieren muss.

Während Walt *bandwagoning* als eine Art Anomalie im neorealistischen Forschungsparadigma behandelt, ordnet Randall Schweller dieses Verhalten (1994) als mit realistischen Annahmen kompatibel ein, sofern die Motivation des Staates, der sich nicht an die schwächere, sondern an die stärkere Seite anlehnt, revisionistisch ist, d.h. der betreffende Staat zielt primär darauf ab, die derzeitige Ordnung zu zerstören und zusätzliche Gewinne zu sichern. „Many, therefore, choose to bandwagon with revisionist great powers bent on constructing a new international system; they are ‚power-maximizing states'" (Zongyou 2006: 196).

Aus einer neorealistischen Perspektive sind Allianzen somit eine „Regression" im Konfliktregelungsverhalten (Singer 1949). Eine solche Regression (die sich auf die Eliminierung der Spannungen durch die Reduktion der Komplexität in den Beziehungen zwischen den Allianzmitgliedern und der bedrohenden Macht bezieht) unter Konfliktparteien geht einher mit einer Integration oder Stärkung der gesamten Allianzstruktur als Resultat intensivierter Beziehungen zwischen den Mitgliedern.

Daraus resultiert, dass Mitglieder einer Allianz sich einem zusätzlich beschränkenden Effekt auf ihre Handlungen und Interaktionen ausgesetzt sehen, weil aus einer neorealistischen Perspektive die negativen, konditionierenden Effekte, die die anarchische Struktur des internationalen Systems auf staatliches Verhalten hat, durch Allianzen nicht abgeschafft, sondern lediglich modifiziert werden.

2.3.2.2 Kooperation als Belohnung

Obwohl **neoliberale Institutionalisten** nicht negieren, dass Staaten unter den Bedingungen einer systemweiten Anarchie agieren und interagieren, schreiben sie der Anarchie nicht die gleichen Effekte auf staatliches Verhalten zu wie die Realisten/Neorealisten (Masala 2005: 92; Keohane 1984).[7] Daraus resultiert, dass für

---

6   Vgl. in diesem Zusammenhang auch die Ausführungen zum Strategiebegriff im Kapitel *Strategie* (2.2.1).

7   Für eine Einführung in den Institutionalismus vgl. Krell (2009: Kap. 8).

neoliberale Institutionalisten Anarchie kein nachhaltiges Hindernis für eine **Kooperation** zwischen Staaten ist.

▶ Staaten gehen Allianzen ein, weil sie als eigennütziger Akteur gegenseitige **Tauschgewinne** unter den Allianzmitgliedern erwarten (Stein 1990: 7).

Was aber sind das genau für Gewinne, die Staaten erwarten, wenn sie Allianzen schließen?

Erstens bilden Staaten Allianzen in dem Glauben daran, dass die Mitglieder einer Allianz einen bestimmten Grad an Kooperation untereinander erreichen können. So lange, wie die Kosten der Allianzbildung nicht den wahrgenommenen Profit der Kooperation übertreffen, streben Staaten danach zu kooperieren (Wallander 2000: 706). Aus dieser Perspektive kann eine externe Bedrohung eine Allianzbildung auslösen, gleichzeitig gibt es aber – jenseits des bloßen Versuchs der Gegenmachtbildung – weitere Vorteile, welche die Mitgliedschaft in einer Allianz für Staaten attraktiv machen.

Aus einer neoliberal-institutionalistischen Perspektive sorgen Allianzen für Reziprozität, machen Mitglieder verantwortlich für ihre Handlungen und tragen zur Schaffung und Aufrechterhaltung von kooperativen Sicherheitsstrategien bei. Des Weiteren reduzieren sie Unsicherheit, indem sie Informationen über das Verhalten von Mitgliedsstaaten liefern. Schließlich machen sie das Verhalten zwischen den Mitgliedern durch die Entwicklung von Normen und Regeln, die die Beziehungen zwischen ihnen regeln, **berechenbarer** (Wallander et al. 1999: 3–4).

Obwohl der Beitritt zu einer solchen Institution seinen Preis hat, weil er sich z.B. beschränkend auf staatliche Strategien auswirkt und staatliche Präferenzen beeinflusst, ist es möglich, dass der Preis als angemessen im Vergleich zu den erwarteten Vorteilen angesehen wird. Gerade deswegen sind Institutionen und die durch sie ermöglichten Handlungen kostspielig (politisch und ökonomisch) und darum sind Institutionen glaubwürdig und folglich wertvoll für vom Eigennutz getriebene Staaten (Wallander/Keohane 1990: 30). Kurzum: Aus einer institutionalistischen Perspektive bieten Allianzen ihren Mitgliedstaaten viele Vorteile, die dafür sorgen, dass Allianzen über die ursprünglichen Gründungszwecke hinaus bestehen, für die sie geschlossen wurden.

2.3.2.3 Der innerstaatliche Faktor

Einen dritten und relativ neuen Denkansatz, der ebenfalls zu erklären versucht, warum und wie Allianzen gebildet werden, bietet die liberale Schule an.[8]

▶ Der **Liberalismus** im Allgemeinen „seeks the roots and causes of external behaviour in **domestic structure and process**" (Müller 2002: 376).

Liberale eint der Glauben daran, dass Staaten sich in Allianzen engagieren, wenn diesbezüglich eine Konvergenz **nationaler Präferenzen,** gebildet durch innerstaatliche Koalitionen, vorhanden ist (Risse-Kappen 1991; Moravcsik 1998). Thomas Risse-Kappen glaubt deshalb auch nicht, dass die Gründung der NATO von einer realen, wahrgenommenen oder gar konstruierten Gefahr abhängig war. Allerdings konzentrieren sich sowohl Risse-Kappen als auch Andrew Moravcsik lediglich auf demokratische Staaten und lassen dabei die Möglichkeit eines Interessenwandels unter nicht-demokratischen Staaten unberücksichtigt. Deshalb sind Liberale zwar in der Lage zu erklären, warum die NATO gegründet wurde, haben aber Schwierigkeiten damit, die Gründung des Warschauer Pakts zu erklären, der unter sowjetischer Führung zwischen sozialistischen bzw. kommunistischen Ländern gebildet wurde.

2.3.2.4 Gemeinsame Identität, Ideen, Werte und Normen

Bisher gibt es nicht viele **konstruktivistisch** inspirierte Denkansätze zum Thema Allianzen.[9] Die am sorgfältigsten ausgeführte und gleichzeitig anspruchsvollste konstruktivistisch geleitete Analyse zu der Frage, warum Allianzen (spezifisch die NATO) gebildet werden, findet sich bei Risse-Kappen (1996).

Gemäß Risse-Kappen wurde die NATO nicht gebildet, um die materielle Bedrohung durch die Sowjets auszubalancieren. Vielmehr stelle die NATO eine institutionalisierte Form **gemeinsamer Ideen und Weltanschauungen** über die angestrebte internationale Ordnung nach dem Zweiten Weltkrieg dar, die von den NATO-Gründungsmitgliedern geteilt wurden (Risse-Kappen 1996: 387).

▶ Staaten mit den gleichen Weltanschauungen und Grundüberzeugungen gründeten eine Allianz, deren Leitprinzipien mit ihren Normen und Werten übereinstimmten.

---

8   Für eine Einführung in den Liberalismus vgl. Krell (2009: Kap. 7).
9   Für eine Einführung in den Konstruktivismus vgl. Krell (2009: Kap. 11).

In dieser Hinsicht ist die NATO eine Allianz, deren Identität nicht auf gemeinsamer Bedrohung basiert, sondern eine Allianz, die die Beziehungen zwischen Staaten widerspiegelt, die auf einem gemeinsamen Verständnis ihrer geteilten Werte beruht.

Durch die Fokussierung auf geteilte Werte ebnet Risse-Kappen den Weg dafür, dieses Konzept auf andere Allianzen zu übertragen. Michael Barnett (2002) zweifelt in seinem Artikel über Allianzbildung im Nahen Osten explizit Stephen Walts Behauptung an, wonach Ideologien eine „important but ultimately limited role" (Walt 1987: 203) spielen.

▶ Barnett argumentiert stattdessen, dass **Identität** und somit auch **Ideologie** ein Schlüsselelement sozialer und politischer Interaktion seien, das zum Verständnis der Frage, warum Staaten Allianzen bilden, genau untersucht werden müsse.

In diesem Sinne schreibt auch Iver Neumann: „The point of departure here is […] a belief that social groups need to establish a positively valued distinctiveness from other groups in order to provide members with a positive identity" (Neumann 1992: 223).

2.3.3 Debatten: Wie funktionieren Allianzen und wann nicht?

Im Vergleich zur überschaubaren Zahl von Denkansätzen zur Frage, warum und wie Allianzen entstehen, stellt sich die Literatur zur **Funktionsweise von Allianzen** deutlich vielfältiger dar. Es existiert gleich eine ganze Reihe von Theorien mittlerer Reichweite, die sich auf verschiedene Aspekte des Funktionierens von Allianzen fokussieren. Die Unterscheidung zwischen verschiedenen Typen von Innerallianzstrukturen ist dabei wichtig für die Analyse des „alliance management". Abhängig von ihrer internen Struktur können Allianzen nämlich unterschiedliche Managementherausforderungen mit sich bringen. Der folgende Textabschnitt behandelt zunächst drei Aspekte der wissenschaftlichen Debatte zum Funktionieren von Allianzen. Im Einzelnen geht es um (2.3.3.1) die **hegemoniale Stabilität**, (2.3.3.2) das **Sicherheitsdilemma** innerhalb von Allianzen und (2.3.3.3) deren **Zusammenhalt**. Anschließend wird am Beispiel der **NATO nach Ende des Kalten Krieges** die Debatte um die Frage beleuchtet, unter welchen Bedingungen Allianzen möglicherweise nicht mehr funktionieren oder gar ihrem Ende entgegengehen (2.3.3.4).

2.3.3.1 Hegemoniale Stabilität

Die interne Struktur einer Allianz hat Auswirkungen auf die Beziehungen innerhalb von Allianzen.

▸ In einer **hegemonialen Allianz** sind kleinere Staaten nur dann bereit, sich der
  Führung eines größeren Staates unterzuordnen und dabei ihre Souveränität
  einzuschränken, wenn der Hegemon ein öffentliches Gut bereitstellt, das die
  kleineren Staaten nicht ausreichend selbst produzieren können.

Das ist der Kern der **Theorie hegemonialer Stabilität** (Kindleberger 1986). Eine
Debatte existiert in diesem Zusammenhang allerdings zur Frage, *warum* Hegemone öffentliche Güter bereitstellen. **Neorealisten** betonen, dass Hegemoni-
almächte interessiert sind, Allianzen zu bilden, um diese zu gestalten und Einfluss auf andere Staaten über Formen institutionalisierter Kooperation auszuüben
(Gilpin 1981). **Neoliberale Institutionalisten** betonen hingegen, dass das Verhalten der Hegemone von aufgeklärten Eigeninteressen angetrieben wird. Die Hegemonialmacht stellt das Gut bereit und lässt andere teilhaben, da es im Interesse aller Mitgliedstaaten der Allianz ist (Keohane 1984). Der Unterschied zwischen der
neorealistischen und institutionalistischen Argumentation ist, dass Neorealisten
immer die Tatsache hervorheben würden, dass die Hegemonialmacht einen politischen Vorteil von der kostenlosen Bereitstellung eines öffentlichen Gutes hat
und dieses auch nur solange bereitstellt, wie es im Interesse der Führungsmacht
liegt und sie die Möglichkeit hat, die anderen Allianzmitglieder für ihre eigenen
Zwecke zu gebrauchen.

▸ Aus einer neorealistischen Perspektive werden öffentliche Güter bereitgestellt,
  da der Hegemon an **relativen Gewinnen** interessiert ist.

Neoliberalisten würden stattdessen argumentieren, dass ein öffentliches Gut
durch den Hegemon nicht zum Zweck der politischen Ausnutzung anderer Allianzmitglieder bereitgestellt wird.

▸ Aus einer neoliberalen Perspektive ist der Hegemon an **absoluten Gewinnen**
  interessiert und wird daher darauf verzichten, die Tatsache auszunutzen, dass
  seine Beziehungen zu den anderen Allianzmitgliedern von Natur aus asymme-
  trisch sind.

Beide Denkschulen würden jedoch darin übereinstimmen, dass die oben darge-
stellte Art der Beziehung zwischen dem Hegemon und seinen Anhängern das Ri-

siko des Trittbrettfahrens mit sich bringt. Wenn der Hegemon ein Kollektivgut bereitstellt, sehen kleinere Staaten nicht die Notwendigkeit, zur Produktion dieses öffentlichen Gutes beizutragen. Langfristig erzeugt dies Spannungen innerhalb der Allianz. Der Unterschied zwischen beiden Denkschulen ist allerdings, dass Realisten argumentieren, dass diese Spannungen nur in Abwesenheit einer gemeinsamen Bedrohung auftreten, während neoliberale Institutionalisten Spannungen als ein permanentes Merkmal der Beziehungen zwischen Allianzmitgliedern ansehen.

2.3.3.2 Das interne Sicherheitsdilemma

Eine gemeinsame Eigenschaft beider Allianztypen – der hegemonialen und der egalitären – ist für Glenn Snyder – der dabei ein Konzept von Robert Jervis verwendet (1976: 63) – das sogenannte **allianzinterne Sicherheitsdilemma** (Snyder 1997: 180–83):

▶ In einer Allianz, wie auch generell im internationalen System, führt die Abwesenheit einer supranationalen Autorität demnach zu einer Situation, in der viele der Schritte, die von Staaten verfolgt werden, um ihre Sicherheit zu erhöhen, den oft unintendierten Effekt haben, andere Staaten unsicherer zu machen.

Da sich Allianzmitglieder nie über die gegenwärtigen oder zukünftigen Absichten ihrer Partner gewiss sein können, richten sie ihre Politik gegenüber ihren Allianzpartnern darauf aus, ihre Sicherheit zu erhöhen.

Snyders Ausgangsannahme ist, dass die Interessen der Allianzmitglieder nie völlig konvergieren. Da sich die Allianzmitglieder mehr oder weniger selbst auf bestimmte verbindliche Ziele verpflichtet haben, steht jedes Allianzmitglied vor zwei potenziellen Dilemmata. Das erste ist das Risiko des *entrapment* (Snyder 1997: 1981):

▶ *Entrapment* bezieht sich auf eine Situation, in der ein Allianzmitglied (A) vor der Wahl steht, ein anderes Allianzmitglied (B) in Folge vertraglicher Verpflichtungen zu unterstützen, obwohl es kein spezielles Interesse daran hat, oder sich aus einem Konflikt herauszuhalten.

Staat A befürchtet, in einen Konflikt involviert zu werden, der seine vitalen Interessen nicht berührt. Allerdings riskiert Staat A den zukünftigen Verlust der Unterstützung seines Verbündeten, wenn er sich trotz seiner Verpflichtungen aus einem Konflikt heraushält.

Das zweite Risiko beschreibt Snyder als die Angst vor dem *abandonment:*

▶ **Abandonment** charakterisiert eine Situation aus Sicht des Staates A, der starkes Interesse an einem Konflikt mit einem Nicht-Allianzmitglied hat, sich aber der aktiven Unterstützung durch andere Verbündete nicht sicher sein kann.

Beide Dilemmata durch die Vermeidung sowohl von *entrapment* als auch von *abandonment* abzuschwächen, ist eine der wichtigsten Aufgaben des Allianzmanagements.

Insgesamt lässt sich allerdings festhalten, dass sowohl das Management des allianzinternen Sicherheitsdilemmas als auch die strukturellen Probleme, die der Theorie hegemonialer Stabilität inhärent sind, auf ein wesentlich größeres Problem hindeuten, nämlich die Frage, wie der **Allianzzusammenhalt** am ehesten zu stärken ist. Zu dieser Frage wird ebenfalls eine intensive Debatte geführt, die im Folgenden skizziert werden soll.

2.3.3.3 Allianzzusammenhalt

Aus **neorealistischer** Sicht hängt der Allianzzusammenhalt, unabhängig davon, ob in einer hegemonialen oder einer egalitären Allianz, vom Grad der **externen Herausforderung** ab.

▶ Je größer die Gefahr ist, der sich Allianzmitglieder gegenübersehen (oder die sie wahrnehmen), umso größer wird der Allianzzusammenhalt sein (Mearsheimer 1990).

Uneinigkeit herrscht dagegen bezüglich der Rolle, die der Hegemon bei der Aufrechterhaltung des Allianzzusammenhalts spielt. Während einige Autoren sie als entscheidend ansehen (Gowa 1999), sind andere skeptisch, besonders die Phase betreffend, wenn die gemeinsam wahrgenommene Gefahr abnimmt (Masala 2003). Wenn die Gefahr abnimmt, sind kleinere Allianzmitglieder immer weniger bereit, sich selbst einem Hegemon unterzuordnen. Die einfache Kausalität der neorealistischen Argumentation ist folgendermaßen: Ein hohes Maß der Bedrohungswahrnehmung führt zu großem Allianzzusammenhalt, während umgekehrt ein geringes Maß der Bedrohungswahrnehmung zu geringem Allianzzusammenhalt führt.

Aus einer **(liberal) institutionalistischen** Perspektive wird der Allianzzusammenhalt dagegen durch die **vielfachen Vorteile**, die Allianzen ihren Mitgliedern bieten, sichergestellt. Die Reduzierung von Transaktionskosten, die Möglichkeit, andere Allianzmitglieder zu kontrollieren; der Zugang zu Informationen über die Intentionen und das Verhalten von Allianzpartnern; und die wiederholten „Spiele", die im kooperativen Rahmen einer Allianz gespielt werden – all diese Vorteile überwiegen die potenziellen Kosten und Spannungen, die unterschiedlichen nationalen Interessen entstammen (Keohane/Nye 1993).

Konstruktivisten wiederum argumentieren (ähnlich wie neoliberale Institutionalisten), dass Allianzen aufgrund des „**republican liberalism** linking domestic polities systematically to the foreign policy of states" (Risse-Kappen 1996: 358) zusammenhalten. Zwischen liberalen Demokratien ist Zusammenhalt garantiert, da liberale Demokratien eher geneigt sind, eng mit anderen liberalen Demokratien zu kooperieren. Dies ist darauf zurückzuführen, dass liberale Demokratien andere liberale Demokratien nicht als potenzielle Bedrohung betrachten. Unter liberalen Demokratien gibt es keine Angst, dass die Kooperation von Verbündeten zukünftig ausgenutzt wird; daher existiert das Problem der Verteilung relativer Gewinne (Grieco 1990) nicht. Des Weiteren weisen Konstruktivisten darauf hin, dass sich Demokratien durch Transparenz, hohe *audience costs*, beständiges Politikverhalten, zivile Kontrolle der Streitkräfte (was für militärische Allianzen zwischen Demokratien wichtig ist) und die Fähigkeit, dauerhafte Verpflichtungen einzugehen, auszeichnen (Lai/Reiter 2000). All dies sind Faktoren, die eine engere Kooperation zwischen solchen Regimen begünstigen. Zusammengefasst:

► Je ähnlicher kooperierende Regime sind und je mehr sich ihre Werte einander annähern, desto geschlossener wird die Allianz sein, die sie bilden.

Abschließend bleibt also festzuhalten, dass es, wie schon bei der Frage, wie und warum Allianzen entstehen, **keine eindeutige Antwort** auf die Frage gibt, wie der Allianzzusammenhalt am ehesten sicherzustellen ist.

2.3.3.4 Der Anfang vom Ende der NATO?

Die Frage, unter welchen Bedingungen Allianzen ihrem Ende entgegengehen bzw. wie sie unter widrigen Bedingungen trotzdem überleben können, wurde in der ersten Hälfte der 1990er Jahre unter Wissenschaftlern der Internationalen Beziehungen hitzig debattiert.[10] Es sollte nicht überraschen, dass die Resultate dabei im besten Fall gemischt waren. Der Dreh- und Angelpunkt für diese Debatte war na-

---

10 Vgl. in diesem Zusammenhang auch die Ausführungen zur NATO nach 1990 im Kapitel über *Neuere Ansätze* (S. 162–163).

türlich die Frage, **ob die NATO am Ende des Kalten Krieges überleben würde,**
oder nicht. Wenig überraschend war, dass die **Neorealisten** sehr **skeptisch** bezüglich der Zukunft der Allianz waren, nachdem das bindende Element, das sie zu-
sammengehalten hatte, namentlich die gemeinsam wahrgenommene Bedrohung,
verschwunden war.

Wissenschaftler wie Kenneth N. Waltz und John J. Mearsheimer argumen-
tierten sehr unverblümt, was die Zukunft von Allianzen anging, insbesondere im
Hinblick auf die NATO. Sie glaubten, die NATO sei zu einem **Anachronismus** geworden (Waltz 1990: 21; 2000: 18; Mearsheimer 1990). Waltz argumentierte in diesem Zusammenhang, dass der Grund, warum die NATO selbst zehn Jahre nach
dem Fall der Berliner Mauer noch existiere, in der Tatsache begründet sei, dass
die USA ein Interesse daran hätten, ihren *grip* auf die Entwicklung in Europa zu
behalten (Waltz 2000: 19). Stephen Walt schloss sich seinem früheren Doktorva-
ter in diesen Überlegungen an, indem er hervorhob, dass das Faktum der US-He-
gemonie gut erklären könne, warum die NATO eine der wichtigsten politischen
Institutionen in transatlantischen Angelegenheiten geblieben sei (Walt 1997: 171).
Aber selbst die Fortsetzung der hegemonialen US-Politik, so Waltz, würde die
NATO nicht davor bewahren, eine bedeutungslose Institution zu werden, da andere Allianzmitglieder immer weniger dazu bereit wären, die US-Vormachtstel-
lung innerhalb der Institution zu akzeptieren.

Demgegenüber sind **neoliberale Institutionalisten** extrem **optimistisch** mit
Blick auf die Kooperationsmöglichkeiten in Allianzen – selbst ohne eine äußere
Bedrohung oder einen Hegemon (Haftendorn et al. 1999). Neben den bereits genannten positiven Effekten, von denen Allianzmitglieder aufgrund ihrer Mitgliedschaft in der Allianz profitieren, trägt die **institutionelle Schwerfälligkeit** zur Ver-
längerung der Zusammenarbeit in einer Allianz bei.[11] Darüber hinaus sind die
Chancen, dass Allianzen – selbst bei der Abwesenheit einer umfassenden Bedrohung – überleben und sich sogar an ein neues Umfeld anpassen, recht hoch, so
lange Allianzmitglieder ein wie auch immer geartetes **Interesse** daran haben, die
Kooperation am Leben zu halten (Keohane 1984: 31).

Ein Argument, warum die NATO das Ende des Ost-West-Konflikts überlebte,
das ebenfalls mit der grundlegenden Lehre des neoliberalen Institutionalismus
übereinstimmt, wurde von Celleste Wallander (2000) entwickelt. Institutionen
mit *general assets,*[12] so argumentiert sie, werden an neue Probleme anpassungs-
fähig sein. Da die *assets* nicht spezialisiert sind, können Ort oder Zweck für neue

---

11   Auch der Fortbestand der NATO nach dem Ende des Ost-West-Konflikts kann mit dem Be-
     harrungsvermögen von Institutionen erklärt werden; siehe hierzu McCalla (1996).
12   Wallander (2000: 731) unterscheidet zwischen *general assets* (z. B. *transparency, procedures*
     und *interoperability*) und *specific assets* (z. B. Artikel 5 des Nordatlantikvertrages).

Bestimmungen zu niedrigen Kosten und weitgehend effektiv gebraucht werden (Wallander 2000: 709). Die NATO, folgert sie in ihren empirischen Analysen, war erfolgreich im Anpassen ihrer *assets* an ein neues Sicherheitsumfeld (Wallander 2000: 732), das nicht mehr durch eine einheitliche Bedrohung charakterisiert ist.

Mit Blick auf den **konstruktivistischen Standpunkt** hängt das Überleben von Allianzen von der Fortdauer ihrer zugrunde gelegten Existenzbegründung ab, die, wie oben diskutiert, nicht eine gemeinsame Bedrohung ist, sondern die Auffassung, ein gemeinsames Schicksal zu teilen. Somit können Allianzen größte Veränderungen in ihrem Umfeld überleben, wenn ihre Mitglieder noch das Gefühl haben, zusammenzugehören und die gleichen Normen und Werte zu teilen. Von einem konstruktivistischen Standpunkt aus markiert das Ende des Ost-West-Konflikts nicht das Ende der NATO, so lange die **Wertegemeinschaft** überdauert. Frank Schimmelfennig (1999) argumentierte in diesem Zusammenhang, dass sich die westliche Wertegemeinschaft nach dem Fall der Berliner Mauer in die neuen demokratischen Länder Osteuropas ausbreitete und dass die NATO eine entscheidende Rolle spielte (und nach dieser Sichtweise immer noch spielt), diese Staaten zu sozialisieren. Solange Allianzmitglieder eine „**Sicherheitsgemeinschaft**" (Deutsch et al. 1957)[13] bilden und das Gefühl haben dazuzugehören, wird die Kooperation in Fragen der Sicherheit fortgeführt.

2.3.4   Schlussfolgerungen und Ausblick

Dieser Beitrag hat versucht, einige der Konfusionen rund um das Studium von Allianzen durch das systematische Strukturieren der vorhandenen Literatur anhand einschlägiger Definitionen, Denkansätze und Debatten aufzulösen. Drei Fragen standen dabei im Mittelpunkt: Was sind Allianzen? Wie entstehen sie? Und: Wie funktionieren sie und wann nicht?

Ungeachtet der Fülle an Literatur, die sich mit den o. g. Fragen beschäftigt und im Rahmen dieses Beitrags erläutert worden ist, muss konstatiert werden, dass wir immer noch **verhältnismäßig wenig** über Allianzen wissen. Dies betrifft etwa die Frage nach dem Zweck von Allianzen (aus der Sicht eines Mitglieds einer Allianz). Dienen sie als Instrument, um ein Gegengewicht zu realen oder wahrgenommenen Bedrohungen und Risiken zu bilden? Sind sie Instrumente, um die Beziehungen zwischen Mitgliedstaaten zu managen? Oder gründen sich die Bindungen, die Mitgliedstaaten in einer Allianz eingehen, auf einer gemeinsamen Identität?

---

13   Siehe auch Adler/Barnett (1998).

▶ Die Antwort ist, dass jede der oben genannten konkurrierenden Perspektiven **wichtige Aspekte** von Allianzen erfasst und es irreführend wäre, wenn man sein Denken über die Rolle von Allianzen auf eine einzige Perspektive einschränkte.

Nicht zuletzt Staatsoberhäupter und Diplomaten sollten sich der Rolle bewusst sein, die Realisten und Neorealisten der Macht zuschreiben, aber auch die innerstaatlichen und institutionellen Aspekte beachten, die liberale und konstruktivistische Denker Allianzen zuschreiben.

▶ Ein **synkretistisches Konzept** von Allianzen könnte zu einem besseren Verständnis der „realpolitischen Entwicklungen" führen, anstatt, dass die verschiedenen Denkschulen in ständigem **Kampf um die Deutungshoheit** stehen.

Zweitens fokussieren sich alle drei großen Theorieschulen der IB auf die Frage, ob Allianzen letztendlich allmählich verschwinden oder nicht. Soweit dieses Thema betroffen ist, bieten Neorealismus, neoliberaler Institutionalismus und Konstruktivismus relativ fixe Erklärungen. Was fehlt, ist eine dynamische Untersuchung, die nicht die Frage behandelt, warum die NATO noch existiert, sondern, wie die NATO sich **entwickelt**. Alle drei der oben umrissenen Herangehensweisen werfen ein anderes Licht auf wichtige Fragen, aber keine schafft es, die Entwicklungen und Dynamiken, die vor allem in der NATO seit 1990 stattgefunden haben, vollständig zu erhellen.

Die zentrale Hypothese einer Theorie, die ebendiesen Wandel von Allianzen in den Mittelpunkt rückt, ist der **neofunktionalistischen Theorie** entliehen. Sie lautet:

▶ Die **Form** einer Institution folgt ihrer **Funktion** (Mitrany 1976).

Es gibt demnach also eine direkte Beziehung zwischen dem außenpolitischen Umfeld und dem Grad der Institutionalisierung in einer Allianz. Wenn substanzielle Veränderungen im Umfeld stattfinden, kann ein hoher Grad an Institutionalisierung in einer Institution Anlass zu Konflikten zwischen den Mitgliedern geben (Simmel [1918] 1984: 38), etwa wenn die gemeinsam wahrgenommene Bedrohung allmählich verschwindet. Wenn Mitgliedstaaten einer Allianz also ein Interesse an der Aufrechterhaltung der Allianz haben, ist die institutionelle Maschinerie gefordert, die Allianz an ihr neues Umfeld anzupassen.

In diesem Prozess der **institutionellen Wiederanpassung** stellt das interne Sicherheitsdilemma eine der größten Herausforderungen für die Mitglieder der Allianz dar. Auf theoretischer Ebene gibt es zwei Wege, diesem Dilemma zu begegnen: entweder durch einen höheren Grad an Institutionalisierung oder durch ein Ausdünnen der institutionellen Bindungen zwischen den Mitgliedstaaten. Die erste Option, die zur Stärkung der Bindung unter den Mitgliedstaaten führt, kann dort erfolgreich sein, wo die Bedrohungswahrnehmung ansteigt. Wenn das neue Umfeld der Allianz charakterisiert ist durch eine gemeinsam wahrgenommene Bedrohung, kann eine integrative Strategie (die die institutionellen Bindungen stärkt) ein angemessener Weg sein sicherzustellen, dass die Angst vor *entrapment* oder *abandonment* abgeschwächt wird.

Die zweite Strategie scheint angemessen, wenn Mitgliedstaaten in einem Umfeld, das durch „Risikodiffusion" (Masala 2003: 13) gekennzeichnet ist, kooperieren und ein Interesse vonseiten der Mitgliedstaaten besteht, die institutionalisierte Kooperation aufrechtzuerhalten. In einer solchen Situation kann ein Nachlassen der institutionellen Zwänge für die Mitgliedstaaten ein höheres Maß an Aktionsfreiheit bedeuten, während zur gleichen Zeit etwaige Ängste vor *abandonment* oder *entrapment* reduziert werden.

Solch eine **flexible Allianz** (Masala 2003: 32–36) könnte – aus Sicht eines Mitgliedstaates – selbst für die Zukunft eine angemessene Antwort auf das veränderte Umfeld darstellen und dabei die Fortsetzung der institutionalisierten Sicherheitskooperation in Form einer Allianzen garantieren. Diese Herangehensweise, Veränderungen in Allianzen zu studieren, hat zwei Vorteile: Erstens bedient sie sich wichtiger Erkenntnisse der meisten Theorien, die sich mit Allianzen beschäftigen, und versucht, diese in einer Theorie zu bündeln, die nicht nur in politikwissenschaftlicher, sondern auch politischer Hinsicht relevant ist. Und zweitens lässt diese Herangehensweise die Frage offen, ob die jeweilige Allianz überleben wird oder nicht. Beides ist möglich und die Antwort hängt stets von den konkreten Entwicklungen in Allianzen und ihren Mitgliedstaaten ab.

Fragen zum Kenntnisstand

(1) Warum ist ein fundiertes Wissen über Allianzen notwendig?
(2) Welche Ziele werden mit der Gründung von Allianzen verfolgt?
(3) Ist Kooperation im Rahmen von Allianzen auch unabhängig von äußerer Bedrohung und/oder hegemonialer Führung möglich?
(4) Welche Rolle spielen innerstaatliche Faktoren bei der Gründung und bei der Entwicklung von Allianzen?
(5) Welche Rolle spielt Macht für die innere Ausgestaltung von Allianzen?

Fragen zum selbständigen Weiterdenken

(1) Wozu dienen Allianzen im 21. Jahrhundert?
(2) Welche Risiken und welche Chancen birgt die Flexibilisierung von Allianz-
    strukturen?
(3) Allianzen werden oftmals als Reaktion auf eine äußere Bedrohung darge-
    stellt. Inwieweit aber stellt die Gründung einer Allianz ihrerseits eine Bedro-
    hung für andere dar?
(4) Welche Alternativen hätten Staaten, in einer Welt, in der es keine Allianzen
    gibt, ihre Sicherheit zu organisieren?
(5) Kann eine Allianz auch ohne hegemoniale Führung existieren?
(6) Wie schätzen Sie die zukünftige Entwicklung der NATO aus theoretischer
    Perspektive ein?
(7) Warum gibt es bis heute in Asien kein NATO-Äquivalent?

Empfohlene Literatur

Bis auf den heutigen Tag der Klassiker zur Allianzforschung:
- *Walt, Stephen* 1987: The Origins of Alliances, Ithaca, NY.

Ein früher Versuch, die Zukunft der NATO aus IB-theoretischer Perspektive zu
diskutieren, findet sich bei:
- *Hellmann, Gunther/Wolf, Reinhard* 1993: Neorealism, Neoliberalism, and the
  Future of NATO, in: Security Studies 3: 1, 3–43.

Eine konstruktivistische Perspektive auf die Gründung und Entwicklung von Allianzen bietet:
- *Barnett, Michael* 2002: Alliances, Balances of Threats, and Neo-Realism: The
  Accidental Coup, in: Elman, Colin/Vasquez, John (Hrsg.): Realism and the Balancing of Power: A New Debate?, New York, NY, 222–249.

Die Frage, wie die NATO sich aus theoretischer Perspektive nach dem Ende des
Ost-West-Konfliktes entwickelt, habe ich selbst in folgendem Buch behandelt:
- *Masala, Carlo* 2003: Den Blick nach Süden. Die NATO im Mittelmeerraum
  (1990–2003). Fallstudie zur Anpassung militärischer Allianzen an neue sicherheitspolitische Rahmenbedingungen, Baden-Baden.

Wie Allianzen in multipolaren Systemen intern funktionieren, thematisiert Snyder in seinem bahnbrechenden Werk:
- *Snyder, Glenn* 1997: Alliance Politics, Ithaca, NY.

Literatur

Adler, Emanuel/Barnett, Michael (Hrsg.) 1998: Security Communities, Cambridge.

Barnett, Michael 2002: Alliances, Balances of Threats, and Neo-Realism: The Accidental Coup, in: Elman, Colin/Vasquez, John (Hrsg.): Realism and the Balancing of Power: A New Debate?, New York, NY, 222–249.

Carlsnaes, Walter/Risse, Thomas/Simmons, Beth (Hrsg.) 2002: Handbook of International Relations, London.

Deutsch, Karl W./Burrell, Sidney A./Kann, Robert A./Lee, Maurice Jr. 1957: Political Community and the North Atlantic Area: International Organization in the Light of Historical Experience, Princeton, NJ.

Duffield, John 2007: What are International Institutions?, in: International Studies Review 9: 1, 1–22.

Freedman, Lawrence 2004: Deterrence, Cambridge.

Gilpin, Robert 1981: War and Change in World Politics, Cambridge.

Gowa, Joanne 1999: Ballots and Bullets: The Elusive Democratic Peace, Princeton, NJ.

Grieco, Joseph M. 1990: Cooperation among Nations: Europe America and Non-Tariff Barriers to Trade, Ithaca, NY.

Grieco, Joseph M. 2002: Modern Realist Theory and the Study of International Politics in the 21st Century, in: Brecher, Michael/Harvey, Frank P. (Hrsg.): Millennial Reflections on International Studies, Ann Arbor, MI, 65–78.

Haftendorn, Helga/Keohane, Robert O./Wallander, Celeste A. (Hrsg.) 1999: Imperfect Unions: Security Institutions over Time and Space, Oxford.

Hellmann, Gunther/Wolf, Reinhard 1993: Neorealism, Neoliberalism, and the Future of NATO, in: Security Studies 3: 1, 3–43.

Hellmann, Gunther 2008: Inevitable Decline Versus Predestined Stability: Disciplinary Explanations of the Evolving Transatlantic Order, in: Anderson, Jeffrey J./Ikenberry, G. John/Risse, Thomas 28–52.

Holsti, Ole R./Hopmann, Philip Terrence/Sullivan, John D. 1973: Unity and Disintegration in International Alliances, New York, NY.

Jervis, Robert 1976: Perception and Misperception in International Politics, Princeton, NJ.

Keohane, Robert O. 1984: After Hegemony, Princeton, NJ.

Keohane, Robert O./Nye, Joseph S. 1993: Introduction: The End of the Cold War in Europe, in: Keohane, Robert O./Nye, Joseph S./Hoffmann, Stanley (Hrsg.): After the Cold War: International Institutions and State Strategies in Europe 1989–1991, Cambridge, MA, 1–19.

Kindleberger, Charles 1986: The World in Depression 1929–1938, Berkeley, CA.

Kuhn, Thomas 1962: The Structure of Scientific Revolutions, Chicago, IL.

Krell, Gert 2009: Weltbilder und Weltordnung. Einführung in die Theorie der Internationalen Beziehungen, 4. überarbeitete und aktualisierte Auflage, Baden-Baden.

Lai, Brian/Reiter, Dan 2000: Democracy, Political Similarity, and International Alliances 1816–1992, in: Journal of Conflict Resolution 44: 2, 203–27.

Lakatos, Imre/Musgrave, Alan (Hrsg.) 1970: Criticism and the Growth of Knowledge, New York, NY.

Liska, George 1962: Nations in Alliance, Baltimore, MD.

Masala, Carlo 2003: Den Blick nach Süden? Die NATO im Mittelmeerraum (1990–2003). Fallstudie zur Anpassung militärischer Allianzen an neue sicherheitspolitische Rahmenbedingungen, Baden-Baden.

Masala, Carlo 2005: Kenneth N. Waltz, Baden-Baden.

Masala, Carlo 2010: Alliances, in: Mauer, Victor/Dunn Myriam (Hrsg.): Handbook of Security Studies, London, 382–392.

McCalla, Robert B. 1996: NATO's Persistence after the Cold War, in: International Organization 50: 3, 445–75.

Mitrany, David 1976: The Functional Theory of Politics, New York, NY.

Mearsheimer, John J. 1990: Back to the Future: Instability in Europe after the Cold War, in: International Security 15: 4, 5–56.

Modelski, George 1962: A Theory of Foreign Policy, New York, NY.

Moravcsik, Andrew 1998: The Choice for Europe, Ithaca, NY.

Morgenthau, Hans J. 1948: Politics among Nations, New York, NY.

Müller, Harald 2002: Security Cooperation, in: Carlsnaes, Walter/Risse, Thomas/Simmons, Beth (Hrsg.): Handbook of International Relations, London, 369–392.

Neumann, Iver B. 1992: Identity and Security (Review Essay), in: Journal of Peace Research 29: 2, 221–226.

Risse-Kappen, Thomas 1991: Public Opinion, Domestic Structure, and Foreign Policy in Liberal Democracies, in: World Politics 43: 4, 479–512.

Risse-Kappen, Thomas 1996: Collective Identity in a Democratic Community: The Case of NATO, in: Katzenstein, Peter (Hrsg.): The Culture of National Security: Norms and Identity in World Politics, New York, NY, 357–399.

Schimmelfennig, Frank 1999: NATO's Enlargement: A Constructivist Explanation, in: Security Studies 8: 2-3, 198–234.

Schweller, Randall L. 1994: Bandwagoning for Profit: Bringing the Revisionist State Back In, in: International Security 19: 1, 72–107.

Simmel, Georg [1918] 1984: Der Konflikt der modernen Kultur, Berlin.

Singer, Kurt 1949: The Idea of Conflict, Melbourne.

Snyder, Glenn Herald 1997: Alliance Politics, Ithaca, NY.

Stein, Arthur A. 1990: Why Nations Cooperate? Circumstance and Choice in International Relations, Ithaca, NY.

Triepel, Heinrich 1938: Die Hegemonie. Ein Buch von führenden Staaten, Stuttgart.

Wallander, Celeste A./Keohane, Robert O. 1999: Risk, Threat, and Security Institutions, in: Haftendorn, Helga/Keohane, Robert O./Wallander, Celeste A. (Hrsg.): Imperfect Unions: Security Institutions over Time and Space, Oxford, 21–47.

Wallander, Celeste A. 2000: Institutional Assets and Adaptability: NATO after the Cold War, in: International Organization 54: 4, 705–736.

Walt, Stephen M. 1987: The Origins of Alliances, Ithaca, NY.

Walt, Stephen M. 1997: Why Alliances Endure or Collapse, in: Survival 39: 1, 156–179.

Waltz, Kenneth N. 1979: Theory of International Politics, Reading, MA.

Waltz, Kenneth N. 1990: Realist Thought and Neorealist Theory, in: Journal of International Affairs 44: 1, 21–37.

Waltz, Kenneth N. 2000: Structural Realism after the Cold War, in: International Security 25: 1, 5–41.

Weber, Max 1997: Gesammelte Aufsätze zur Wissenschaftslehre, Tübingen.

Wendt, Alexander 1999: Social Theory of International Politics, Cambridge.

Zartman, I.William 1985: Ripe for Resolution: Conflict and Intervention in Africa, New York, NY.

Zongyou, Wei 2006: In the Shadow of Hegemony: Strategic Choices, in: Chinese Journal of International Politics 1: 2, 195–229.

Präsident George Bush sen. (USA) und Generalsekretär Michail Gorbatschow (UdSSR) unterzeichnen am 31. Juli 1991 den bilateralen „Strategic Arms Reduction Treaty" (START) im Kreml. Der mit umfangreichen Verifikations-maßnahmen ausgestattete Vertrag zur drastischen Reduzierung und Limitierung strategischer Nuklearwaffen gilt als eines der weitreichendsten und komplexesten Rüstungskontrollabkommen der Geschichte. Der Vertrag trat 1994 in Kraft, als die Sowjetunion schon nicht mehr existierte. Er schrieb eine Obergrenze von 6000 sta-tionierten Sprengköpfen auf land- und seegestützten ballistischen Raketen sowie Bombern vor und lief 2009 aus. Aktuell gilt zwischen den USA und Russland der Vertrag „NewSTART", der diese Obergrenze weiter, auf 1550 Sprenköpfe, absenkt.

Bildquelle: Wikimedia Commons.

Rüstung und Rüstungskontrolle

Frank Sauer und Niklas Schörnig

Si vis pacem, para bellum – wenn du den Frieden willst, bereite dich zum Krieg.[1] Es ist ein schlimmes Klischee ein Kapitel über *Rüstung* mit diesem abgegriffenen lateinischen Sprichwort zu beginnen. Alt und vielzitiert, ist es hier aber dennoch zweckdienlich – und zwar, um auf seine Widersprüchlichkeit hinzuweisen. Schließlich drängt sich bereits dem Laien rasch der Gedanke auf, dass das fortwährende „Rüsten zum Krieg für den Frieden" letztlich doch eher nur den Krieg befördern könnte, statt diesen zu verhindern und den Frieden tatsächlich zu wahren. Mit diesem Einwand und dem Verweis auf **die Paradoxie des „Rüstens für den Frieden"** ist auch bereits ein wesentliches Moment genannt, aus dem sich Bestrebungen zur *Rüstungskontrolle* ableiten. Frieden und internationaler Sicherheit ist laut ihren Befürwortern mit Kooperation und Vertrauensaufbau eher gedient als mit unkontrollierter Rüstung. Auf beides, Rüstung und Rüstungskontrolle, wird dieses Kapitel systematisch eingehen.

Zunächst gilt es jedoch vorwegzuschicken, dass, wie schon in den vorangegangenen Kapiteln dieses Buches, auch im Folgenden auf einige **Theorien** – hier

---

1 Dieses Kapitel orientiert sich mit Blick auf Inhalt und Struktur am Lehrbuch „Rüstungsdynamik und Rüstungskontrolle" von Harald Müller und Niklas Schörnig (2006). Das Kapitel greift des Weiteren auf Inhalte zurück, die von Frank Sauer im Rahmen eines gleichnamigen Seminars erarbeitet wurden, in dem das Lehrbuch die Textgrundlage darstellte. Gemeinsam mit Studierenden der Universität der Bundeswehr München wurden in diesem Seminar während des Herbsttrimesters 2010 die beiden Lemmata „Rüstungskontrolle" und „Rüstungsdynamik" unter dem Nutzernamen „Sowio9" für die deutsche Wikipedia erstellt. Den Studierenden sei an dieser Stelle für ihre Arbeit und ihr Engagement noch einmal ganz ausdrücklich gedankt. Wikipedia ist zwar nach wie vor *keine zitierfähige Quelle*, dennoch seien die beiden Einträge den Leserinnen und Lesern dieses Buchs als *Nachschlagemöglichkeit* (und nicht zuletzt auch als Einladung zur Mitarbeit bei deren fortlaufender Aktualisierung und Verbesserung) ebenfalls ans Herz gelegt. Abschließend möchten wir Patrick Böttger für seine Unterstützung bei der Recherche für dieses Kapitel danken.

etwas allgemeiner als Denkströmungen bezeichnet – aus der Disziplin Internationale Beziehungen (IB) zurückgegriffen wird.[2] Dies geschieht vor allem, um unterschiedliche Antworten auf die Frage zu identifizieren, warum Staaten „(auf-)
rüsten". Die diesbezüglich präsentierten Denkansätze lassen sich mittels ein wenig
theoretischem Hintergrundwissen leichter systematisieren, etwa mit Blick auf die
Innen- und die Außendimension von Rüstung (siehe die Zusammenfassung bei
Müller/Schörnig 2006: 221–227).

In diesem Zusammenhang sei betont, dass man sich von den vielen möglichen
Perspektiven und „-ismen" nicht einschüchtern lassen darf.

▶ Theoretischer Pluralismus ist begrüßenswert, denn er eröffnet mehr Freiheiten
und Denkräume als eine theoretische Monokultur es erlauben würde.

Zugleich sollte man Perspektivenvielfalt nicht missverstehen als großes Durchein-
ander, aus dem heraus man sich Argumenten quasi wahllos bedienen kann.

▶ Entscheidend sind stets die Systematik des Arguments und eine präzise formulierte, wissenschaftliche **Fragestellung,** die man an ein Thema richtet.

Nur nach dem in der Fragestellung formulierten Erkenntnisinteresse sollten sich
daraufhin die Wahl theoretischer Perspektiven und Zugriffe und deren *konsis-
tente* Anwendung auf den Analysegegenstand ausrichten. Mit Blick auf die Inhalte
dieses Kapitels bedeutet das: Wen beispielsweise die Rüstungsdynamik in einer
bestimmten Region interessiert, z. B. weil ein Staat nach Nuklearwaffen strebt
und viele verfeindete Staaten um ihn herum dies mit Argwohn betrachten, der
wird mit der Kategorie der Macht, ihrer regionalen Verteilung, dem Sicherheitsdilemma und den Sicherheitsbedürfnissen der Staaten in der zu untersuchenden
Konstellation, kurz: einem im weiteren Sinne „realistisch"[3] informierten Zugriff
auf das Problem, nicht schlecht bedient sein. Wer sich hingegen dafür interessiert, weswegen ein Staat Milliarden für die Modernisierung seiner Flotte nuklear
bewaffneter U-Boote ausgibt, obwohl die Sicherheitslage im Großen und Ganzen unverändert geblieben ist, der wird auf seiner Suche nach einer Antwort mit
einem „liberalistisch"[4] informierten Zugriff und den entsprechenden Denkansätzen mitunter weiter kommen. Dies wird im Folgenden noch klarer werden.

Im ersten Abschnitt dieses Kapitels werden die Begriffe „Rüstung" und „Rüstungskontrolle" definiert. Dann wird das Kapitel beispielhaft einigen Triebfedern

---

2   Für eine Einführung in die Theorie der Internationalen Beziehungen vgl. Krell (2009).
3   Für eine Einführung in den Realismus vgl. Krell (2009: Kap. 6).
4   Für eine Einführung in den Liberalismus vgl. Krell (2009: Kap. 7).

für Rüstung im Sinne der hier einleitend angesprochenen Perspektiven und Analyseebenen nachspüren, also verschiedenen Antworten auf folgende Frage nachgehen: Warum rüsten Staaten? Anschließend widmet es sich der Frage, welche Maßnahmen Rüstungskontrolle als politische Reaktion ins Feld führt, einige davon detaillierter beleuchtend. Gemäß dem einheitlichen Vorgehen in diesem Buch wird im letzten Abschnitt abschließend eine kleine Auswahl von Debatten – sowohl grundlegende, schon länger anhaltende, als auch aktuelle – mit Blick auf das Verhältnis von Rüstung und Rüstungskontrolle sowie Sinn und Unsinn von Rüstungskontrollmaßnahmen präsentiert.

2.4.1 Definitionen

Gemäß Völkerrecht haben Staaten das Recht auf Selbstverteidigung. **Rüstung** ist vor diesem Hintergrund zunächst nichts Ungewöhnliches.

> ▶ **Rüstung** ist der politisch-militärische Prozess, mit dem Staaten die Beschaffung und Bereitstellung von „Instrumenten der organisierten Gewaltausübung" für die Außen- und Sicherheitspolitik betreiben.

Diese Definition stammt von Harald Müller und Niklas Schörnig (2006: 15). Problematisch wird besagter Prozess, wenn Aufrüstung mit den genannten Instrumenten die Gefahr eines zwischenstaatlichen Krieges erhöhen könnte. Im allgemeinen Sprachgebrauch fällt in diesem Zusammenhang häufig der Begriff des „Wettrüstens". Zwar ist der Begriff des Wettrüstens nicht auf Massenvernichtungswaffen begrenzt, aber in der Regel wird mit ihm auf die Zeit des Ost-West-Konflikts Bezug genommen, in dem die USA und die UdSSR Nuklearwaffen und Trägersysteme in großer Zahl anhäuften, also „aufrüsteten". Aus politikwissenschaftlicher Sicht erscheint **Rüstungsdynamik** als geeignetere Vokabel, da „Wettrüsten" nur eine extreme Form der Rüstungsdynamik darstellt und der Begriff zudem politisch aufgeladen ist. Auch impliziert Wettrüsten gemäß allgemeinem Sprachgebrauch eine Konstellation aus zwei unmittelbar aufeinander bezogenen staatlichen Akteuren. Es wird aber später noch gezeigt werden, dass eine Rüstungsdynamik auch ohne direkten Bezug auf einen (realen oder imaginierten) Opponenten entstehen kann. Zudem erlaubt der Begriff der Rüstungsdynamik in Rechnung zu stellen, dass der Rüstungsprozess reguliert sein und außer (kontrollierter) **Aufrüstung** auch **Abrüstung,** also die (häufig vertraglich vereinbarte) Verminderung der Kapazitäten militärischer Gewaltanwendung, bedeuten kann (damit folgen wir dem Sprachgebrauch von Müller/Schörnig (2006) und Buzan/Herring (1998)).

Beim Begriff der „**Abrüstung**" ist es sehr wichtig zu unterscheiden, da der Begriff als Prozess, also als die quantitative Reduktion von Waffensystemen über einen bestimmten Zeitraum hinweg, *und* als (erhoffter oder angestrebter) Endzustand verstanden werden kann. Zur leichteren Unterscheidung wird Letzteres meist als „**vollständige Abrüstung**" beschrieben. Verstanden als „abgerüstete Welt", also als Welt frei von jeglichen Waffen, erscheint Abrüstung als ein recht utopischer Gedanke (Müller/Schörnig 2006: 125–126; Larsen 2009: 4). Doch es gibt Fälle, in denen zumindest bestimmte Kategorien von Waffen aus bestimmten Regionen entfernt, zahlenmäßig drastisch reduziert oder vollständig abgerüstet wurden. Ein häufig zitiertes Beispiel aus der weiter zurückliegenden Geschichte ist etwa das Rush-Bagot-Abkommen von 1817, in dessen Zuge die Vereinigten Staaten und Großbritannien sich auf eine weitgehende Demilitarisierung der „Großen Seen" an der Grenze zum heutigen Kanada einigten (Burns 1993: 1). Ein prominentes Beispiel aus der jüngeren Vergangenheit ist der sogenannte INF-Vertrag über Intermediate Nuclear Forces, mit dem US-Präsident Ronald Reagan und der sowjetische Generalsekretär Michail Gorbatschow sich 1987 auf eine Abrüstung nuklearer Mittelstreckenraketen einigten. Die Chemiewaffenkonvention aus dem Jahre 1993 verbietet eine Kategorie von Waffen sogar gänzlich, die Vernichtung der Bestände chemischer Waffen läuft derzeit weltweit. Zwei aktuelle Beispiele für Abrüstungsbestrebungen sind die Kampagne zum weltweiten Bann von Anti-Personenminen, die bereits einige ihrer Ziele verwirklichen konnte, sowie die *Global Zero*-Bewegung, mit der viele die Zukunftshoffnung auf die vollständige Abrüstung aller Nuklearwaffen verbinden.

Eine weitere wichtige Unterscheidung, die allerdings leider oft nicht vollzogen wird, ist die zwischen „Abrüstung" und „Rüstungskontrolle". Auch diese Begriffe sollten nicht gleichgesetzt oder verwechselt werden (Müller/Schörnig 2006: 124; Larsen 2009: 3–4; Burns 1993: 2–4).

> ▶ Während **Abrüstung** immer auf eine Reduktion bestehender oder geplanter Arsenale zielt, *kann* **Rüstungskontrollpolitik** manchmal auch – dann aber eben vereinbarte und regulierte, also *kontrollierte – Aufrüstung* mit sich bringen.

Denn wenngleich die rüstungskontrollpolitische Steuerung der Rüstungsdynamik in der Regel auf Reduktionen abzielt, kann es unter bestimmten Bedingungen hilfreich sein, *un*kontrollierten Aufwuchs von Waffenarsenalen einzudämmen, indem Wachstumsraten begrenzt, Obergrenzen festgelegt oder technische Details spezifiziert werden. Rüstung wird in diesen Fällen also kontrolliert, ohne dass Abrüstung stattfindet. Rüstungskontrolle kann folglich Regelungen und/oder Verbote für Entwicklung, Produktion, Aufbewahrung und Weiterverbreitung bzw. Weitergabe von Rüstungsgütern beinhalten.

Angelehnt an Harald Müller (1996: 405) und Jeffrey Larsen (2009: 1) lässt sich **Rüstungskontrolle** also wie folgt definieren:

▸ **Rüstungskontrolle** ist der „Versuch, Sicherheit nicht länger durch unilaterale Verteidigungs- und Rüstungspolitik, sondern durch das kooperative Einwirken auf das wechselseitige Rüstungsverhalten zu erreichen".

Welche Maßnahmen und Instrumente zur rüstungskontrollpolitischen Regulierung der Rüstungsdynamik im Detail zur Verfügung stehen, wird im Abschnitt 2.4.2.2 diskutiert. Betrachten wir zunächst die Definition von Rüstungskontrolle genauer.

Die gewachsene Bedeutung von nicht-staatlichen Akteuren für die internationale Sicherheit ist auch an Rüstungskontrolle nicht spurlos vorbeigegangen – so sind bspw. Nichtregierungsorganisationen in der Rüstungskontrollpolitik einflussreich und in großer Zahl aktiv. Dennoch, sie ist (vor allem im Bereich der Massenvernichtungswaffen) weiterhin vorrangig ein Element *zwischenstaatlicher* Außen- und Sicherheitspolitik. Nicht zuletzt durch den vielzitierten „Aufstieg neuer Mächte" – wie China, Indien, Brasilien – spricht vieles dafür, dass Rüstungskontrolle, auch in einer globalisierten Welt mit diversifizierteren Akteurskonstellationen, einen hohen Stellenwert im zwischenstaatlichen Austausch behalten, möglicherweise sogar noch mehr herausgefordert werden wird. Nicht zuletzt deswegen findet sie im Rahmen dieses Kapitels Berücksichtigung und soll im Folgenden dann auch vorrangig aus dem zwischenstaatlichen Blickwinkel betrachtet werden.

Rüstungskontrolle ist im Wesentlichen eine Reaktion von Staaten auf die sich zwischen ihnen entfaltende Rüstungsdynamik (deren Entstehungshintergründe im nächsten Abschnitt näher thematisiert werden) und wird in Form formaler bi- oder multilateraler Diplomatie sowie in internationalen Foren wie etwa den Vereinten Nationen betrieben. Zu ihrer besonderen Prominenz gelangte Rüstungskontrolle vor allem durch den Eintritt ins Nuklearzeitalter sowie in der anschließenden zweiten Hälfte des 20. Jahrhunderts. Die zu Zeiten des Ost-West-Konflikts unter dem Eindruck der nuklearen Rüstungsdynamik entwickelte „**Rüstungskontrolltheorie**" (Müller 1996: 399–401; Larsen 2009: 7–11), also die wissenschaftliche Beschäftigung mit den Ursachen von Rüstungsdynamiken samt Vorschlägen, wie mit solchen Prozessen rüstungskontrollpolitisch umgegangen werden soll, ist Wissenschaft mit Praxisanspruch und normatives Projekt zugleich (Müller/Schörnig 2006: 123) – denn:

▸ Rüstungskontrolle ist kein Selbstzweck, sondern ein Mittel, um andere, übergeordnete politische Ziele zu erreichen.

Zentral ist hier der eingangs geäußerte Verdacht hinsichtlich des zwiespältigen Verhältnisses von vermehrter Sicherheit und vermehrter Rüstung zur Vorbeugung des Krieges. Nicht das Anhäufen weiterer Rüstungsgüter, sondern die Kontrolle der Rüstungsdynamik und das Verhindern gefährlicher Rüstungswettläufe, die zwischenstaatliche Beziehungen destabilisieren und kriegsanfälliger machen könnten, schafft demnach gemäß der Rüstungskontrolltheorie mehr Sicherheit.[5] Außerdem soll Rüstungskontrolle der Einsicht Rechnung tragen, dass für Rüstungsgüter allokierte Ressourcen im Sinne eines „guten Lebens" für möglichst viele Menschen besser für andere Dinge wie Gesundheit, Bildung, Infrastruktur und den Wohlstand der Zivilbevölkerung im Allgemeinen aufgewendet wären.

Vor diesem Hintergrund lassen sich also drei große **normative Ziele** definieren, die über das Mittel der **Rüstungskontrolle** erreicht werden sollen (Müller/ Schörnig 2006: 124–127; Larsen 2009: 10).

Die drei Ziele der Rüstungskontrolle

(1) Die **Verhütung des Krieges**
(2) Die **Schadensbegrenzung** im eventuellen Kriegsfall
(3) Die **Senkung von Kosten,** die durch Rüstung erzeugt werden

---

2.4.1.1 Ziele der Rüstungskontrolle im Detail

Betrachten wir die ersten beiden Ziele der Rüstungskontrolle, denen seit dem Anbruch des Nuklearzeitalters ein besonderer Stellenwert zukommt, noch etwas genauer. Den Ausbruch eines Krieges zu verhindern und die Schäden eines solchen zu begrenzen – diesen Zielen wird durch die enorme Zerstörungskraft von **Nuklearwaffen** eindeutig eine besondere Dringlichkeit verliehen. Der Verweis auf das nach der Kuba-Krise zwischen den USA und der UdSSR als direkte Kommunikationsverbindung eingerichtete „Rote Telefon" ist gleichsam Sinnbild und erstes Beispiel für die stabilisierende Wirkung durch Austausch und den Aufbau von Vertrauen im Rahmen von Rüstungskontrolldiplomatie. Es folgte in den Jahren und Jahrzehnten darauf die „Buchstabensuppe" mit Vertragskürzeln wie SALT, ABM, START und dem bereits genannten INF, unter anderem zur Limitierung der Nuklearwaffenarsenale (*Strategic Arms Limitation Talks,* SALT), dem weitgehenden Verbot von Raketenabwehrsystemen (*Anti Ballistic Missile Treaty,* ABM) und nicht zuletzt der Verkleinerung der Arsenale (*Strategic Arms Reduction Talks,* START). Nuklearwaffentests wurden unter die Erde verbannt *(Limited Test Ban*

---

5   Vgl. hierzu auch Abschnitt 2.4.2 weiter unten sowie das Kapitel über *Krieg und Frieden* (2.1).

Treaty), im Weltraum wurden Nuklearwaffen verboten *(Outer Space Treaty)* und mit dem nuklearen Nichtverbreitungsvertrag *(Treaty on the Non-Proliferation of Nuclear Weapons,* kurz NPT oder NVV auf Deutsch) wurde ihre Weiterverbreitung auf dem Globus einzudämmen versucht.[6] In der Tat gibt es denn auch gute Gründe anzunehmen, dass Rüstungskontrollmaßnahmen die Beziehungen zwischen den USA und der Sowjetunion, heute Russland, moderiert und stabilisiert haben, den beiden angestrebten Zielen somit insgesamt zuträglich waren.[7]

Abschließend lässt sich sagen, dass die beiden genannten Ziele speziell mit Blick auf Nuklearwaffen, so sie denn jemals überhaupt erreicht werden können, bis heute ihre Brisanz behalten haben. Ein massiver nuklearer Schlagabtausch zwischen zwei Nuklearwaffenstaaten (seien es USA und Russland oder auch Indien und Pakistan) ist auch gegenwärtig ein nicht gänzlich undenkbares Szenario, das katastrophale Schäden nach sich ziehen würde und im schlimmsten Fall das Überleben der gesamten Menschheit gefährden könnte.

Rüstungskontrolle ist selbstverständlich nicht nur auf die ehemaligen Supermächte des Kalten Krieges begrenzt. Der oben angesprochene NVV ist beispielsweise nahezu universell, also von fast allen Staaten der Welt mitgetragen.[8] Außer-

---

6 Für eine umfassende Darstellung der Geschichte der Rüstungskontrolle von den Haager Abkommen am Ende des 19. Jahrhunderts bis zu den ersten Rüstungskontrollverträgen des jungen 21. Jahrhunderts siehe Goldblat (2002), für die hier angesprochene nukleare Rüstungskontrolle im Ost-West-Konflikt darin insbesondere die Kapitel 4 bis 6.

7 Die Frage nach dem nuklearen Kriegsausbruch oder vielmehr dessen Ausbleiben, warum also nach den beiden Atombombenabwürfen über Hiroshima und Nagasaki nie wieder Nuklearwaffen im Krieg Verwendung fanden, ist durch den Verweis auf Rüstungskontrolle selbstverständlich nicht abschließend beantwortet und muss sich auf andere Überlegungen erstrecken, u. a. die Strategie der nuklearen Abschreckung und den Einfluss des sogenannten nuklearen Tabus betreffend (für einen Überblick siehe Sauer 2008; siehe weiterführend Morgan 2003; Freedman 2004; Tannenwald 2007; Paul 2009). In der komplexen Gemengelage des Ost-West-Konflikts war Rüstungskontrolle mit Blick auf die Nuklearkriegsverhütung nur *ein* Faktor unter mehreren, die Tradition des Nichtgebrauchs sicher festigender, aber eben nur mittelbar wirkender.

8 Der auch Atomwaffensperrvertrag genannte NVV hat aktuell 189 Unterzeichner- bzw. Mitgliedsstaaten. Er dient der Nichtverbreitung und Abrüstung von Nuklearwaffen sowie der friedlichen Nutzung der Kernenergie. Der Vertrag basiert auf einem Handel: Die „Haves" verpflichten sich, Nuklearwaffen nicht weiterzugeben und auf die Abrüstung ihrer Arsenale hinzuarbeiten. Die „Have-Nots" verpflichten sich, keine Nuklearwaffen anzuschaffen und erhalten im Gegenzug Hilfe bei der friedlichen Nutzung der Kernenergie. Die „Haves", die laut NVV „offiziellen Nuklearwaffenstaaten", sind China, Frankreich, Großbritannien, Russland und die USA (identisch mit den fünf ständigen Mitgliedern des Sicherheitsrats der Vereinten Nationen). „Offizielle Nuklearwaffenstaaten" sind im NVV definiert als diejenigen Staaten, die vor 1967 einen Nukleartest durchgeführt haben. Die einzigen vier Nichtmitglieder des Vertrags sind Indien, Israel, Nordkorea, Pakistan. Problematisch ist dabei natürlich, dass es sich bei diesen vier Nichtmitgliedern zugleich um „inoffizielle Nuklearwaffenstaaten" handelt, die *nach* 1967 ebenfalls Nuklearwaffen hergestellt und getestet haben. Indien und

dem wurden in der zweiten Hälfte des zwanzigsten Jahrhunderts auch **biologische
und chemische Massenvernichtungswaffen** Verboten und Kontrollen unterworfen. Des Weiteren sind **konventionelle Waffen**, also Kriegsgerät wie Panzer und
Flugzeuge (z. B. im Rahmen des *Vertrags* über *Konventionelle Streitkräfte in Europa,
KSE-Vertrag*) sowie sogenannte „small arms and light weapons" (von einer Person
bedienbare Kleinwaffen wie Handfeuerwaffen, Sturmgewehre bis hin zu schulter-
gestützten Boden-Luft-Raketen) ebenfalls bereits seit Jahrzehnten Ziele diverser
Rüstungskontrollmaßnahmen (Müller/Schörnig 2006: 198–220).

In welchem Ausmaß all diese Bemühungen seit 1945 Krieg verhindert und
Schäden begrenzt haben, ist, wie im Falle der Nuklearwaffen, nahezu unmöglich
exakt zu bestimmen. Mit Blick auf die Komplexität internationaler Politik, die
Kontingenz historischer Entwicklungen und die enorme Zahl denkbarer Einflüsse
lässt sich zumindest keinesfalls einfach behaupten, dass Rüstungskontrollpolitik
für eine Annäherung an diese beiden Ziele *alleine* verantwortlich war.

▶ Nichtsdestotrotz ist es plausibel anzunehmen, dass Rüstungskontrolle in der internationalen Politik einen signifikanten Beitrag zur Kriegsverhütung und Schadensbegrenzung geleistet hat – und weiter leistet.

Mit Blick auf das dritte Ziel der Rüstungskontrolle – die **Kostensenkung** – soll
hier der Versuch unternommen werden, ein Gefühl für die ungefähren Größenordnungen zu vermitteln. Betrachtet man zu diesem Zweck einmal die gesamten
Ausgaben für Rüstungsgüter im globalen Maßstab, so beläuft sich diese weltweite
Summe laut SIPRI (2011a) im Jahr 2012 auf geschätzte 1,75 Billionen US-$ (eng-
lisch: Trillionen). Das entspricht ungefähr 250 US-$ pro Kopf der Weltbevölke-
rung. Geld, so würden Rüstungskontrollbefürworter argumentieren, das für Nahrung, medizinische Versorgung oder Bildung hätte investiert werden können.

Des Weiteren ist in diesem Zusammenhang erwähnenswert, dass die weltweiten Rüstungsausgaben sich über die ersten zehn Jahre des 21. Jahrhunderts hinweg
in kontinuierlichem Anstieg befanden. Wenngleich also nach dem Ende des Ost-
West-Konflikts in den 1990er Jahren die Rüstungsausgaben zunächst sanken und
vielfach Hoffnungen auf eine „Friedensdividende" aufkamen (Wulf 2000), so stie-
gen diese doch bereits seit dem beginnenden neuen Jahrtausend wieder an. Erst

---

Pakistan verfügen über Nukleararsenale, Israel ebenfalls, wenngleich es dies offiziell nicht
bestätigt und über die genauen Umstände des israelischen Tests nur spekuliert werden kann.
Im Falle Nordkoreas geht man davon aus, dass das Land 2006 einen ersten (bedingt erfolgreichen) Test durchgeführt hat und ebenfalls eine überschaubare Anzahl von Nuklearwaffen
besitzt. Zur Diskussion der Frage, wann ein Staat als „Nuklearwaffenstaat" gelten kann, siehe Hymans (2010).

Abbildung 1   Rüstungsausgaben der USA und weltweit von 1988 bis 2012
(in Mrd. US-$ von 2011)

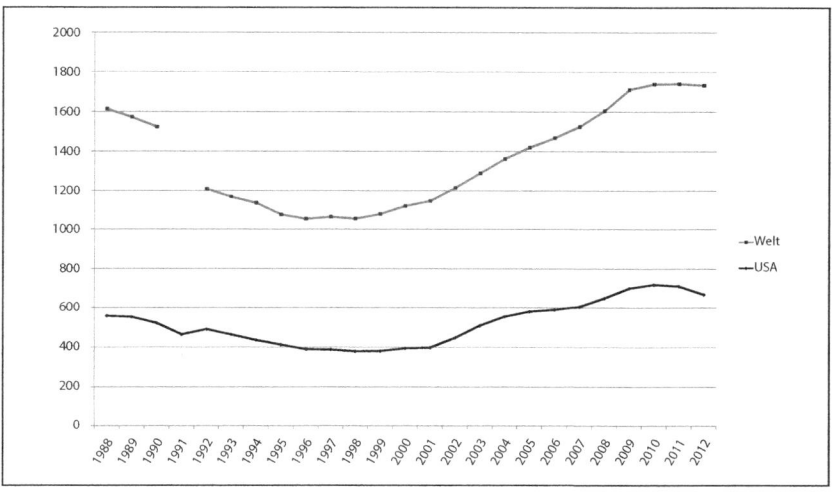

Quelle: Military Expenditure Database Excel Workbook, Stockholm International Peace Research Institute
(SIPRI); 26.04.2013. Zustimmung des SIPRI zur Benutzung der Daten liegt vor. „Welt": keine Angabe für
1991.

die Finanz- und Wirtschaftskrise beendet diese Entwicklung jüngst, wodurch im
Jahr 2012 die weltweiten Ausgaben zum ersten Mal seit 1998 wieder sanken. Abbildung 1 zeigt diese Entwicklung zwischen 1988 und 2012 in der Gesamtschau.

Einsamer Spitzenreiter bei den Rüstungsausgaben sind dabei nach wie vor die
USA. Nach Angaben des *Stockholm International Peace Research Institute* (SIPRI
2011a) entfielen im Jahr 2012 allein auf die USA 39 Prozent der weltweiten Aufwendungen für Rüstungsgüter. Sie wurden gefolgt von China mit 9,5 Prozent und
Russland mit 5,2 Prozent.

Ein Vergleich mit Deutschland zeigt, dass die USA gemessen am Anteil des
Bruttoinlandsprodukts in den letzten zwei Jahrzehnten stets das Doppelte bis
Dreifache für Rüstung ausgegeben haben, wie Abbildung 2 veranschaulicht. Man
erkennt auch deutlich, dass es in den USA nach den Terroranschlägen von 2001
eine deutliche Zunahme der Rüstungsausgaben gab – eine Entwicklung, die in
Deutschland trotz seines militärischen Engagements in Afghanistan ausgeblieben ist. Dies ist im Sinne der Kostensenkung zu begrüßen. Andererseits erntet
Deutschland für seine Zurückhaltung bei den Aufwendungen für die Bundeswehr

Abbildung 2 Rüstungsausgaben der USA und Deutschlands von 1988 bis 2012 im Vergleich (in % des BIP)

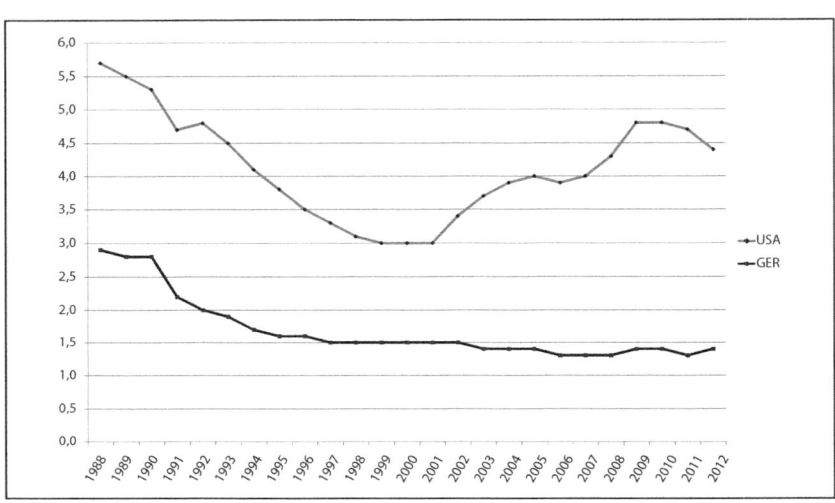

Quelle: Military Expenditure Database Excel Workbook, Stockholm International Peace Research Institute (SIPRI); 26.04.2013. Zustimmung des SIPRI zur Benutzung der Daten liegt vor.

bisweilen Kritik, zum einen von Seiten seiner NATO-Partner, zum anderen von Soldaten im Einsatz, die einen Mangel an Ausrüstung beklagen. Gut zu erkennen ist in Abbildung 2 aber auch der Rückgang der US-amerikanischen Ausgaben in der jüngeren Vergangenheit im Zuge der Finanz- und Wirtschaftskrise.

Abschließend ein detaillierter Blick auf die Entwicklung in Deutschland. Die deutschen Ausgaben für „Auswärtiges" (hier verstanden als die Bündelung der Ausgaben für das Auswärtige Amt, das Bundesverteidigungsministerium und das Ministerium für wirtschaftliche Zusammenarbeit und Entwicklung) sind bereits seit Jahren rückläufig zugunsten stärkerer Aufwendungen für „Inneres" (hier verstanden als die drei Ministerien für Arbeit und Soziales, für Inneres sowie für Verkehr, Bau und Stadtentwicklung). Abbildung 3 zeigt diese Entwicklung zwischen 1981 und 2008 – also noch vor dem Einsetzen der Finanz- und Wirtschaftskrise.[9]

---

9   Festzuhalten ist in diesem Zusammenhang aber auch, dass Deutschland nach Angaben von
    SIPRI (2011b) mit rund 7 Prozent Anteil am Welthandel zwischen 2008 und 2012 hinter den
    USA und Russland der drittgrößte Waffen*exporteur* der Welt war.

Abbildung 3 Deutschlands Ausgaben für Auswärtiges und ausgewählte Bereiche des Inneren 1981–2008 (in % des Gesamthaushalts).*

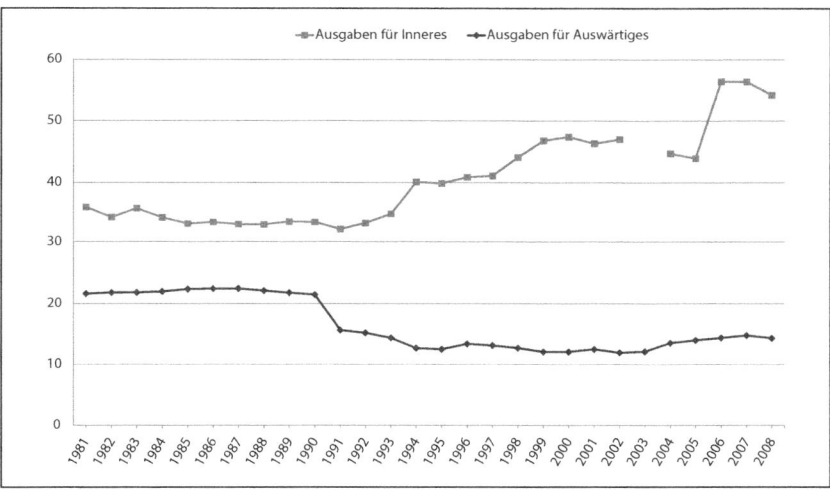

* Die Grafik beruht ursprünglich auf einer eigenen Zusammenstellung von Zahlen der Bundeshaushalte von 1981 bis 2003, die Frank Sauer 2003 für einen Beitrag von Prof. Dr. Gunther Hellmann erstellt hatte. Die Datenreihe wurde 2010 von Christine Andrä aktualisiert und fortgeführt, mit Hilfe eines Kettenindexwerts neu bereinigt und uns dankenswerterweise für diesen Beitrag zur Verfügung gestellt. Für 2003 wurden keine Angaben gemacht, da die Ausgaben des Ressorts Arbeit und Soziales nicht verfügbar waren. In 2004 und 2005 kam es auf Grund veränderter Ressortzuschnitte zu einer anderen Zusammensetzung der „Innerstaatlichen Ausgaben". Am übergeordneten Trend ändert dies nichts.

Das oben angeführte Vergleichsbeispiel USA und Deutschland aus Abbildung 2 ist insofern repräsentativ, als tatsächlich so gut wie kein Staat der Welt heute mehr als 10 % des BIP für Rüstung aufwendet. Besonders für die OECD-Welt lässt sich des Weiteren festhalten, dass Rüstungsausgaben heute in der Regel nur einen – mehr oder weniger – überschaubaren, also *einstelligen,* Prozentanteil an den Gesamtausgaben eines Staates ausmachen. Das deutsche Beispiel in Abbildung 3 steht insofern stellvertretend für eine Entwicklung in modernen Industriestaaten, in denen (nicht zuletzt weil in diesen seit Jahren ein demographischer Wandel durch eine im Durchschnitt alternde Bevölkerung zu beobachten ist) Ausgaben für Gesundheit, Rente und Soziales den Löwenanteil der Staatsausgaben ausmachen und Ausgaben für Rüstung somit deutlich übersteigen.

Vor diesem Hintergrund, und auch wenn Kostensenkung vielfach als das eher nachgeordnete unter den drei oben genannten Zielen der Rüstungskontrolle gilt, soll abschließend noch einmal auf die nukleare Rüstung während des Ost-West-Konflikts verwiesen werden, um die Betrachtungen in diesem Abschnitt in einen historischen Kontext einzubetten. Für die Entwicklung der Atombombe sowie die Kontrolle, das Aufrechterhalten bis hin zur teilweisen Abrüstung des nuklearen Arsenals der USA hat Stephen I. Schwartz (1998) in seinem bei der *Brookings Institution* angesiedelten *Nuclear Weapons Cost Study Project* für den Zeitraum 1940–1996 die exorbitante Summe von 5,5 Billionen [sic!] US-$ errechnet (konstant nach US-$ Kurs von 1996).[10] Die Möglichkeiten, die bereits ein kleiner Teil dieser Summe, für andere Zwecke und menschliche Bedürfnisse eingesetzt, über Jahrzehnte eröffnet hätte, veranlasst Rüstungskontrollbefürworter am dritten Ziel festzuhalten.

Nachdem fürs erste Vokabeln wie **Aufrüstung, Abrüstung, Rüstungsdynamik** sowie die Ziele der Rüstungskotrolle – **Kriegsverhütung, Schadensbegrenzung** und **Kostensenkung** – definiert und etwas detaillierter erörtert wurden, holen uns die Ausgangsfragen wieder ein. Warum rüsten Staaten? Und was *genau* umfasst Rüstungskontrollpolitik?

2.4.2   Denkansätze

Warum rüsten Staaten, d. h. warum erfinden, beschaffen und unterhalten sie Instrumente zur organisierten, militärischen Gewaltausübung? Diese Frage soll im folgenden Abschnitt unter Zuhilfenahme dreier theoretischer Denkströmungen beantwortet werden, die sich bereits in anderen Kapiteln dieses Buches als hilfreich erwiesen haben und mittels derer sich die existierenden Denkansätze zum Thema Rüstung ordnen lassen.[11] Im zweiten Schritt werden dann einige Maßnahmen genauer beleuchtet, die Rüstungskontrolle zur Kontrolle der Rüstungsdynamik in Anschlag bringt. Zur Systematisierung dient in diesem Fall ein Schema möglicher „**Konfliktgrade**".

2.4.2.1   Ursachen und Gründe für Rüstung

Nach einem besonders prominenten Denkansatz ist Rüstung der Schlüssel für den erfolgreichen Umgang mit Bedrohungen von außen, kurz: *das* Mittel zur Er-

---

10   Es liegt hier keine Verwechslung der amerikanischen „Billion" mit der deutschen „Milliarde" vor. Es handelt sich in der Tat um ein „5.5 *trillion* dollar investment" (Schwartz 1998), also um 5,5 *Billionen* US-$.

11   Vgl. etwa die Kapitel zu *Krieg und Frieden* (2.1) und *Allianzen* (2.3).

zeugung internationaler **Sicherheit**. Folglich wird das eingangs zitierte lateinische Sprichwort gerne von Vertretern des „**Realismus**" bemüht, der theoretischen Strömung in den IB, in der es traditionell besonders großen Widerhall findet.[12] Die sowohl in der politischen Praxis als auch der wissenschaftlichen Beschäftigung mit internationaler Politik weit verbreitete realistische Perspektive verweist auf die überragende Bedeutung von Macht in der internationalen Politik. Während der Realismus das Innere der Staaten als hierarchisch und mit einem Gewaltmonopol versehen beschreibt, wird im Kontrast dazu die Domäne der internationalen Politik aufgrund des Fehlens einer solchen übergeordneten Instanz mit der Gewalt zur Regel(durch)setzung als anarchisch verstanden, weswegen im Realismus stets von der „**Anarchie** im internationalen System" die Rede ist. Im Innern eines Rechtsstaats sind unter anderem die Polizei und die Justiz verantwortlich, die Bürger voreinander und vor der Staatsgewalt selbst zu schützen. Zwischen den Staaten jedoch fehlen vergleichbare Instanzen. Folglich ist jeder Staat selbst für seine Sicherheit verantwortlich, das „internationale System" ist gemäß dieser Interpretation ein „**Selbsthilfesystem**".

▶ Staatlicher „Selbsterhaltungstrieb" und Ungewissheit über die Absichten anderer Staaten liefern so aus realistischer Perspektive die entscheidenden Impulse, die jeden einzelnen Staat zur Mehrung der eigenen Macht – und hier eben vorrangig verstanden als das *Bereithalten militärischer Kapazitäten* oder „Machtmittel" – veranlassen, um mit diesen die eigene Sicherheit zu gewährleisten.

Was John Herz das „*Sicherheitsdilemma*" genannt hat, folgt als logische Konsequenz aus dieser Vorstellung – es schlägt sich mit Blick auf Rüstungsdynamik in einem simplen „Aktions-Reaktions-Schema" nieder (Müller/Schörnig 2006: 39–40; Buzan/Herring 1998: 83–100). Das Sicherheitsdilemma kann folgendermaßen beschrieben werden: Da Staat A nicht gewiss sein kann, dass die auf Seiten von Staat B beobachteten Rüstungsprojekte nur defensiven Zwecken dienen, sondern zur Wahrung der eigenen Sicherheit annehmen muss, dass diese potenziell eine Bedrohung für seine Existenz darstellen, ist Staat A in dieser Logik geradezu

---

12 Siehe zu den beiden Denkströmungen Realismus und Neo-Realismus einführend und in deutscher Sprache Krell (2009: Kap. 6) sowie Jacobs (2003), Schörnig (2003) und Masala (2005). Fortgeschrittene Leserinnen und Leser seien auf die grundlegenden Werke des Realismus im 20. Jahrhundert im Original verwiesen, insbesondere Carr (2001 [1939]) und Morgenthau (2005 [1948]) sowie – mit Blick auf die Entwicklung und Abgrenzung des Neo- oder strukturellen vom klassischen Realismus – Waltz (1959; 1979). Für eine lesenswerte, scharfe Kritik an Waltz' *Theory of International Politics* siehe Ashley (1986), für weitere Auseinandersetzungen mit Waltz siehe Keohane (1986) und für eine gelungene, wohlwollend-kritische Auseinandersetzung mit dem Realismus in den IB im Allgemeinen siehe Guzzini (2004).

gezwungen selbst – zur Sicherheit – auf- und nachzurüsten. Staat B unterliegt denselben Bedingungen. Auch Staat B muss folglich, hat er die Rüstungsbestrebungen von Staat A erkannt, weiterrüsten. Nach diesem Muster perpetuiert sich das Dilemma. Beide Staaten setzen aufgrund von Ungewissheit über die Absichten des Gegenübers (und weil sie sich nur auf sich selbst und niemanden sonst verlassen können) eine Rüstungsspirale in Gang und erzeugen eine Situation, die möglicherweise durch Kommunikation gemildert aber scheinbar doch nie völlig überwunden werden kann, da kein Staat wirklich sicher sein kann, dass sein Gegenüber aufrichtig über seine Intentionen Auskunft gibt. Dies ist aus realistischer Perspektive zumindest solange der Fall, wie sich grundsätzliche Parameter des internationalen Systems nicht verändern – etwa indem ein Weltstaat mit einer Weltpolizei auf den Plan tritt, wodurch Regel(durch)setzung ähnlich wie im Inneren der Staaten fortan auch international möglich wäre. Im Folgenden wird jedoch deutlich werden, warum dieses Aktions-Reaktions-Schema in der Realität nur in bestimmten Konstellationen zur Entfaltung kommt.

Insbesondere der strukturelle oder auch *Neo*-Realismus blendet die innere Verfasstheit der Staaten bei seinen Überlegungen gänzlich aus. Egal ob Demokratie oder Autokratie, die strukturellen Zwänge des internationalen Systems gelten für alle Staaten gleichermaßen, so das Argument. Wer überleben will, der muss eben den Tatsachen ins Auge sehen und im wahrsten Sinne des Wortes „gerüstet" sein, d. h. über entsprechende Machtmittel verfügen, um sich im Notfall eines Angreifers erwehren zu können. Die Vorteile der realistischen Perspektive auf internationale Beziehungen und Macht als Quelle von Sicherheit liegen in ihrer Eleganz und Einfachheit. Trotz weniger, aufs Notwendigste beschränkter Faktoren, scheint eine realistische Perspektive auf den ersten Blick doch das Wesentliche erkennen und erklären zu können.

Auf den zweiten Blick allerdings mutet ein „realistischer" Blick auf die Welt doch ein wenig unvollständig, ja sogar artifiziell an.

▸   Ein Blick in die Tageszeitung genügt, um festzustellen, dass das Tagesgeschäft internationaler Sicherheit nicht *ausschließlich* von Macht, Anarchie und dem Sicherheitsdilemma bestimmt ist.

Deutschland, so viel steht fest, hält jedenfalls nicht an der Bundeswehr oder einzelnen Rüstungsprojekten fest, weil es täglich mit dem Einmarsch der in unmittelbarer Nachbarschaft stationierten französischen Truppen rechnen muss. Auch herrscht zwischen den beiden Staaten keine sich aufschaukelnde Aktions-Reaktions-Spirale (mehr). Ganz im Gegenteil, Deutschland ist in Europa heute glücklicherweise „von *Freunden* umzingelt". Und Freunde bedrohen die eigene Sicherheit nicht, sondern stehen einem im Notfall sogar zur Seite, etwa weil sie, wie in

Kapitel 2.3 beschrieben, durch eine zweckorientierte Allianz zusammengeschlossen oder sogar noch enger, in einer „**Sicherheitsgemeinschaft**", miteinander verbunden sind. Dem auf Karl W. Deutsch zurückgehenden Konzept der Sicherheitsgemeinschaft folgend, können zwischenstaatliche Beziehungen sich eben *doch* weg vom oben skizzierten Sicherheitsdilemma und hin zu einem Zustand entwickeln, in dem sich eine stabile Erwartung friedlicher Koexistenz ausprägt hat. Misstrauen und Rüstungsspiralen haben dann weniger oder gar keine Bedeutung mehr. Die deutsch-französische Freundschaft und ihre enge, gemeinsame Einbettung in die Europäische Union legen davon quasi täglich Zeugnis ab. Ganz offensichtlich ist die Lage der internationalen Sicherheit, einschließlich der denkbaren Triebfedern für Rüstung, auf den zweiten Blick doch etwas komplizierter als die auf das „big picture" abzielende realistische Perspektive erkennen lässt.

Um nicht mehr nur in nackten Kategorien der Macht denken zu müssen und der *sozialen* Dimension der – ja schließlich *menschengemachten* – internationalen Politik gerechter zu werden, hat Alexander Wendt vorgeschlagen, die vom Realismus absolut und statisch gesetzte Anarchie als unterschiedlich ausgestaltbar zu begreifen. Wendt (1992) fasst diese Überlegungen einprägsam unter der Formel „Anarchy is what states make of it!" zusammen. Die jüngere, aber in den letzten zwei Jahrzehnten in den IB sehr bedeutsam gewordene Denkströmung des Sozialkonstruktivismus weist in dieser Hinsicht darauf hin, dass Anarchie nicht zwingend dem Hobbes'schen Naturzustand ähneln muss, den der Realismus beschreibt. Vielmehr könne statt der **Feindschaft** auch eine Locke'sche Kultur der **Rivalität** vorherrschen, die dem Recht auf staatliche Souveränität stärker Rechnung trägt. Drittens könne sogar eine Kant'sche Kultur der **Kooperation und Freundschaft** ausgeprägt sein (Wendt 1999: 246–313).[13]

▶ Denkt man entlang sozialkonstruktivistischer Bahnen, so erschließt sich nicht nur das konkrete Beispiel der Abwesenheit einer Rüstungsdynamik zwischen den ehemals verfeindeten Staaten Frankreich und Deutschland, sondern es wird ganz allgemein deutlich, dass zwischenstaatliche Beziehungen soziale Beziehungen sind, diese also differenziert ausgestaltet sein können – wodurch wiederum Anforderungen an sowie Ausgestaltung von Rüstungskontrollmaßnahmen ebenfalls vom konkreten Zustand politischer Beziehungen abhängig sind.

---

13 Siehe zum (Sozial-)Konstruktivismus Krell (2009: Kap. 11) sowie Ulbert (2003). Fortgeschrittene Leserinnen und Leser sollten Wendts hier unmittelbar einschlägigen Aufsatz *Anarchy is what states make of it* (1992) sowie seine *Social Theory of International Politics* konsultieren (Wendt 1999). Lesenswerte Kritik an Wendts Denken findet sich unter anderem bei Zehfuß (1998) sowie in Guzzini/Leander (2006).

Je nach Konfliktsituation lassen sich idealtypisch fünf zwischenstaatliche „Konfliktgrade" (grundlegend Müller 1996) – von akuter Feindschaft bis hin zur oben genannten Sicherheitsgemeinschaft – unterscheiden, die die Rahmenbedingungen für Rüstungskontrolle abstecken (siehe auch Müller/Schörnig 2006: 127–132). Dazu weiter unten mehr, wenn von den dementsprechenden Rüstungskontrollmaßnahmen ausführlicher die Rede sein wird.

Gehen wir zunächst aber noch etwas weiter der Frage nach, warum Staaten rüsten. Wie bereits angedeutet, sind die sich aus dem Verhältnis oder der Machtverteilung zwischen Staaten ergebenden Anreize nur *ein* Ansatzpunkt – und zwar einer, der sich der Frage gleichsam mit der Makroperspektive „von außen" annähert.[14]

▶ Um in Abkehr von einer realistischen Perspektive ein anderes, mit Blick auf den Einzelfall detailreicheres Bild zu erhalten, ist ein Blick ins *Innere* der Staaten eine weitere naheliegende Alternative.

Die große, für diese Perspektive in den IB einschlägige Denkströmung ist der Liberalismus, der zur Erklärung staatlichen Verhaltens auf die Präferenzbildungsprozesse im Inneren der Staaten fokussiert, also die „Innenseite der Außenpolitik" analysiert. Kurz:

▶ Der Liberalismus richtet sein Augenmerk darauf, wie Außenpolitik „gemacht wird", also auf die Akteure (bspw. Interessengruppen) und Prozesse (bspw. bürokratische Abläufe), die für die Formulierung und Ausführung außenpolitischer Entscheidungsprozesse bestimmend sind.[15]

Ein Beispiel: Im Zusammenhang mit der hier verfolgten Frage nach staatlicher Rüstung warnte der amerikanische Präsident Dwight D. Eisenhower vor einem Phänomen, von dem vermutlich fast jeder schon einmal gehört hat und welches hier stellvertretend für einen liberalistischen Denkansatz herangezogen werden kann. In seiner letzten großen Fernsehansprache, der „Farewell Address", warnte Eisenhower 1961 die amerikanischen Bürgerinnen und Bürger vor dem **Militä-**

---

14 Siehe Müller/Schörnig (2006) zur sinnstiftenden Unterscheidung zwischen „Innen-" und „Außenleitung".

15 Siehe zum Liberalismus Krell (2009: Kap. 7) sowie Schieder (2003) und Czempiel (1998 [1986]). Fortgeschrittene Leserinnen und Leser sollten, um einen präziseren Eindruck der in den IB Neo-Liberalismus genannten Großtheorie zu bekommen, die Schriften von Andrew Moravcsik konsultieren (etwa Moravcsik 1997).

risch-Industriellen Komplex (MIK) (Müller/Schörnig 2006: 66–68).[16] Ausgestattet mit erheblichen finanziellen Mitteln, einer starken Lobby und überproportionalem politischem Einfluss, kann der MIK, so dieser Denkansatz, den Präferenzbildungsprozess eines Staates in seinem Sinne beeinflussen, also etwa mehr Steuergelder für Rüstungsprojekte in seine Richtung kanalisieren. Zum MIK gehören, im weiteren Sinne, „Politiker, die auf die Unterstützung oder das Wohlergehen der Rüstungsindustrie angewiesen sind, beispielsweise Abgeordnete mit einem überdurchschnittlich hohen Anteil von Rüstungsunternehmen in ihrem Wahlkreis; Zulieferer; Universitäten, die Rüstungsforschung betreiben; *Think Tanks*, sowohl staatliche, als auch private; Journalisten entsprechender Fachzeitschriften; Gewerkschaften mit in der Rüstungsindustrie tätiger Mitgliedschaft etc." (Müller/Schörnig 2006: 66). Eisenhower warnte, dass dieses weit verzweigte Netz aus Firmen, Forschungseinrichtungen, Regierungsinstitutionen und anderen Einflussgrößen im schlimmsten Fall eine Gefahr für die Freiheit der Bürger und die demokratischen Prozesse der USA bedeuten könne. Für den Denkansatz des MIK sprechen die, wie mit Blick auf das Beispiel USA oben gesehen, weiterhin enormen Rüstungsausgaben der USA, die darauf verweisen, dass die äußere Bedrohungssituation nicht alleinige Triebfeder von Rüstungsanstrengungen sein kann, da der alte Supermacht-Gegner aus dem Kalten Krieg lange nicht mehr existent ist und die USA heute eine unangefochtene militärische Überlegenheit genießen.

Wer sich über den mitunter überproportional hohen Einfluss des MIK hinaus noch näher aus der Innenperspektive mit bestimmten Rüstungsprojekten befasst, der erkennt des Weiteren, dass diese mitunter ein faszinierendes **„Eigenleben"** entwickeln. Rüstung erscheint dann als nicht nur von der äußeren Sicherheitslage und dem Einfluss von Partikularinteressen entkoppelt sowie mittels dieser kaum erklärbar, sondern manchmal sogar nur schwerlich noch vernünftig nachvollziehbar. Einige Facetten der, um weiter beim Beispiel USA zu bleiben, seit Jahrzehnten immer wieder in verschiedensten Erscheinungsformen verfolgten Idee der Raketenabwehr liefern dafür anschauliche Beispiele. So umfasste diese in den 1980ern im Rahmen der *Strategic Defense Initiative* unter Präsident Ronald Reagan unter anderem zum Abschuss sowjetischer Interkontinentalraketen im Weltraum stationierte, mit Atomexplosionen betriebene (!) Laser und ähnliche Wunderwaffen – Waffensysteme, die damals wie heute nur in der Fantasie von „defense intellectuals" und Illustratoren existieren. Bis in die jüngste Vergangenheit lassen sich ähnliche Beispiele aufzeigen, etwa der *Airborne Laser,* die abgespeckte Variante des Weltraum-Lasers, der in einer Boeing 747 Platz finden sollte und trotz hoher

---

16 Eisenhowers über ein halbes Jahrhundert zurückliegende Rede lässt sich leicht auf YouTube (www.youtube.com) finden – es ist durchaus lohnenswert, sie aus heutiger Perspektive auf sich wirken zu lassen.

Investitionen niemals über den Prototypenstatus hinauskam (Helmig 2011). Zwar ist dieses konkrete Rüstungsprojekt inzwischen endgültig eingestellt, aber die Idee der Raketenabwehr manifestiert sich stets in anderen Formen weiter. Derzeit ruhen die Hoffnungen auf der Weiterentwicklung der seegestützten *Standard Missile 3*. Ein Blick auf nationalstaatliche Identitäten, idiosynkratische Sicherheitsdiskurse oder auch soziale Dynamiken in bestimmten Forscher-Gemeinschaften führt folglich mit Blick auf solche Beispiele kurioser rüstungspolitischer Eigendynamik – und bei der Suche nach Erkenntnissen danach, wann und warum Staaten in bestimmten Feldern rüsten – oftmals weiter (siehe bspw. Peoples 2010; Bormann 2008; MacKenzie 1993).

Das Stichwort „Eigenleben" wird wohl am deutlichsten betont in einem weiteren Denkansatz, dem sogenannten **„technologischen Imperativ"**, den Barry Buzan pointiert formuliert hat und der zunächst auf die Innenperspektive abhebt (eine knappe Zusammenfassung findet sich in der Kritik bei Reppy 1990; siehe auch Müller/Schörnig 2006: 63–64).[17] Der Denkansatz schreibt der Technologie und dem Rüstungssektor im Staatsinneren besondere Eigendynamik zu. Etwas zugespitzt nach dem Motto: Wenn etwas technisch möglich ist, dann wird es auch gebaut (Reppy 1990: 102). Der Ansatz mischt dies aber mit Elementen einer bestimmten Außenperspektive, nämlich der oben skizzierten realistischen Beschreibung zwischenstaatlicher Verhältnisse. Denn erst im Rahmen des Sicherheitsdilemmas kommt das Argument zu voller Entfaltung: Im Zweifel baut nämlich der Gegner die neue Hightech-Waffe, was gemäß dieser Binnenlogik natürlich inakzeptable Sicherheitseinbußen bedeuten würde (man kommt dem Gegner praktisch nur zuvor – so lässt sich natürlich jede militärische Innovation rechtfertigen). Wieder liefert die Entwicklung der Atombombe im Zweiten Weltkrieg das prominenteste Beispiel, denn die USA wähnten sich (irrtümlicherweise, wie sich erst später herausstellte) im Wettlauf mit Nazi-Deutschland um „die Bombe". Nicht selten wird im nächsten Schritt ein Folgeargument vorgebracht, dass der einmal befreite „Flaschengeist" der atomaren Waffentechnologie nie mehr eingesperrt werden kann (siehe in interessantem Kontrast dazu die Argumente bei MacKenzie/Spinardi 1995). Heute trifft man das Argument des technologischen Imperativs häufig in einer leicht veränderten Variante an. So heißt es nämlich in den USA oft, man müsse „den technologischen Vorsprung halten" (Carter 2001).[18]

---

17 Für eine kritische Prüfung dieses Denkansatzes siehe Müller (1989).
18 Das Argument besitzt heute eine besondere Bedeutung, da gerade westliche Staaten kaum noch Verteidigungskriege („wars of necessity"), sondern fast ausschließlich Kriege der Wahl („wars of choice") führen (Freedman 2006/7) und entsprechend wenig geneigt sind, das Leben der eigenen Soldaten in solchen Szenarien zu riskieren und stattdessen auf Hightech-Rüstung setzen. Dass die meisten Herausforderer westlicher Staaten technologisch schon

▶ Trotzdem: Technologie, auch Waffentechnologie, entwickelt sich natürlich nicht „wie von Geisterhand", also von alleine. Die Erforschung, Entwicklung und schließlich Produktion neuer Waffensysteme geht immer auf rüstungspolitische Entscheidungen zurück.

Die Bedeutung von Technologie – oder besser das Präsentieren der Fähigkeit, bestimmte Hochtechnologie zu beherrschen – führt zum letzten hier skizzierten Denkansatz im Rahmen der Frage, warum Staaten rüsten, nämlich **Prestige**. Auch hier sind sowohl die Außen- als auch Innenperspektive im Spiel. Gerade im Rahmen regionaler Rivalitäten kann dem Besitz spezifischer Waffensysteme eine ganz besondere Bedeutung zukommen. So kann es z. B. für eine selbsternannte regionale Führungsmacht von besonderer Bedeutung sein, über die modernsten Großwaffensysteme der Region zu verfügen. Im Umkehrschluss kann die gezielte Beschaffung ebenbürtiger Systeme durch kleinere Staaten auch ein Signal sein, dass ein Führungsanspruch nicht anerkannt wird.

▶ Im Besitz bestimmter Waffensysteme drücken sich also nicht zuletzt auch Status bzw. angestrebter Status aus (Eyre/Suchman 1996).

Am offensichtlichsten wird das Streben nach Prestige durch Waffeneinkäufe in den jährlichen Militärparaden autokratischer Staaten, mit denen eben nicht zuletzt gezielt ein Bild nach außen vermittelt werden soll. Die Bedeutung von Prestige soll auch noch an einem anderen Beispiel verdeutlicht werden, nämlich dem Streben nach Nuklearwaffen (Sagan 1996). Diese werden nicht nur als ultimativer Sicherheitsgarant gehandelt, weil sie Angriffe fremder Staaten (hoffentlich) „abzuschrecken" erlauben (Morgan 2003; Freedman 2004). Mit Nuklearwaffen ist auch ein besonderer Status verbunden, die Aufnahmen in den exklusiven „Club" der wenigen Staaten, die über die „absolute Waffe" (Brodie 1946a) verfügen. Obwohl also der *Gebrauch* von Nuklearwaffen inzwischen als „tabu" beschrieben werden kann (Tannenwald 2007), ihr Besitz ist es trotz des starken nuklearen Nichtverbreitungsregimes nach wie vor nicht. „Glory in possession, shame in use", so hat William Walker (2012: 16) dies auf den Punkt gebracht. Die Innenperspektive ist hier insofern von Bedeutung, als das Prestigestreben je nach aktuellem Amtsinhaber oder Entscheidungsträger variieren und in unterschiedlichem, *individuellem* Maße seine Ausprägung finden kann.

---

lange abgehängt sind oder dass die Entwicklung modernster Rüstungstechnologie enorme Summen erfordert, während gleichzeitig die Etats für zivile Krisenprävention gekürzt werden, spielt bei dieser Betrachtung eine untergeordnete Rolle.

Zusammenfassend lässt sich sagen, dass die Frage, warum Staaten rüsten, sowohl durch den Fokus auf die äußeren Zusammenhänge als auch auf die im Inneren der Staaten ablaufenden Prozesse oder tonangebenden Entscheidungsträger beantwortet werden kann. Und während der auf die äußere Makroperspektive abzielende, realistische Ansatz üblicherweise von *Ursachen* für Rüstung spricht, also aus bestimmten Konstellationen staatliche Reaktionen als quasi kausal induziert ableitet, hat der vorangegangene Abschnitt gezeigt, dass demgegenüber auch bestimmte *Gründe* die Triebfedern von Rüstung sein können, etwa wenn aus nicht mit Konzepten linearer Kausalität fassbaren, genuin sozialen Motiven, wie dem Streben nach Prestige, gerüstet wird.

2.4.2.2 Rüstungskontrollmaßnahmen

Wie begegnet Rüstungskontrollpolitik der Rüstungsdynamik?[19] Die in Abschnitt 2.4.1 genannten drei Ziele der Rüstungskontrolle – **Kriegsverhütung, Schadensbegrenzung** und **Kostensenkung** – verhalten sich, so viel sei an dieser Stelle ergänzt, nicht spannungsfrei zueinander. Rüstungsmaßnahmen zur Schadensbegrenzung können bspw. dazu führen, dass Kriege wahrscheinlicher werden, also die Ziele zwei und eins miteinander in Konflikt geraten (Müller/Schörnig 2006: 126). Rüstungskontrollbemühungen ziehen bisweilen auch nicht-intendierte oder nicht vorhergesehene Konsequenzen nach sich; im Nuklearbereich etwa die Verbreitung lenkbarer Mehrfachsprengköpfe für nukleare Interkontinentalraketen durch ihre Vernachlässigung im SALT I-Vertragswerk.

Diese Einwände deuten bereits darauf hin, dass es für Rüstungskontrolle **keine einfachen Lösungen und Patentrezepte** gibt. Vielmehr müssen rüstungskontrollpolitische Ziele und die entsprechenden Maßnahmen stets der jeweiligen Konfliktsituation angepasst sein und weiterentwickelt werden. Ein Denkansatz, der eine Annäherung an die Möglichkeiten und Herausforderungen für Rüstungskontrolle in verschiedenen zwischenstaatlichen Konstellationen erlaubt, ist Harald Müllers (1996: 405–408; siehe auch Müller/Schörnig 2006: 127–132) Schema der fünf idealtypischen „Konfliktgrade". Dieses **Konfliktgradeschema** wird im Folgenden zunächst zum Zwecke der Systematisierung existierender Rüstungskontrollmaßnahmen verwendet. Die grobe Skizze soll zunächst ein allgemeines Gefühl für Bedingungen, Maßnahmen und Ziele von Rüstungskontrolle vermitteln. Im restlichen Teil dieses Abschnitts werden dann drei besonders prominente Maßnahmenbündel der Rüstungskontrolle – **Vertrauensbildende Maßnahmen,**

---

19 Für eine komprimierte Übersicht samt historischer Beispiele siehe Burns (1993: 3–10).

Verifikation sowie **Compliance** – detaillierter beleuchtet. Als allgemeiner Merksatz sei dem jedoch noch folgendes vorweggeschickt (Müller 1996: 408–409):

▶ Rüstungskontrolle zielt auf die Stimulation eines **Verständigungs- und Lernprozesses** ab, der Schritt für Schritt über den Verlauf der Konfliktgrade hinweg das oben geschilderte Sicherheitsdilemma zwischen Staaten entschärft und zur am Beginn dieses Kapitels geschilderten Einsicht verhilft, dass Rüsten den Krieg mitunter befördert, statt ihn zu verhindern – also eben doch zu *weniger* statt mehr internationaler Sicherheit führt – und somit besser durch **Kooperation und Vertrauen** verfolgt werden sollte

2.4.2.2.1 Rüstungskontrolle im Konfliktgradeschema

Akute Feindschaft: Im Falle eines offen, mit Waffen ausgetragenen Konflikts kann natürlich **keine Rüstungskontrolle** im engeren Sinne stattfinden, da es allenfalls gilt, auf die Einhaltung des Völkerrechts zu achten und bestehende Kriegshandlungen zu beenden. Im Anschluss daran bieten sich dann die Einrichtung von kampfhandlungsfreien Zonen zur Entflechtung der Truppen (Disengagement-Zonen) sowie solche zur Herstellung und Verdichtung der Kommunikation zwischen den Konfliktparteien an, um vermittelnd auf die akute Krise einzuwirken. Da der Grad an Kooperation zwischen den Konfliktparteien auf dieser Stufe sehr gering ist, muss dafür unter Umständen auf die Hilfe Dritter zurückgegriffen werden, bspw. auf unparteiische Staaten oder die Vereinten Nationen. Blauhelmmissionen, um Konfliktparteien zu trennen und Waffenstillstände zu überwachen, wären hierfür ein Beispiel (Müller/Schörnig 2006: 127–128).

Chronische Feindschaft: Hier herrscht kein offen ausgetragener Konflikt (mehr). Die Konfliktparteien stehen sich jedoch (weiterhin) misstrauisch gegenüber, weswegen Rüstungskontrollmaßnahmen hier auf eine **Stabilisierung der Beziehungen** abzielen, um das Sicherheitsdilemma zumindest abzumildern. Intensivierte Kommunikation und erste Bemühungen um **Transparenz** (Florini 1998) können vor diesem Hintergrund dafür sorgen, den Grad an Misstrauen behutsam zu senken. Der über weite Strecken des Ost-West-Konflikts bestehende „Kalte Krieg" zwischen den USA und der UdSSR liefert für diesen Konfliktgrad ein historisches Beispiel – der Kern des Konflikts zwischen den Parteien bleibt hier von den Rüstungskontrollmaßnahmen noch unberührt, es geht vielmehr um Symptombekämpfung, also die Eindämmung seiner Krisen- und Kriegsanfälligkeit (Müller/Schörnig 2006: 128).

Angespannte, gemischte Beziehungen: Auf dieser Stufe sind die Konfliktparteien erstmals bereit, sich auf eine Steuerung der Aufrüstung oder auch auf eine weniger offensiv orientierte Strukturierung und Positionierung der eigenen Streitkräfte einzulassen. Dazu müssen ihre Sicherheitsbedürfnisse mit Maßnahmen zur Rüstungskontrolle vorsichtig austariert werden. In diesem Grad des Konflikts kann Rüstungskontrolle erstmals **vertrauensbildende Maßnahmen** initiieren, die weiter unten im Detail diskutiert werden. Auch sind erstmals **quantitative und qualitative Beschränkungen** denkbar. Dies bedeutet nach wie vor zwar Aufrüstung, aber eben deren Steuerung durch begrenzte Wachstumsraten, um nicht wieder in die gänzlich unkontrollierte Aufwärtsspirale des Aktions-Reaktions-Schemas zurückzufallen. Auch können Maßnahmen im qualitativen Bereich erfolgen. Bestimmte Technologien bei bestehenden Waffensystemen können limitiert oder verboten, unter Umständen sogar ganze Waffenkategorien – wie etwa inhumane Waffen oder Munition, von den oben bereits genannten Anti-Personenminen bis hin zu Dum-Dum-Geschossen oder Blend-Lasern – vom Schlachtfeld verbannt werden. In der Regel bestehen in diesem Konfliktgrad bereits institutionalisierte Kommunikations- und Verhandlungsforen zur Anbahnung solcher Vereinbarungen (Müller/Schörnig 2006: 128–130).

Überwiegend kooperative Beziehungen: Mit diesem Konfliktgrad sind erstmals nicht nur Maßnahmen zur Kontrolle und Steuerung der Aufrüstung, sondern die Einrichtung von festen **Obergrenzen** sowie zahlenmäßigen **Verminderungen** vereinbart. Für den Abbau von militärischen Kapazitäten gemäß vereinbarter Reduktionsziele ist Transparenz entscheidend, um restlichem Misstrauen keinen Nährboden zu bieten (Müller/Schörnig 2006: 130–131).

Sicherheitsgemeinschaft: Die Existenz einer Sicherheitsgemeinschaft wirkt sich auf sämtliche Facetten der zwischenstaatlichen Beziehungen aus, bedeutet aber für den hier interessierenden Rüstungs- und Militärbereich und die Maßnahmen der Rüstungskontrolle vor allem **ein Höchstmaß an Transparenz und Kooperation.** Rüstungskontrolle spielt sich hier nur noch mit dem Ziel des Vorantreibens militärischer Integration ab, reichend von gemeinsamen Manövern über Ausbildung bis hin zur Beschaffung. Die „Deutsch-Französische Brigade" wäre dafür ein Beispiel, ebenso das multinationale „Eurokorps" der Europäischen Union. Um Missverständnisse zu vermeiden: Die Nationalstaaten mit ihren Entscheidungsansprüchen und -befugnissen lösen sich in dieser Konstellation keinesfalls auf, vielmehr ist nur das zwischen ihnen existierende Sicherheitsdilemma entschärft. Nahezu idealtypisch ist also Misstrauen über Zeit der stabil gewordenen Erwartung gewichen, dass politische Veränderungen frei von Bedrohungen und friedlich vonstattengehen und internationale Sicherheit durch Kooperation effektiver und effizienter herstellbar ist als durch im Unilateralismus verharrende Rüstungsanstrengungen (Müller/Schörnig 2006: 131–132). Tabelle 1 fasst den hier grob skizzierten Überblick noch einmal auf einen Blick zusammen.

Tabelle 1 Konfliktgrade und Ziele sowie Maßnahmen der Rüstungskontrolle

Konfliktgrad	Ziele der Rüstungskontrolle	Maßnahmen der Rüstungs-kontrolle
Akute Feindschaft	▪ Beendigung von Kriegshand-lungen ▪ Entschärfung der Krise	▪ Vermitteln durch Dritte ▪ Verdichten der Kommunikation zwischen den Parteien
Chronische Feind-schaft	▪ Stabilisierung des Konflikts ▪ Eindämmung der Krisen- und Kriegsanfälligkeit (Vermeidung von Präemptionszwängen)	▪ Weiteres Verdichten der Kommu-nikation zwischen den Parteien ▪ Erhöhen der Transparenz
Angespannte, ge-mischte Beziehungen	▪ Weitere Stabilisierung der Beziehungen ▪ Nachhaltigere Kriegsverhütung	▪ Vertrauensbildende Maßnahmen ▪ Quantitative und qualitative Rüstungsbeschränkungen ▪ Abbau offensiver Kapazitäten
Überwiegend koope-rative Beziehungen	▪ Verhindern, dass restliches Miss-trauen bestimmend für die Beziehungen wird	▪ Weitere quantitative und qualita-tive Rüstungsbeschränkung ▪ Quantitative und qualitative Reduktionen ▪ Weitere Erhöhung der Trans-parenz
Sicherheitsgemein-schaft	▪ Weitreichende militärische Integration	▪ Vergemeinschaftung der Ver-teidigungsplanung ▪ Aufbau multinationaler Verbände

Quelle: Müller/Schörnig (2006: 132), mit minimalen Änderungen.

2.4.2.2.2 Vertrauensbildende Maßnahmen (VBM)

Das Ziel von vertrauensbildenden Maßnahmen (VBM) ist, wie der Name es nahe-legt, der Abbau von Misstrauen und der Aufbau von gegenseitigem Vertrauen zwischen den Konfliktparteien.

▶ **Vertrauensbildende Maßnahmen** setzen in gemischten, angespannten Bezie-hungen an und sollen diese stabilisieren sowie zu nachhaltiger Entspannung des politischen Klimas herbeiführen.

VBM können verschiedene Einzelmaßnahmen mit unterschiedlichen Reichwei-ten umfassen. **Symbolische Handlungen** und grundlegende Übereinkünfte, etwa in, wenngleich auf dieser Stufe noch unverbindlichen, schriftlichen Abkommen, wären ein möglicher Anfang. Erste **Bemühungen um mehr Transparenz**, um mit Blick auf Absichten und Kapazitäten übersteigertes oder unbegründetes Misstrauen zu verhindern, sind auf diesem Konfliktniveau ebenfalls denkbar. **Ver-besserung und Verstetigung der Kommunikation** spielt in diesem Zusammenhang ebenfalls eine wichtige Rolle – das weiter oben genannte „Rote Telefon" wäre dafür ein Beispiel. **Auch operative Beschränkungen** sind auf diesem Konfliktniveau denkbar, etwa die Ankündigung von Manövern oder Truppenbewegungen, die das Gegenüber als Bedrohung oder Angriffsvorbereitung interpretieren könnte (Müller/Schörnig 2006: 128–130). Historische Beispiele existieren dafür mannigfach, so wurde etwa die NATO-Übung *Able Archer* im Jahre 1983 von der UdSSR als Vorbereitung auf einen nuklearen Erstschlag missverstanden, eine fatale Entwicklung, die, wie erst Jahre später zutage gefördert wurde, beinahe einen „Atomkrieg aus Versehen" ausgelöst hätte (Rhodes 2008: 165–166; Blair 1993: 181; Hoffman 2009: 94–95).

Die Fallstricke der VBM werden im nächsten Abschnitt aufgegriffen, denn in der Logik des Sicherheitsdilemmas reicht mitunter schon ein geringes Maß an Misstrauen, um alle Bemühungen um mehr Kommunikation und Transparenz im Rahmen angespannter Beziehungen zu vergiften – denn niemand garantiert, zugespitzt formuliert, dass dies nicht alles perfide Täuschungsmanöver des Gegners sind. Die Reaktion auf diesen schwer auszuräumenden Fundamentalzweifel lautet: **Vertrauen ist gut, Kontrolle ist besser** – „trust, but verify" (Gallagher 1998b: 138). Dies führt zum Maßnahmenbündel der Verifikation.

2.4.2.2.3 Verifikationsmaßnahmen

In den vorangegangenen Abschnitten war die Rede von Kommunikation, Transparenz und dem Aufbau von Vertrauen. Doch lauert stets das Risiko des Betrugs, des Hintergangenwerdens, des Vertragsbruchs. Verifikation soll dem vorbeugen, indem **Informationen über Einhalt oder Nichteinhalt von Übereinkünften und Verträgen** gesammelt, analysiert sowie **Verstöße zuverlässig, eindeutig und zeitnah aufgedeckt** werden.

> ► **Verifikation** dient der Absicherung des oben angedeuteten Lernprozesses, indem sie die Option des Vertragsbruchs unattraktiv macht und durch wiederholtes gegenseitiges Bestätigen und Beweisen des Einhalts von Abmachungen über Zeit Vertrauen nachhaltig etablieren hilft.

Dies geschieht entweder wechselseitig durch die Vertragsparteien oder im Rahmen einer internationalen Organisation.[20] Verifikationsinstrumente sind vielge-

---

20 Zwar kommt in der Realität auch Informationen, die durch nationale Geheimdienste gesammelt werden, Relevanz bei der Beantwortung der Frage zu, ob sich ein Vertragspartner an

staltig. Sie können regelmäßigen **Informationsaustausch bzw. Datenaustausch** umfassen, auch den Austausch von Personal, bspw. zur Beobachtung von Manövern. Die **Beobachtung mit technischen Mitteln** ist ebenfalls üblich. Im Rahmen von Rüstungskontrollabkommen zwischen den USA und der UdSSR wurde beispielsweise vereinbart, dass Silos samt der Spitzen der darin befindlichen Interkontinentalraketen zu bestimmten Zeitpunkten geöffnet werden mussten, sodass die Satelliten des Kontrahenten die auf der Rakete angebrachten Sprengköpfe „zählen" konnten – eine Art Spionage via Satellit gemäß Verabredung. Der aus den bilateralen Verhandlungen zwischen den USA und der UdSSR hervorgehende START I-Vertrag enthielt **Verifikationsmaßnahmen, um die vertragskonforme Abrüstung von Waffensystemen sicherzustellen,** hier mit Blick auf das Außerdienststellen und systematische Zerstören von Trägersystemen durch ein vertraglich festgeschriebenes Regelwerk. Die Internationale Atomenergiebehörde (IAEO) wäre wiederum ein Beispiel für eine internationale Organisation mit Verifikationsaufgaben im Bereich der Rüstungskontrolle. Sie wacht im Rahmen des oben erwähnten NVV darüber, dass zivile Atomprogramme zur friedlichen Nutzung der Kernenergie nicht zu militärischen umfunktioniert werden. Dazu bedient sie sich nicht nur Inspektoren, die vor Ort **Kontrollen,** entweder mit Ankündigung oder unter bestimmten Umständen auch überraschend, durchführen, sondern auch diverser **technischer Hilfsmittel** wie Siegeln, Videoüberwachung oder Geräten zur kontinuierlichen Messung und Übermittlung bestimmter Parameter. Verifikation soll stets, unabhängig davon, welche Instrumente und Organisationsformen gewählt werden, gewisse Bedingungen erfüllen, um ihr Ziel zu erreichen: Sie muss **„zweckmäßig, adäquat, effektiv und angemessen"** (Müller/Schörnig 2006: 145, Hervorh. dort) sein. Das bedeutet, dass Verifikationsmaßnahmen grundsätzlich dazu geeignet sein müssen, Regeleinhaltung zu erkennen sowie Regelverstöße zuverlässig und zeitnah aufzudecken. Angemessenheit bedeutet, dass die Verifikationsmaßnahmen die Souveränität der Vertragsmitglieder nicht unnötig einschränken sollen (Müller/Schörnig 2006: 140–336; Goldblat 2002: 309–340).

Diese Ausführungen zu Verifikationsmaßnahmen sollten aber nicht den Eindruck erwecken, dass Verifikationsmaßnahmen, die diese Kriterien erfüllen, auch immer leicht zu erreichen sind. Das Gegenteil ist der Fall, denn Verifikation zuzustimmen bedeutet auch, dem Gegenüber Einblicke in sensible Bereiche nationaler Sicherheit zu gewähren, die dieser wiederum ausnutzen könnte, um anstelle zulässiger Verifikation unzulässige Spionage zu betreiben. Um auf diesem schma-

---

die gemeinsame Abmachungen hält. Allerdings soll hier Verifikation vorrangig als Prozess verstanden werden, auf den sich die Vertragspartner einigen konnten, um das gegenseitige Misstrauen zu reduzieren, womit geheimdienstliche Informationsbeschaffung außen vor bleibt.

len Grat zu wandeln, helfen meist nur sehr **detaillierte diplomatische Verhandlungen und kreative Verifikationsmaßnahmen.** Dafür ein Beispiel aus dem SALT II-Vertrag: Dieser sah vor, dass Interkontinentalraketen nur über eine bestimmte Anzahl von Sprengköpfen verfügen durften (unterhalb der maximalen Tragfähigkeit der Rakete). Um fremden Inspektoren nun eine Überprüfung zu ermöglichen, gleichzeitig aber keine technischen Geheimnisse preiszugeben, wurde sich auf Milchglasscheiben geeinigt, die zwar die Sprengköpfe zu sehen erlaubten, aber keine genaueren Details erkennen ließen (genauer bei Müller/Schörnig 2006: 168) – so konnte schließlich Sicherheitsbedenken trotz Verifikationsmaßnahmen stattgegeben werden.

2.4.2.2.4 Compliance

Führen nun Verifikationsmaßnahmen aber tatsächlich zu dem Verdacht, dass ein Vertragsbruch vorliegen könnte, dann greifen Compliance-Maßnahmen, um mit diesem Sachverhalt umzugehen.[21]

▶ **Compliance-Verfahren** zielen darauf ab, **Regelbefolgung und Vertragstreue** zur Durchsetzung zu verhelfen, indem sie im Vorhinein Regeln festlegen, nach denen Staaten, die gegen Rüstungskontrollabmachungen oder -verträge verstoßen haben, unter Druck gesetzt werden dürfen.

Selbstverständlich sind **unterschiedliche Grade von Verstößen** denkbar, für die wiederum unterschiedliche harte Compliance-Antworten zu formulieren sind. Ohne böse Absicht können Staaten mitunter schlicht irren, manchmal mangelt es auch an den notwendigen personellen oder technischen Ressourcen, um einen Vertrag vollständig regelkonform umzusetzen. Statt Sanktionen wären in diesem Fall, ganz im Gegenteil, Hilfeleistungen notwendig, um der Vertragspartei bei der Erfüllung ihrer Pflichten unter die Arme zu greifen. Darüber hinaus ist Compliance in bilateralen Vertragskonstellationen natürlich einfacher zu handhaben als etwa im Rahmen des nahezu alle Staaten der Welt betreffenden nuklearen Nichtverbreitungsvertrags.

Ausgehend vom Beispiel eines multilateralen Vertrags lässt sich ein Compliance-Verfahren in mehrere Schritte einteilen, die im Folgenden nur sehr knapp umrissen werden sollen. Zuerst muss der **Regelverstoß** festgestellt werden. Hierzu werden durch Verifikationsmaßnahmen gewonnene **Beweismittel** von der Vertragsgemeinschaft ausgewertet. Dieses Verfahren muss fair, gerecht und

---

21 Zu Fragen von Verifikation und Regeldurchsetzung aus völkerrechtlicher Sicht siehe Marauhn (1999).

transparent sein, um das Vertrauen in den Vertrag und die Legitimität des Verfahrens nicht in Frage zu stellen. Erst dann können im nächsten Schritt **Maßnahmen** beschlossen werden, um den Regelbrecher zu sanktionieren. **Sanktionen** können von symbolischen Akten über Wirtschaftsembargos bis hin zu – auf der allerhöchsten Stufe – militärischen Maßnahmen reichen. Die **Anwendung von Gewalt** ist dabei von den Vereinten Nationen und der Abstimmung im Sicherheitsrat abhängig, der alleine eine Bedrohung des Friedens und der internationalen Sicherheit feststellen und ein Mandat zur militärischen Intervention erteilen kann.

Compliance-Verfahren im Rahmen der Rüstungskontrolle laufen in der Praxis, vor allem im Falle schwerwiegender Verdachtsmomente, selbstverständlich nicht wie vorprogrammiert nach dem hier umrissenen Schema ab. Da sie letztendlich an nicht weniger als der Souveränität der Staaten rühren, handelt es sich hier um außerordentlich komplexe Prozesse mit politischen, juristischen, sozialen und technischen Dimensionen (Müller/Schörnig 2006: 148–156; Goldblat 2002: 336–345).

2.4.3   Debatten

In Abschnitt 2.4.1 wurde Rüstungskontrolle als theoretisches wie praktisches Projekt mit normativem Kern beschrieben. Rüstungskontrolle analysiert und theoretisiert also nicht nur Rüstungsdynamiken, um zu ergründen, was *ist,* sondern formuliert auch mögliche politische Reaktionen und transportiert somit eine Vorstellung davon, was sein *soll.* Und von fundamentaler Bedeutung ist dabei eben die Grundüberzeugung, dass Rüstungskontrolle Frieden und internationaler Sicherheit zuträglich ist, zumindest mehr als unkontrollierte Rüstung es sein kann. Es vermag vor dem Hintergrund normativer Überzeugungen und Ansprüche nicht zu verwundern, dass über Rüstung und Rüstungskontrolle stets sehr grundsätzliche und hitzige Debatten geführt wurden – und werden. Man kann sogar sagen, dass es sich dabei um einen der Themenkomplexe in den (I)B handelt, an dem sich Konflikte zwischen unterschiedlichen Überzeugungssystemen und Weltbildern bevorzugt entzünden (zwischen „Idealisten" und „Realisten", sogar zwischen „Tauben" und „Falken", wie es oft etwas holzschnittartig und den durchaus ernstzunehmenden Argumenten auf beiden Seiten nicht unbedingt gerecht werden heißt).

Eine **Fundamentalkritik** gegen Rüstungskontrolle hat Colin S. Gray gleichermaßen wohlformuliert wie erbarmungslos zugespitzt vorgebracht. Sie lautet wie folgt:

► Rüstungskontrolle ist unnötig, wenn sie möglich ist und unmöglich, wenn sie nötig ist (paraphrasiert nach Müller/Schörnig 2006: 133; Gallagher 1998a: 7–8).

Doch schon nach der Lektüre dieses kurzen Kapitels im vorliegenden Einführungsband dürfte klar geworden sein, dass *natürlich* in einer von chronischer Feindschaft oder angespannten Beziehungen charakterisierten Staatenbeziehung kein weitreichender Rüstungskontrollvertrag mit ambitionierten Reduktionszielen, umfangreichen Verifikationsmaßnahmen und schlagkräftigen Compliance-Mechanismen machbar ist. Erste Schritte, etwa vertrauensbildende Maßnahmen, sind hingegen sehr wohl möglich und finden realiter auch statt. Gray macht es sich mit seiner Kritik daher wohl ein wenig zu einfach, denn es ist in der Tat leicht, Rüstungskontrolle im Handstreich zu diskreditieren, indem man sie an viel zu hohen Erwartungen misst (Müller/Schörnig 2006: 133, 232).

Schwieriger ist es, substanzielle Kritik zu üben, die differenziert sowohl die Vorteile als auch die Nachteile, die Erfolge und Misserfolge von Rüstungskontrolle zur Kenntnis nimmt. Rüstungskontrolle ist nicht schwarz-weiße Ideologie und ihre Praxis folgt keinem, mit IB-theoretischem Gütesiegel versehenen Regelkatalog. Vielmehr ist Rüstungskontrolle eben genuin *politisch* im Sinne des geflügelten Wortes von „Politik als Kunst des Möglichen". Und möglich ist eben stets *etwas,* in Abhängigkeit von der konkreten Konfliktsituation – zunächst weniger und später vielleicht mehr, wie die Geschichte der Rüstungskontrolle allein in den vergangenen Jahrzehnten (von limitierten Nukleararsenalen bis hin zum Verbot von Chemiewaffen, um nur zwei Beispiele zu nennen) wiederholt gezeigt hat.

Harsche Kritik erntet die Rüstungskontrolle aber nicht nur von denen, die im Sinne der Sicherheit lieber auf Rüstung setzen, sondern auch aus dem „eigenen" Lager. So wird der klassischen Rüstungskontrolle immer wieder vorgeworfen, sie vertausche **Ursache und Wirkung.** Damit ergibt sich folgender Dissens:

► „**Abrüster**" insistieren, dass Waffen das Grundübel und die eigentliche Konfliktursache seien. „**Rüstungskontrolleure**" sehen Rüstung hingegen nur als *Folge* von zwischen Staaten bestehenden Konflikten.

Für Rüstungskontrolleure ist Abrüstung demensprechend ein Mittel zum Zweck, ein wichtiges zwar, aber eben nur ein Mittel. Eine abgerüstete Welt wäre in ihren Augen nicht sicherer, zumindest nicht ohne Weiteres, denn die Grundunsicherheit im internationalen Selbsthilfesystem bestünde fort. Es gewönne der, der die erste neue Atombombe – bzw. in diesem Fall die erste neue Steinschleuder – baute. Für „Abrüster" hingegen ist Abrüstung *nicht* nur ein Mittel, sondern das unbedingt anzustrebende *Ziel* (Müller/Schörnig 2006: 124; Larsen 2009: 3–4; Gallagher 1998a: 11).

Rüstungskontrolle, wie sie nach dem Zweiten Weltkrieg, maßgeblich beeinflusst durch den Ost-West-Konflikt und die Gefahr durch Massenvernichtungswaffen, von den Supermächten praktiziert wurde und sich etabliert hat, folgte und
folgt eindeutig der Weltsicht der Rüstungskontrolleure. Nicht zuletzt, um in der
Atmosphäre des Ost-West-Konflikts überhaupt Zugang zum politischen Prozess
zu erlangen, folgte Rüstungskontrolle nach dem Zweiten Weltkrieg – explizit im
Nuklearbereich – daher auch den etablierten Paradigmen und „kaufte" sich zentrale, für die herrschenden Denkmuster sinnstiftende Annahmen kurzerhand ein,
so etwa die (vermeintlich) starre Anarchie im internationalen System samt un-
überwindlichem Sicherheitsdilemma. Ihre Kritik und ihre politischen Alternativ-
vorschläge goss sie in ein angepasstes, rationalistisches, „realpolitisches", kurz: in
ein an den Zeitgeist anschlussfähiges Vokabular.[22] Sowohl das Vorhandensein der
Nuklearwaffen als auch die damit verbundene Abschreckungsdoktrin wurden akzeptiert und innerhalb dieses bestehenden Rahmens „nur" darauf abgezielt, die
Beziehungen zu stabilisieren und Abschreckung auf möglichst niedrigem Konfliktniveau zu bewahren.[23]

Inzwischen sind die Stimmen der Abrüster leiser geworden (zum Streit zwischen deutschen „Rüstungskontrolleuren" und „Abrüstern" siehe Rosert (2011)).
Rüstungskontrolleure müssen sich von den Abrüstern aber dennoch zumindest
den Vorwurf gefallen lassen, dass mit ihrem Ansatz ein gewisser Preis verbunden ist, vor allem das weitgehende Ausblenden moralischer Kosten der Rüstung
betreffend. Robert J. Oppenheimer (zitiert nach Brodie (1946b: 73) und Thorpe
(2004: 68)), der wissenschaftliche Leiter des Manhattan-Projekts und als „Vater
der Bombe" bekannte Physiker bezeichnete Nuklearwaffen als „weapons of aggression, of surprise, and of terror" und stellte erschüttert fest: „We have made a
thing that by all the standards of the world we grew up in is an evil thing". Diese
eigentlich doch simple und keinesfalls leicht von der Hand zu weisende Einsicht,
dass nukleare Massenvernichtungswaffen mit ihrer unterschiedslosen und alle
Maßstäbe sprengenden Zerstörungskraft eben an sich „evil" sind, hat zwar viel
zivilgesellschaftliche Resonanz erzeugt (etwa im *Nuclear Freeze Movement* der
1980er Jahre), spielt im technisch-nüchternen Diskurs des nuklearen Rüstungs-
kontrollestablishments aber allenfalls eine marginale Rolle.

▶ Nukleare Rüstungskontrollpolitik war (und ist) eben nüchterne *Interessen*politik.

---

22 Schon ganz grundlegende Elemente des Sprachgebrauchs – u. a. seit den frühen 1960ern von
    „Rüstungskontrolle" und eben nicht mehr von „Abrüstung" zu sprechen, um sich nicht dem
    Verdacht des Utopismus auszusetzen – zeugen von dieser Entwicklung (Larsen 2009: 4).
23 Vgl. hierzu auch die Ausführungen zu nuklearer Abschreckung im Kapitel *Strategie* (2.2.3.1).

Demzufolge ist sie mit anderen Fragen befasst: mit strategischer Stabilität, Spielarten und Finessen der Abschreckungsstrategie, *targeting*-Doktrinen, Kräfteverteilung, Trägersystem-Obergrenzen, Zählregeln, Verifikationsmechanismen und vielen, vielen dazugehörigen politischen, technischen und juristischen Details – dass die Abrüstung von Nuklearwaffen aber zuallererst eine *moralische* Verpflichtung sein könnte, dieser basale Punkt ist erst jüngst mit dem Aufkeimen der *Global Zero*-Bewegung wieder vernehmlicher geäußert worden.

Aktuell sieht sich die internationale Rüstungskontrolle mit einigen **Schwierigkeiten und Herausforderungen** konfrontiert. Bei vielen multilateralen Abkommen – etwa zu Bio- und Chemiewaffen – geht es nicht entscheidend voran, und auch die nukleare Abrüstung zwischen den USA und Russland erscheint angesichts sich verschlechternder Beziehungen weiter ins Stocken zu geraten. Während man hinsichtlich letzterer noch gut auf den Grad der zwischenstaatlichen Beziehungen als Einflussgröße für mögliche weitere Rüstungskontrollmaßnahmen verweisen kann, steht Rüstungskontrolle inzwischen auch von anderer Seite unter Druck. Denn gerade im konventionellen Bereich scheint die oben beschriebene, eher quantitativ ausgerichtete Rüstungskontrolle aktuell an Grenzen zu stoßen. War es im Kalten Krieg, salopp formuliert, noch ausreichend, Raketen, Sprengköpfe oder Flugzeuge und Panzer zu zählen und die vereinbarten Obergrenzen zu verifizieren, so stellen aktuelle technische Entwicklungen solch klassische Herangehensweisen zunehmend in Frage. Denn spätestens seit dem Golfkrieg 1991 setzt sich bei westlichen Staaten – allen voran den USA – eine so genannte *Revolution in Military Affairs* (RMA) durch, die auf Präzision, Aufklärung, *stealth* und vor allem Vernetzung der Streitkräfte setzt – und damit *qualitative* Faktoren konventioneller Rüstung in den Vordergrund rückt.

Zentral für die RMA ist, dass die militärische Wirkung nicht mehr durch ein Waffensystem, sondern durch das synchronisierte Zusammenspiel vieler einzelner Komponenten erzielt wird. Man spricht in diesem Zusammenhang von einem „System der Systeme". Gelingt es z. B. durch bessere Aufklärung, eine Rakete im richtigen Moment auf ein bestimmtes Ziel abzuschießen, so kann diese Rakete trotz eines kleineren Sprengkopfs mehr Schaden erzielen als dies noch vor wenigen Jahren möglich gewesen wäre. Die prototypische Waffe dieser RMA ist die bewaffnete und vom Radar schwer zu erfassende Kampfdrohne, die mit ihrer Fähigkeit zur ausdauernden Beobachtung einen optimalen Angriffszeitpunkt wählen lässt (Sauer/Schörnig 2012; Müller/Schörnig 2010). Aus Sicht eines Rüstungskontrolleurs stellt sich nun die Frage, *was* genau eigentlich *wie* „kontrolliert" werden soll, wenn die Waffenwirkung durch das komplexe Zusammenspiel vieler Komponenten erzeugt wird. Soll die Leistungsfähigkeit einzelner Komponenten herausgegriffen werden (z. B. die Traglast von Drohnen, die Sprengkraft von Raketen oder der maximale Datendurchsatz einer Kommunikationsverbindung?).

Oder soll der Fokus eher auf der Wirkung des Gesamtsystems liegen (Müller/ Schörnig 2001)?

Eine Antwort könnte in der sogenannten **„präventiven Rüstungskontrolle"** liegen, im Rahmen derer absehbare technologische Entwicklungen auf ihre militärische Anwendbarkeit und ihr destabilisierendes Potenzial hin bewertet werden und Staaten sich bereits im Vorfeld entschließen, bestimmte Entwicklungen nicht zu forcieren oder zu unterstützen (Altmann 2008). Allerdings zeigt die Vergangenheit, dass trotz begründeter Bedenken und mahnender Worte technologische Entwicklungen häufig doch ihren Weg in die militärischen Arsenale finden und es dann aufwendiger Rüstungskontrollmaßnahmen bedarf, um diese Entwicklungen hinterher wieder einzuhegen.

So legt dieses Kapitel über die Bedeutung von Rüstungskontrolle für die internationale Sicherheit insgesamt den Schluss nahe, dass solange die Rüstungsdynamik weitergeht Rüstungskontrolle ihrerseits stets **gebraucht** und **beschäftigt** bleiben wird.

Fragen zum Kenntnisstand

(1) Warum beschaffen Staaten sich Mittel zur organisierten, militärischen Gewaltausübung, kurz: Warum rüsten Staaten? Und: Welche verschiedenen Perspektiven lassen sich zur Beantwortung dieser Frage einnehmen?
(2) Welche drei Ziele werden mit Rüstungskontrolle verfolgt?
(3) Welcher Maßnahmen bedient sich Rüstungskontrollpolitik?
(4) Welche Kritik wird gegen Rüstungskontrolle vorgebracht?

Fragen zum selbständigen Weiterdenken

(1) Welcher der vorgestellten Denkansätze beantwortet die Frage nach den Ursachen und Gründen der Rüstungsdynamik am überzeugendsten – oder ist vielleicht keiner der präsentierten Denkansätze alleine und allgemein tragfähig?
(2) Ist Rüstungskontrolle nur ein Überbleibsel aus dem Ost-West-Konflikt und in der Gegenwart überhaupt nicht mehr zeitgemäß?
(3) Ist eine „abgerüstete Welt", eine Welt ohne Waffen wünschenswert? Warum ja, warum nein?
(4) Wäre eine Welt ohne Waffen sicherer? Falls nein: Wie müsste eine Welt ausgestaltet sein, in der keine staatlichen Waffenarsenale mehr benötigt würden?
(5) Wäre eine Welt ohne Nuklearwaffen („Global Zero") wünschenswert? Falls ja: Wie wäre sie zu erreichen? Wäre diese Welt sicherer?

(6) Die Entwicklung der Atombombe hat Rüstungskontrolle im letzten Jahrhundert einen neuen Stellenwert und ungeahnte Herausforderungen beschert. Welche technologischen Entwicklungen der Gegenwart bergen das Potenzial für neue Rüstungsdynamiken und somit neue Herausforderungen für Rüstungskontrolle im 21. Jahrhundert? Denken Sie an folgende Beispiele (und die Querverbindungen zwischen diesen): Robotik, Nanotechnologie, Biotechnologie.

(7) Welche neuen Räume könnten bald Schauplätze von Rüstungsdynamiken sein? Vielleicht der Cyberspace? Der Weltraum?

Empfohlene Literatur

Eine empfehlenswerte Einführung ins Thema in deutscher Sprache bietet das folgende Lehrbuch:

- *Müller, Harald/Schörnig, Niklas* 2006: Rüstungsdynamik und Rüstungskontrolle: Eine exemplarische Einführung in die Internationalen Beziehungen, Baden-Baden.

Der aktuelle Stand der Rüstungskontrolle findet sich im jährlich erscheinenden „Friedensgutachten", abrufbar unter www.friedensgutachten.de

Wer an den Anfängen der nuklearen Rüstungskontrolle interessiert ist, der sei auf das Buch von Thomas Schelling und Morton Halperin verwiesen:

- *Schelling, Thomas C./Halperin, Morton H.* 1975 [1961]: Strategy and Arms Control, Millwood, NY.

Eine vertiefende Beschäftigung mit dem Thema in deutscher Sprache ermöglicht dieser Sammelband:

- *Neuneck, Götz/Mölling, Christian* (Hrsg.) 2005: Die Zukunft der Rüstungskontrolle, Baden-Baden.

Eine vertiefende Beschäftigung mit dem Thema in englischer Sprache ermöglicht:

- *Larsen, Jeffrey A./Wirtz, James J.* (Hrsg.) 2009: Arms Control and Cooperative Security, Boulder, CO.

Ein Plädoyer für die Erneuerung (oder Beschneidung?) der Rüstungskontrolle vor dem Hintergrund des internationalen Terrorismus findet sich bei:

- *Levi, Michael A./O'Hanlon, Michael E.* 2005: The Future of Arms Control, Washington, D.C.

Die Entwicklung der Atombombe sowie der Wasserstoffbombe hat der Historiker Richard Rhodes beschrieben:

- *Rhodes, Richard* 1986: The Making of the Atomic Bomb, New York, NY.
- *Rhodes, Richard* 2005: Dark Sun: The Making of The Hydrogen Bomb, New
  York, NY.

An der Geschichte des nuklearen Rüstungswettlaufs Interessierte werden ebenfalls bei Rhodes fündig:

- *Rhodes, Richard* 2008: Arsenals of Folly: The Making of the Nuclear Arms
  Race, New York, NY.

Literatur

Altmann, Jürgen 2008: Präventive Rüstungskontrolle, in: Die Friedens-Warte 83: 2: 3.

Ashley, Richard K. 1986: The Poverty of Neorealism, in: Keohane, Robert O. (Hrsg.): Neo-
realism and its Critics, New York, NY, 255–300.

Blair, Bruce G. 1993: The Logic of Accidental Nuclear War, Washington, DC.

Bormann, Natalie 2008: National Missile Defense and the Politics of US Identity, Manchester.

Brodie, Bernard (Hrsg.) 1946a: The Absolute Weapon: Atomic Power and World Order, New
York, NY.

Brodie, Bernard 1946b: Implications for Military Policy, in: Brodie, Bernard (Hrsg.): The Absolute Weapon: Atomic Power and World Order, New York, NY, 70–107.

Burns, Richard Dean 1993: An Introduction to Arms Control and Disarmament, in: Burns,
Richard Dean (Hrsg.): Encyclopedia of Arms Control and Disarmament, New York,
NY, Vol. 1, 1–12.

Buzan, Barry/Herring, Eric 1998: The Arms Dynamic in World Politics, Boulder, CO.

Carr, Edward H. 2001 [1939]: The Twenty Years' Crisis 1919–1939: An Introduction to the
Study of International Relations, Houndmills.

Carter, Ashton B. 2001: Keeping the Edge: Managing Defense for the Future, in: Carter,
Ashton B./White, John P (Hrsg.): Keeping the Edge: Managing Defense for the Future, Cambridge, MA, 1–25.

Czempiel, Ernst-Otto 1998 [1986]: Friedensstrategien, 2. Auflage, Opladen.

Eyre, Dana P./Suchman, Mark C. 1996: Status, Norms, and the Proliferation of Conventio-
nal Weapons: An Institutional Theory Approach, in: Katzenstein, Peter (Hrsg.): The
Culture of National Security: Norms and Identity in World Politics, New York, NY,
79–113.

Florini, Ann M. 1998: A New Role for Transparency, in: Gallagher, Nancy W. (Hrsg.): Arms
Control: New Approaches to Theory and Policy, London, 51–72.

Freedman, Lawrence 2004: Deterrence, Cambridge.

Freedman, Lawrence 2006/7: Iraq, Liberal Wars and Illiberal Containment, in: Survival 48: 4,
51–65.

Gallagher, Nancy W. 1998a: Bridging the Gap on Arms Control, in: Gallagher, Nancy W. (Hrsg.): Arms Control: New Approaches to Theory and Policy, London, 1–24.

Gallagher, Nancy W. 1998b: The Politics of Verification: Why ‚How Much?' is not Enough, in: Gallagher, Nancy W. (Hrsg.): Arms Control: New Approaches to Theory and Policy, London, 138–170.

Goldblat, Jozef 2002: Arms Control: The New Guide to Negotiations and Agreements, London.

Guzzini, Stefano 2004: The Enduring Dilemmas of Realism in International Relations, in: European Journal of International Relations 10: 4, 533–568.

Guzzini, Stefano/Leander, Anna (Hrsg.) 2006: Constructivism and International Relations: Alexander Wendt and His Critics, Milton Park.

Helmig, Jan 2011: Startschuss für Laser als aktive Waffensysteme? Zur aktuellen Debatte um die Entwicklung von Energiewaffen, in: Österreichische Militärische Zeitschrift 49: 2, 190–195.

Hoffman, David E. 2009: The Dead Hand: The Untold Story of the Cold War Arms Race And its Dangerous Legacy, New York, NY.

Hymans, Jacques E. C. 2010: When Does a State Become a „Nuclear Weapon State": An Exercise in Measurement Validation, in: Nonproliferation Review 17: 1, 161–180.

Jacobs, Andreas 2003: Realismus, in: Schieder, Siegfried/Spindler, Manuela (Hrsg.): Theorien der Internationalen Beziehungen, Opladen, 35–60.

Keohane, Robert O. (Hrsg.) 1986: Neorealism and Its Critics, New York, NY.

Krell, Gert 2009: Weltbilder und Weltordnung. Eine Einführung in die Theorie der internationalen Beziehungen, 4. überarbeitete und aktualisierte Auflage, Baden-Baden.

Larsen, Jeffrey A. 2009: An Introduction to Arms Control and Cooperative Security, in: Larsen, Jeffrey A./Wirtz, James J. (Hrsg.): Arms Control and Cooperative Security, Boulder, CO, 1–20.

MacKenzie, Donald 1993: Inventing Accuracy: A Historical Sociology of Nuclear Missile Guidance, Cambridge, MA.

MacKenzie, Donald/Spinardi, Graham 1995: Tacit Knowledge, Weapons Design, and the Uninvention of Nuclear Weapons, in: American Journal of Sociology 101: 1, 44–99.

Marauhn, Thilo 1999: Die Durchsetzung von Rüstungskontroll- und Abrüstungsvereinbarungen, in: Die Friedens-Warte 74: 1, 159–186.

Masala, Carlo 2005: Kenneth N. Waltz: Einführung in seine Theorie und Auseinandersetzung mit seinen Kritikern, Baden-Baden.

Moravcsik, Andrew 1997: Taking Preferences Seriously: A Liberal Theory of International Politics, in: International Organization 51: 4, 513–553.

Morgan, Patrick 2003: Deterrence Now, Cambridge.

Morgenthau, Hans J. 2005 [1948]: Politics Among Nations: The Struggle for Power and Peace, 7. Auflage, Boston, MA.

Müller, Harald 1989: Technologie und Sicherheitspolitik. Der Einfluss von technischem Wandel auf Strategie und Rüstungskontrolle, in: Hacke, Christian/Knapp, Manfred (Hrsg.): Friedenssicherung und Rüstungskontrolle in Europa, Köln, 173–209.

Müller, Harald 1996: Von der Feindschaft zur Sicherheitsgemeinschaft – Eine neue Konzeption der Rüstungskontrolle, in: Meyer, Berthold (Hrsg.): Eine Welt oder Chaos?, Frankfurt a. M., 399–426.

Müller, Harald/Schörnig, Niklas 2001: RMA and Nuclear Weapons – A Calamitous Link for Arms Control?, in: Disarmament Forum 3: 4, 17–26.

Müller, Harald/Schörnig, Niklas 2006: Rüstungsdynamik und Rüstungskontrolle: Eine exemplarische Einführung in die Internationalen Beziehungen, Baden-Baden.

Müller, Harald/Schörnig, Niklas 2010: Drohnenkrieg. Die konsequente Fortsetzung der westlichen Revolution in Military Affairs, in: Aus Politik und Zeitgeschichte 50, 16–23.

Paul, T. V. 2009: The Tradition of Non-Use of Nuclear Weapons, Stanford, CA.

Peoples, Columba 2010: Justifying Ballistic Missile Defense: Technology, Security and Culture, Cambridge.

Reppy, Judith 1990: The Technological Imperative in Strategic Thought, in: Journal of Peace Research 27: 1, 101–106.

Rhodes, Richard 2008: Arsenals of Folly: The Making of the Nuclear Arms Race, New York, NY.

Rosert, Elvira 2011: Rüstung, Rüstungskontrolle und Abrüstung, in: Schlotter, Peter/Wisotzki, Simone (Hrsg.): Friedens- und Konfliktforschung, Baden-Baden, 252–281.

Sagan, Scott D. 1996: Why Do States Build Nuclear Weapons?: Three Models in Search of a Bomb, in: International Security 21: 3, 54–86.

Sauer, Frank 2008: Die Rückkehr der Bombe? Nichtgebrauch von Nuklearwaffen und internationaler Terrorismus, Saarbrücken.

Sauer, Frank/Schörnig, Niklas 2012: Killer Drones – The Silver Bullet of Democratic Warfare?, in: Security Dialogue 43 (4): 363–380.

Schieder, Siegfried 2003: Neuer Liberalismus, in: Schieder, Siegfried/Spindler, Manuela (Hrsg.): Theorien der Internationalen Beziehungen, Opladen, 169–198.

Schörnig, Niklas 2003: Neorealismus, in: Schieder, Siegfried/Spindler, Manuela (Hrsg.): Theorien der Internationalen Beziehungen, Opladen, 61–88.

Schwartz, Stephen I. 1998: U.S. Nuclear Weapons Cost Study Project. Brookings Institution, Washington, DC, in: http://www.brookings.edu/projects/archive/nucweapons/schwartz.aspx; 01.03.2012.

SIPRI 2011a: Recent Trends in Military Expenditure, in: http://www.sipri.org/research/armaments/milex/resultoutput/trends; 03.11.2011.

SIPRI 2011b: The Top 20 Arms Exporters, 2006–2010, in: http://www.sipri.org/googlemaps/at_top_20_exp_map.html; 10.11.2011.

Tannenwald, Nina 2007: The Nuclear Taboo: The United States and the Non-Use of Nuclear Weapons Since 1945, Cambridge.

Thorpe, Charles 2004: Violence and the Scientific Vocation, in: Theory Culture Society 21: 3, 59–84.

Ulbert, Cornelia 2003: Sozialkonstruktivismus, in: Schieder, Siegfried/Spindler, Manuela (Hrsg.): Theorien der Internationalen Beziehungen, Opladen, 409–440.

Walker, William 2012: A Perpetual Menace: Nuclear Weapons and International Order, New York, NY.

Waltz, Kenneth N. 1959: Man, the State and War: A Theoretical Analysis, New York, NY.

Waltz, Kenneth N. 1979: Theory of International Politics, Reading, MA.

Wendt, Alexander 1992: Anarchy Is What States Make of It: The Social Construction of Power Politics, in: International Organization 46: 2, 391–425.

Wendt, Alexander 1999: Social Theory of International Politics, Cambridge, MA.

Wulf, Herbert 2000: Wo ist die Friedensdividende geblieben?, in: Nuscheler, Franz (Hrsg.): Entwicklung und Frieden im 21. Jahrhundert. Zur Wirkungsgeschichte des Brandt-Berichts, Bonn, 186–207.

Zehfuß, Maja 1998: Sprachlosigkeit schränkt ein. Zur Bedeutung von Sprache in konstruktivistischen Theorien, in: Zeitschrift für Internationale Beziehungen 5: 1, 109–137.

Dieses Bild zeigt den Einsatz einer Anti-Terror-Einheit in Venedig. Spätestens seit den Anschlägen vom 11. September 2001 sieht sich die internationale Gemeinschaft einer Reihe neuer Sicherheitsrisiken gegenüber. Während konventionelle Streitkräfte bis zum Ende des Kalten Krieges als Garant nationaler Sicherheit galten, verlangen diese neuen Risiken auch nach neuen Ansätzen bei der Gewährleistung internationaler Sicherheit.

Bildquelle: Wikimedia Commons.

Internationale Sicherheit: Neuere Ansätze 3

Philipp Klüfers

Wenn Begrifflichkeiten und Grundannahmen politologischer Sicherheitskonzepte neu definiert werden, scheint sich in der Regel ein „Wandel" oder „Umdenken" von sicherheitspolitischen Fragestellungen eingestellt zu haben. So können sich übergeordnete Bedrohungskonstellationen auflösen, bisher unbekannte oder irrelevante sicherheitspolitische Akteure an Gewicht gewinnen oder maßgebliche Umweltbedingungen entscheidend verändern. Sicherheitsforscher müssen daher „neue" Fragen stellen, wenn ebensolche politische Veränderungen eintreten: Wer oder was ersetzt die beiden Pole, die die USA und Sowjetunion während des Kalten Krieges bildeten? Was bedeutet das Phänomen des internationalen Terrorismus für sicherheitspolitische Erwägungen? Steht der Klimawandel im Zusammenhang mit sicherheitspolitischen Herausforderungen?

Wenn also ein neues Konzept oder eine neue Definition internationaler Sicherheit nachzuvollziehen ist, muss der Forscher die Veränderungen der sicherheitspolitischen Praxis *und* deren akademische Reflexion zur Kenntnis nehmen. Wer von **„Erweiterter Sicherheit"** im Sinne eines sich gewandelten oder gänzlich neuen Konzepts spricht, reagiert dabei auf einen Begriffswandel, der auf zwei genealogische Entstehungsbedingungen zurückzuführen ist. Der erste Umstand mag der historischen Tatsache geschuldet sein, nach der der Zusammenbruch der Sowjetunion ein sicherheitspolitisches Vakuum hinterlassen hatte. Die systemische Polarität zweier großer Gegner zerbrach schlagartig, und so sah sich der militarisierte Westen mit einem Mal ohne konventionelle, direkte Bedrohung durch ein gleichwertiges Gegenüber konfrontiert. Die Erweiterung des Sicherheitsbegriffs erinnert somit an ein „Auffüllen des Sicherheitsloches", um nicht-militärische, indirekte Bedrohungsformen als neue Aufgabe staatlicher und kooperativer Sicherheitsfürsorge zu autorisieren. Zum anderen vollzog sich mit dem **Wandel des internationalen Systems** nach 1991 auch eine Veränderung der politologischen Reflexion. Während die in realistischer Tradition formulierten sicherheitspolitischen Terminologien während des Kalten Krieges in hohem Maße Anerkennung fanden, erfuhren alternative Perspektiven nach dem Ende des Kalten Krieges eine akademische Aufwertung. Dem Unvermögen realistischer Sicherheitsforscher, die weltpolitischen Ereignisse Anfang der 1990er Jahre hinreichend zu erklären, folgte ein Aufschwung neuer, zunehmend aus konstruktivistischen und Kritischen Theorien abgeleiteter Sicherheitskonzepte.[1]

Nach Baldwin (1995) sind diese **akademischen Neuorientierungen** grundsätzlich auf eine empirische Grundannahme zurückzuführen:

▸ Weil innerhalb des Internationalen Systems militärische Macht an Geltungskraft verloren hat, steigt die Notwendigkeit eines Überdenkens der bisherigen Annahmen zum politologischen Sicherheitsbegriff – und damit einer „erweiterten Sicht" auf sicherheitspolitische Zusammenhänge.

Um den Konnex zwischen politischer und wissenschaftlicher Reflexion nachvollziehen zu können, werden nachfolgend mit der kurzen Skizzierung der NATO- und EU-Sicherheitsagenda zwei konkrete Programmatiken nach 1991 vorgestellt und in Zusammenhang mit den konzeptuellen Entstehungsbedingungen des Erweiterten Sicherheitsbegriffs gebracht.

Fast über 40 Jahre bestimmte der Ost-West-Konflikt die Sicherheitsagenden des westlichen und östlichen Blocks. Obwohl in den sicherheitspolitischen Programmen der NATO und des Warschauer Paktes im Laufe der Zeit strategische Anpassungen zwischen Entspannung und Abschreckung vorgenommen wurden, umfasste der Sicherheitsbegriff hauptsächlich militärische Dimensionen: Es galt, einen Dritten Weltkrieg zu verhindern (Nef 1999: 11).[2] Staaten trugen die maßgebliche Verantwortung zur Gewährleistung dieses Ziels. Nach 1991 änderten sich die Bedrohungswahrnehmungen mit dem Wegfall eines unmittelbaren Gegners – und somit die Sicherheitsziele der Hauptakteure internationaler Politik. Dieser Wandel lässt sich paradigmatisch an den Programmentwürfen der NATO und der EU nachzeichnen. Denn auch wenn sich die Ereignisse am Ende des Kalten Krieges hauptsächlich auf europäischem Territorium abspielten, leiteten sie doch das „Ende einer Ära" für das internationale System ein (Buzan 1991a: 432). Die NATO- und EU-Sicherheitsagenden nach 1991 sind in diesem Sinne als „Gussform" trans-

---

1   Nicht sämtliche alternativen Ansätze zur traditionellen Sicherheitsforschung wurden erst nach 1991 debattiert. Für eine Einführung in die verschiedenen Theorien der Internationalen Beziehungen vgl. Krell (2009). Vgl. in diesem Zusammenhang auch die Ausführungen zu IB-Theorien im Kapitel über *Rüstung- und Rüstungskontrolle* (S. 121–122 und Unterkapitel 2.4.2.1).

2   Vgl. hierzu auch die Ausführungen zu nuklearer Abschreckung im Kapitel *Strategie* (2.2.3.1).

atlantischer und europäischer Bedrohungswahrnehmung auszulegen, deren Interpretation die Begriffsschöpfung der „Erweiterten Sicherheit" rechtfertigen kann.
Die kurze Skizzierung der NATO- und EU-Programme ist ferner als Einlei-
tung zum besseren Verständnis zweier sich seit 1991 entwickelnden Debatten zur
Erweiterten Sicherheitsforschung zu verstehen. Obwohl die Bezeichnung „Erweiterte Sicherheit" in beiden Sicherheitsagenden als entscheidendes Qualifika-
tionsmerkmal vorzufinden ist, besteht im Verhältnis zur militärischen Grundfor-
mel Uneinigkeit: Welche Rolle sollen klassisch-militärische Kapazitäten nach dem
Wegfall direkter Bedrohungen nach 1991 spielen? Sind klassische Armeen noch
immer geeignet, den indirekten Bedrohungen des 21. Jahrhunderts angemessen zu
begegnen? Entscheidungsträger aus NATO- und EU-Gremien beantworten diese
Fragen im Kerngehalt durchaus unterschiedlich; und überraschenderweise lässt
sich diese **regionale Differenz** auch in der akademischen Reflexion des Erweiterten Sicherheitsbegriffs feststellen. Zweifelsohne können die Diskrepanzen der wissenschaftlichen Aufarbeitung nicht ausschließlich auf regionale Entstehungsbedingungen zurückgeführt werden. Nichtsdestotrotz erscheint beim Versuch, die
Subdisziplin der Erweiterten Sicherheitsforschung einzugrenzen, zumindest eine
kurze Bemerkung zu den räumlichen Abweichungen angemessen.

Für die teilweise hohe akademische Divergenz europäischer und US-amerikanischer Sicherheitsforschung nach 1991 können mitunter unterschiedliche soziologische Voraussetzungen verantwortlich gemacht werden (Wæver 1998). So
engagieren sich US-amerikanische Sicherheitsforscher neben intrarealistischen
Auseinandersetzungen[3] eher in konstruktivistisch-rationalistischen Debatten,
während sich europäische Akademiker eher der Diskussion um Kritische Theo-
riefamilien verschrieben zu haben scheinen (Wæver 2004: 3). Ein Großteil der in
diesem Beitrag vorgestellten Ansätze ist das Ergebnis europäischer Forschungsar-
beiten: Forscher der *Critical Security Studies,* der poststrukturalistischen Sicherheitsforschung, *Security Governance,* Versicherheitlichung oder Pariser Schule
genießen hauptsächlich in europäischen Forschungseinrichtungen akademische
Anerkennung – während sie innerhalb der US-amerikanischen Forschergemeinde
bislang nahezu unbemerkt blieben. Die Arbeiten der konstruktivistischen Sicherheitsforschung entstammen größtenteils US-amerikanischen Forschungseinrichtungen und wurden im Laufe der Zeit in europäischen Universitäten aufgenommen. Die Entstehung der *Human Security* und *Gender Security*-Ansätze ist
schließlich auf europäisch-nordatlantische Zusammenarbeiten zurückzuführen.

---

3   Die intrarealistische Debatte umfasst im Wesentlichen den Streit um die Erklärungskraft des
„defensiven" (Walt [1990]) gegenüber dem „offensiven" Neorealismus (Mearsheimer 1994).
Vgl. hierzu auch die entsprechenden Ausführungen im Kapitel *Krieg und Frieden* (S. 44–45).

Die Heterogenität US-amerikanischer und europäischer Sicherheitsforschung muss selbstredend unter Berücksichtigung des ständigen akademischen Austauschs beurteilt werden. Die Geburt wissenschaftlicher Theorieschulen ist selten ausschließlich auf lokale Begebenheiten zurückzuführen, auch wenn zahlreiche Ortsbezeichnungen[4] eine solche Beziehung suggerieren. Wenn allerdings regionale Gesichtspunkte als Ursache unterschiedlicher soziologischer, politischer und rechtlicher Voraussetzungen für wissenschaftliche Arbeit verstanden werden, erscheint ein Zusammenhang eher nachvollziehbar. Unter ähnlichem Vorzeichen sollte demgemäß die nachfolgende Skizzierung der transatlantischen und europäischen Sicherheitsagenda aufgefasst werden.

NATO-Erweiterung und neue Bedrohungen
Nach dem Zusammenbruch der Sowjetunion 1991 wurde eine Reformulierung transatlantischer Sicherheitsstrategien erwartet.[5] Allerdings überlagerten zunächst klassische Sicherheitsinteressen die Frage, was unter Stabilität und Sicherheit nach Ende des Kalten Krieges zu verstehen sei. So blieb die NATO als maßgebliches Instrument westlicher Sicherheitsinteressen bestehen, obgleich ein – durch den Wegfall einer unmittelbaren, „**direkte[n] Bedrohung**" (Varwick 2008: 42) ausgelöster – Transformationsprozess einsetzte.[6] Ohne den sowjetischen Feind sah sich das Verteidigungsbündnis nun einer **Vielzahl heterogener Akteure** gegenüber, denen nicht mit einer einheitlichen Strategie begegnet werden konnte (Snidal 1995: 47–46). Statt militärischer Konfrontation öffnete sich so das Bündnis sukzessive gegenüber kooperativen und integrativen Sicherheitsstrukturen, um politische Konfliktregulierungsstrategien auszubauen und die Beziehungen zu ehemaligen Mitgliedern des Warschauer Paktes zu festigen. Die Hinwendung zu politisch-diplomatischen Steuerungsmechanismen als Komplement zu militärischen Strukturen folgte dabei aus der veränderten Bedrohungsperzeption: Mögliche Sicherheitsgefährdungen identifizierten die NATO-Mitglieder gemäß der Londoner Erklärung nicht mehr ausschließlich auf militärischer Ebene – und bedingten damit Überlegungen zu neuen, **nicht-militärischen Instrumenten** zur Schaffung der Bündnissicherheit.

Neben ökonomischen und sozialen Faktoren (Moore 2007: 41–42) standen allmählich auch ökologische Fragen – etwa zur Energiesicherheit (Riecke 2008) und Umweltsicherheit (Barnett 2001: 82–83) – und Anpassungen an die infor-

---

4 Im Bereich der Erweiterten Sicherheitsforschung beziehen sich in diesem Sinne die Ortsbezeichnungen Aberystwyth, Kopenhagen und Paris auf die Kennzeichnung unterschiedlicher Theorieschulen. Die Denker der Franfurter Schule gelten ferner als Inspiration für poststrukturalistische und genderorientierte Sicherheitsforscher.
5 Vgl. hierzu die Ausführungen zum Strategiebegriff im Kapitel *Strategie* (2.2.1).
6 Vgl. hierzu auch die Ausführungen zur NATO nach 1990 im Kapitel *Allianzen* (2.3.3.4).

mations- und kommunikationstechnologischen Neuerungen (Duignan 2000: 52) im Vordergrund. Nichtsdestotrotz blieb die militärische Grundausrichtung im Selbstverständnis der NATO bestehen, obwohl strategische Konsequenzen aus dem Wegfall der direkten Bedrohung gezogen wurden: Da sich mögliche Bedrohungsszenarien nun weniger auf Großkriege bezogen, reorganisierte man flexibel-mobile Streitkräfte- und Kommandostrukturen.[7] Auf dem Washingtoner Gipfel von 1999 wurde der NATO-Strategiewechsel um zivil-militärische Kooperationskomponenten erweitert und an Sicherheitsbedrohungen durch regionale, innerstaatliche Konfliktherde angepasst, wobei „keine völlige Neuformulierung der Strategie, sondern lediglich [...] eine Fortschreibung politisch-militärischer Grundlagen" (Hauser 2000: 327) im Mittelpunkt stand.

Die Erweiterung des NATO-Sicherheitskonzeptes umfasst zudem eine territoriale Dimension. Das Bekenntnis zu *out of area*-Einsätzen außerhalb des eigentlichen Bündnisgebietes und die Osterweiterung der Allianz fußten auf einem grundlegenden **Wandel der Sicherheitsperzeption** nach 1991 (Hauser 2008: 8). Innerstaatliche nationale, ethnische oder religiöse Konflikte innerhalb Europas könnten sich zu weitläufigen Unsicherheiten verstärken; außerdem ging von den ehemaligen europäischen Ostblockstaaten eine erhöhte nukleare Proliferationsgefahr aus (Kerschbaumer 2000: 30–31). Somit kann die Intervention der NATO im Jugoslawienkonflikt und die langfristig angelegte Erweiterungspolitik als Folge veränderter Bedrohungsbilder gewertet werden – mit teilweise nicht-intendierten Konsequenzen.[8] Auch die Reorganisation der NATO-Struktur nach den Anschlägen vom 11. September 2001 steht in Zusammenhang mit Erweiterungsdebatten: Auf mehreren Gipfeltreffen wurde die Aufnahme neuer Mitglieder befürwortet, um effektiver und umfassender gegen die aufkeimenden **Gefahren des internationalen Terrorismus** vorgehen zu können (Peterson 2011: 33).

EU-Integration und Identität als Sicherheitsakteur
Auch die Rolle der EU wandelte sich nach dem Zusammenbruch der Sowjetunion fundamental. Während des Kalten Krieges verhinderte der Eiserne Vorhang über dem europäischen Kontinent jedwede substanzielle sicherheits- und verteidigungspolitische Integration. Somit stand die westeuropäische Sicherheitspolitik zunächst im Spannungsverhältnis zwischen staatlicher Initiative und US-amerikanischer Schutzgarantie (Peterson 1996: 129). Nach Abschluss des Vertrages von

---

7   Die seit 1989 einsetzende NATO-Reorganisation umfasste die Reduzierung von strategischen Nuklearwaffen, Luftwaffeneinheiten und Bereitschaftskräften (Hauser 2000: 318–320).
8   Russland wertete die NATO-Osterweiterung öffentlich zwar nicht als direkte Bedrohung, äußerte allerdings im Hinblick auf ebendiese Formulierung die Sorge einer indirekten Bedrohung durch das Bündnis (Malek 2004: 527).

Maastricht 1993 entwickelte sich die EU jedoch sukzessive zu einem strategischen Akteur *sui generis* (Kirchner/Sperling 2007a: xi). Die 2003 formulierte *European Security Strategy* (ESS) fand als Meilenstein Eingang in zahlreiche politische und akademische Diskurse (Biscop 2011: 127). Das Dokument reflektiert neben den zentralen Veränderungen europäischer Bedrohungswahrnehmung nach Ende des Kalten Krieges auch den Wandel der Selbstperzeption. So wird die **Verschmelzung innerer und äußerer Sicherheitsaspekte** durch die zunehmende Grenzdurchlässigkeit ausdrücklich als Kernproblem der EU-Sicherheitsstrategie genannt. **Nichtstaatliche Akteure** gewinnen an Gewicht, die im ökonomischen oder technologischen Sektor maßgeblich zur wirtschaftspolitischen Identität Europas beitragen. Die Interdependenz zwischen EU und anderen Entitäten im Bereich der Energiesicherheit spielt eine herausragende Rolle. Außerdem erkennen die ESS-Verfasser die Bedeutung des Ausgleichs sozialer Ungleichheiten an. Als zentrale Bedrohungen werden Terrorismus, Proliferation, regionale Konflikte, *failing states* und Organisierte Kriminalität aufgeführt (European Council 2003: 3–4). Ebendiese veränderte Bedrohungswahrnehmung beeinflusst die Beziehung zu nichteuropäischen Staaten und Organisationen: Die EU bestätigt zwar die dominante Rolle der USA und der NATO nach dem Zusammenbruch der Sowjetunion, bekennt sich allerdings zu **multilateralen Problemlösungsstrategien,** weil kein einzelner Staat zur Bewältigung der genannten sicherheitspolitischen Probleme in der Lage ist.

Die EU-Erweiterungspolitiken wirken sich in zweifacher Hinsicht auf neue sicherheitspolitische Herausforderungen aus. Einerseits trägt die **normative, friedenspolitische Integration** zu einer Diffusion innereuropäischer Sicherheitsdilemmata bei; andererseits führen Grenzverschiebungen zur Herausbildung neuer, externer Bedrohungsszenarien (Heisbourg 2009: 214–215). Obwohl die Sicherheitsidentität Europas durch die territoriale Erweiterung einer bedrohlichen „Balkanisierung" gewahrt werden kann, bedingt die Aufnahme potenziell instabiler Staaten die Eventualität eines Bedrohungsimports (Kavalski 2006: 107–108).

Divergenz des transatlantischen und europäischen Sicherheitsbegriffs

Der wesentliche Unterschied beider Sicherheitsprogramme ist die grundsätzliche Aufrechterhaltung militärischer Einsatzformen innerhalb der NATO-Agenda, während die EU – nicht zuletzt aufgrund des Mangels an geeigneten Militärkapazitäten – eine stärkere Konzentration auf nicht-militärische Reaktionsmittel in Erwägung zieht. Zahlreiche sicherheitspolitische Institutionen und Organisationsstrukturen der EU wurden erst nach 1991 gegründet und daher mit höherem Gestaltungsspielraum gegenüber „neuen Bedrohungen" eingesetzt. Die Neuausrichtung der NATO erfolgte eher nach dem Prinzip der Restrukturierung *bestehender* Sicherheitsmodelle, was den Grad der Adaptionsfähigkeit gegenüber der EU deutlich einschränkte.

„Erneuerung" oder „Erweiterung" des klassischen Sicherheitsbegriffs?
Offensichtlich bestehen nichtsdestotrotz zwischen der neuen NATO- und EU-
Sicherheitsagenda zahlreiche Gemeinsamkeiten, die eine neue Konzeption des
Sicherheitsbegriffs zu rechtfertigen scheinen: Mit abnehmender Wahrscheinlichkeit militärischer Großkriege werden schnell neue Bedrohungen identifiziert.
Diese vielfältigen „modernen Gefährdungen" oder „neuen Gefahren" umfassen
terroristische Anschläge, Extremismus, Drogenhandel, Umweltverschmutzung,
Immigration, Organisierte Kriminalität oder innerstaatliche Unruhen. Die territoriale Öffnung beider Organisationen begründet die räumliche Dimensionie-
rung eines Erweiterten Sicherheitsbegriffs. Doch insbesondere das Programm
der NATO lässt vermuten, wo der Verwirklichung eines neuen Sicherheitskonzepts Grenzen gesetzt sind: Eine destruktive Redefinition des klassischen Sicherheitsbegriffs ist deshalb nicht möglich, weil eine schlagartige Neuausrichtung der
seit Jahrzehnten bestehenden Sicherheitsstruktur schlicht impraktikabel gewesen
wäre. Vor diesem Hintergrund erschließt sich der bezeichnende Nominalismus,
nach dem der Sicherheitsbegriff einer *Erweiterung* – und eben nicht einer *Erneuerung* – unterzogen wurde.

3.1   Definitionen

Bis zum Zusammenbruch der Sowjetunion und des Warschauer Paktes 1991 bestimmten **realpolitische Definitionen** des Sicherheitsbegriffs den politischen und
akademischen Diskurs. Während des Ost-West-Konflikts stellten Staaten zugleich
das *Zielobjekt* militärischer Bedrohung als auch die *Quelle* politischer Sicherheitsgewährleistung dar. Als Leviathan garantierte der Staat Sicherheit, indem er das
eigene Staatsvolk vor äußerer Gewalt durch andere Staaten schützte. So leiteten
Staaten konkrete Sicherheitsinteressen ab, die sich in bestimmten sicherheitspolitischen Strategien äußerten – etwa kurzfristigen Bündnispolitiken oder Aufrüs-
tungsbemühungen.[9]
Während der 1980er Jahre standen lediglich neoliberale Denker dem neorealistischen Sicherheitsentwurf gegenüber – da allerdings Einigkeit über die ontologischen und epistemologischen Grundlagen beider Theorieprogramme bestand,
unterschied sich der Sicherheitsbegriff der Neoliberalisten nur im Hinblick auf
das Kooperations- und Allianzverständnis von dem der Neorealisten.[10]

---

9   Vgl. hierzu die Kapitel *Allianzen* (2.3) sowie *Rüstung und Rüstungskontrolle* (2.4).
10 Für eine Einführung in den Realismus vgl. Krell (2009: Kap. 6), für eine Einführung in den
    Liberalismus vgl. Krell (2009: Kap. 7).

Das Ende des Kalten Krieges verlangte Sicherheitsforschern in den Internationalen Beziehungen ein fundamentales Umdenken ab. Das neorealistische Paradigma, nach dem das anarchische System für alle Staaten zwangsläufig mit dem
militärischen Kampf um das Überleben staatlicher Souveränität verbunden war,
schien nur noch bedingt zutreffend. Das Unvermögen neorealistischer Theoretiker, dem weltpolitischen Wandel nach 1991 ausreichend Rechnung zu tragen,
führte somit zu grundsätzlichen Revisionsversuchen klassischer Theoriekon-
zepte – mit weitreichenden Konsequenzen für die Disziplin der Sicherheitsforschung. Fast zwangsläufig folgte der Erklärungsschwäche des neorealistischen Pa-
radigmas eine Stärkung alternativer Ansätze (Kegley 1993: 141).

▶ So sahen sich zunächst Theoretiker der Kritischen Sicherheitsforschung bestätigt, durch die **Vertiefung und Erweiterung des Sicherheitsbegriffes** einen
   grundlegenden wissenschaftlichen Mehrwert gegenüber klassischen Theorien
   erfasst zu haben.[11]

Im Wesentlichen fand durch die Ausweitung der – eigentlich engen – Definition
des Sicherheitsbegriffs **neue Analysekategorien** Eingang in die akademische Debatte.

▶ Während klassische Sicherheitsforschung um die Kategorien „Staat" und „militärische Bedrohungen" entwickelt wurde, sind jüngere Ansätze um „Sektoren",
   „Dimensionen" oder „Felder" als neue Kategorien erweitert worden.

Je nach Forschungskonzept kennzeichnen diese Kategorien neue Gefahren- und
Bedrohungsräume, neue Akteure oder Akteursgruppen, neue Wahrnehmungs-
modi oder neue territoriale Entitäten. Dementsprechend ist die grundsätzliche
Missbilligung der Erweiterten Sicherheitsforschung durch klassische Forscher zu
verstehen: Manche Analysekategorie scheint nach arbiträren oder normativen
Grundsätzen in die Debatte eingeführt, ohne das Primat der militärischen und
staatlichen Kategorie überdacht zu haben. Wenn neue Kategorien – obgleich aus
analytischen Erwägungen – neben klassischen Kategorien angesetzt werden, so
besteht grundsätzlich die Gefahr einer ontologischen Verzerrung: Sind Umweltgefährdungen in gleichem Maße „bedrohend" wie die Gefahr eines Militärschlages?

---

11 Die vorliegende Unterscheidung von „Erweiterung" ist im englischen Original durch *broad-
    ening* beschrieben; der Begriff „Vertiefung" umfasst im Wesentlichen die Kategorien *deep-
    ening* und *extending* (Wyn Jones 1999: 102–105). Außerdem ist darauf hinzuweisen, dass
    die disziplinäre Bezeichnung „Erweiterte Sicherheitsforschung" sowohl die Perspektive der
    nicht-militärischen Bedrohungs*erweiterung* als auch die der Akteurs*vertiefung* kennzeich-
    net.

Sind wirtschaftliche Krisen aus sicherheitspolitischer Perspektive mit der gleichen Beachtung zu behandeln wie gewaltvolle Konflikte? Ist die Unversehrtheit von Individuen schützenswerter als die Integrität eines gesamten Staates?

3.1.1 Erweiterung des Sicherheitsbegriffs

Militärische Bedrohungen kennzeichnen den zentralen Parameter im Forschungsfeld der klassischen Sicherheitstheorie. Demgegenüber impliziert die definitorische **Erweiterung** des Sicherheitsbegriffs zwei entscheidende Veränderungen.

▶ Zum einen folgt aus der **Einbeziehung nicht-militärischer Bedrohungen** ein breiteres Analyse- und Beobachtungsspektrum sicherheitsrelevanter Ereignisse.

Buzan (1991b) schlug in diesem Sinne vor, neben militärischen auch ökologische, soziale, ökonomische und politische Sektoren bei der Formulierung eines erweiterten Sicherheitsbegriffes zu berücksichtigen. Zahlreiche neorealistische Theoretiker ergänzten daraufhin ihre Überlegungen im Sinne Buzans, um das staatliche Handlungsziel der – vormals ausschließlich militärischen – Sicherheitsmaximierung nun breiter interpretieren zu können (Mérand et al. 2011: 13).

▶ Zum anderen schließt der erweiterte Sicherheitsbegriff den allmählichen Wahrnehmungswandel von klassischen Sicherheitsbedrohungen zu **Sicherheitsrisiken** ein (Williams 2009: 15).

Das Konzept der Sicherheitsbedrohung ist vor allem im Zusammenhang mit der Akteurs- und Konfliktkonstellation während des Kalten Krieges verbunden: Von einem bestimmten Akteur (USA, Sowjetunion) geht aufgrund einer bestimmten Handlungsabsicht (Systemhegemonie) ein klar zu bestimmendes Bedrohungspotenzial (konventioneller oder nuklearer Militärschlag) aus. Das Konzept des Sicherheitsrisikos hingegen trifft eher auf Akteurs- und Konfliktkonstellationen nach Ende des Kalten Krieges zu, die eine oder mehrere „Unbekannte" enthalten können (Giddens 2002: 33). Nicht immer ist klar bestimmbar, wer als Akteur und wie dessen Handlungsabsicht oder Bedrohungspotenzial einzuschätzen ist. Dementsprechend wird sicherheitspolitischen Herausforderungen nicht mehr durch das klassische Prinzip der Bedrohungsabwehr, sondern das der **Krisenprävention** begegnet (Daase 2002: 9). Der moderne Sicherheitsbegriff stimmt somit eher mit der Zuweisung von Risikograden überein, die verwaltet und handhabbar gemacht werden können.

Abbildung 1   Erweiterung des Sicherheitsbegriffs

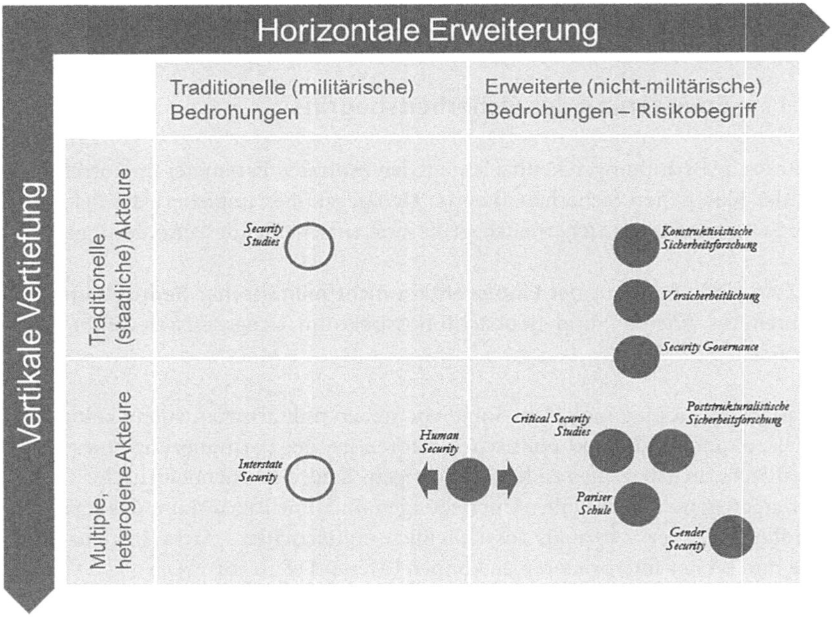

3.1.2   Vertiefung des Sicherheitsbegriffs

Traditionelle Sicherheitsforscher analysieren externe Sicherheitsbedrohungen von Staaten, die – als Implikation realistischer Prämissen – rein militärischer Natur sind. Demgegenüber äußert sich die definitorische **Vertiefung** des Sicherheitsbegriffs in der Einbeziehung von Bedrohungen, die sich gegen Individuen, religiöse oder ethnische Gruppen, Bewegungen oder Organisationen richten oder aber – im Falle von terroristischen Organisationen oder Guerillabewegungen – von ebendiesen ausgehen.

▶   Indem der Staat seine Monopolstellung als primäres Referenzobjekt einbüßt, verschwimmen klassische Grenzen zwischen **äußerer** und **innerer Sicherheit.**

Somit ist die Prominenz zahlreicher Sicherheitsforscher nach 1991 zu erklären, die in Opposition zum traditionellen Sicherheitsparadigma die Auflösung des Staats als *key unit* zugunsten **heterogener, vielfältiger Akteure** behaupten. Statt Kriege zwischen Staaten – oder mehrstaatlichen Allianzen – als zentrales Sicherheitsproblem in den Internationalen Beziehungen zu kennzeichnen, wird in zahlreichen jüngeren Ansätzen von einem „**Aufbrechen**" **staatlicher Grenzen** ausgegangen: Wenn in diesem Sinne Sicherheitsbedrohungen grenzübergreifende Wirkung entfalten, können Staaten nicht mehr als alleinige Schutzgaranten auftreten – denn deren Einfluss endet ja *per definitionem* an den äußeren Staatsgrenzen. Neue, nicht-staatliche Akteure vermögen diese Grenze eher zu überschreiten. So verlor nach dem Untergang der Sowjetunion das externe, staatliche Bedrohungsobjekt an Bedeutung, während nach 1991 neue, nicht-staatliche Akteure wie Aufstandsbewegungen, Terrorgruppen, privatwirtschaftliche Sicherheitsdienstleister, politische Interessensverbände oder transnationale Unternehmen eingegrenzt und wahrgenommen wurden. Diese in der Sicherheitsforschung eher „unbekannten" Akteure ließen sich anfangs theoretisch nur schlecht erfassen und durch die Gesetzmäßigkeiten der traditionellen Sicherheitsforschung dementsprechend schwer erklären (Mérand et al. 2011: 16–17).

▶ Die Vertiefung des Sicherheitsbegriffs ist somit als Versuch zu verstehen, nicht-staatliche Akteure und deren Einfluss auf Sicherheitspolitiken theoretisch abzubilden.

In diesem Zusammenhang findet das Phänomen der „**Neuen Kriege**" (Kaldor 1999) und die Untersuchung nicht-staatlicher Referenzobjekte wie ethnische, religiöse oder nationalistische Gruppierungen zunehmend akademische Berücksichtigung.

Die Vertiefung des Sicherheitsbegriffes ist außerdem mit einer Ablehnung reifizierter – also „künstlich" geschaffener – Akteursidentitäten und statischen Referenzobjekten verbunden (Wyn Jones 1999: 116–117). Staaten entstehen oder zerfallen im Laufe der Zeit, religiöse oder ethnische Bewegungen vereinen oder spalten sich beständig, und politische oder soziale Interessensgruppen formieren sich unvorhersehbar – somit offenbart sich das Bild einer starren, unveränderbaren Staatengesellschaft in der postmodernen Welt als konstruierter Anachronismus.

3.1.3   Gefahren- und Raumdimension des Sicherheitsbegriffs

Im Rahmen der jüngeren deutschen Sicherheitsforschung schlägt Daase (2009: 138) vor, neben der Erweiterung und Vertiefung des Sicherheitsbegriffes eine **Gefahren- und Raumdimension** einzubeziehen.

▶ Die Raumdimension ist durch die **territoriale Ausdehnung** einer Sicherheitsbedrohung oder -fürsorge bestimmt.

In diesem Zusammenhang kann das Sicherheitsverständnis nationale, regionale,
internationale oder globale Größenordnungen umfassen. Die Gefahrendimension
beschreibt die Wahrnehmung eines Sicherheitsproblems, das in Bezug auf klassische Bedrohungslagen, Vulnerabilitäten oder Risikoanfälligkeiten zugeordnet
werden kann. Somit überschneidet sich die vorgeschlagene Gefahrendimension
des Sicherheitsbegriffes mit dem bereits erläuterten Erweiterungskonzept nach
Williams (2009). Da die Raumdimension darüber hinaus in engem Zusammenhang mit dem Akteurs- und Bedrohungstypus steht, werden die im Folgenden
vorgestellten Forschungsansätze lediglich im Rahmen der Erweiterung und Vertiefung des Sicherheitsbegriffes rubriziert.

3.2   Denkansätze

Die Attribute „Erweiterung" und „Vertiefung" beschreiben die Tendenz zahlreicher Sicherheitstheoretiker, den klassischen Sicherheitsbegriff zu modifizieren
oder gänzlich zu verwerfen. Nachfolgend werden daher acht Denkansätze vorgestellt, die durch diese theoretische Zielsetzung beschrieben und der Subdisziplin
der „Erweiterten Sicherheitsforschung" untergeordnet werden können:

Denkansätze der Erweiterten Sicherheit

(1) **Konstruktivistische Sicherheitsforscher** lockern die statische Anarchie-
bedingung des Internationalen Systems auf, indem sie auf variierende In-
terpretationsmöglichkeiten des Unsicherheitsbegriffs hinweisen.

(2) Das Forschungsfeld der **„Critical Security Studies"** umfasst die kritische
Analyse und Beschreibung gesellschaftlicher Sicherheitskonstruktionen,
die in der normativen Forderung nach menschenrechtsbezogenen Perspektiven kulminiert.

(3) **Poststrukturalistische und diskursanalytische Sicherheitsforscher** untersuchen diskursiv-sprachlich erzeugte Bedrohungsbilder, die in engem Zusammenhang mit staatlicher Selbst- und Fremdwahrnehmung stehen.

(4) Der Ansatz der **„Security Governance"** schließt die Erforschung kollektiver
Sicherheitsfürsorge staatlicher und nicht-staatlicher Akteure ein.

(5) Individuelle Freiheitsrechte stellen den normativen Kerngehalt des For-
schungsfeldes der **„Human Security"** dar.

(6) Im Kopenhagener Modell der **„Versicherheitlichung"** wird auf Grundlage sprechakttheoretischer Überlegungen untersucht, wie Sicherheitsbedrohungen von Akteuren konstruiert werden.

(7) Forscher der **„Gender Security"** verbinden die Untersuchung von genderbezogenen Bedrohungsformen mit der Forderung nach einer eigenständigen Analysekategorie im Bereich der Sicherheitsforschung.

(8) Sicherheitstheoretiker der **Pariser Schule** verfolgen eine akademische Hinwendung zu soziologischen und Kritischen Perspektiven.

3.2.1 Konstruktivistische Sicherheitsforschung

Anfang der 1990er Jahre stellten Onuf (1989) und Kratochwil (1989) konstruktivistische Denkansätze in den Internationalen Beziehungen vor, die maßgeblich durch die Arbeiten von Wendt (1992; 1999) als eigenständige Theorie breite Anerkennung fanden. Grundsätzlich ist der Ansatz als ontologischer und erkenntnistheoretischer Gegenentwurf zur realistischen und liberalen Schule zu verstehen.[12]

▶   Internationale Politik wird aus konstruktivistischer Perspektive durch **ideelle Strukturen und Sinnzusammenhänge** in Form von Normen, Regeln und Institutionen vermittelt.

Materielle Indikatoren wie staatliche Macht- oder Militärkapazitäten – die in realistischen und liberalen Theorien eine übergeordnete Rolle spielen – werden von Konstruktivisten zwar nicht abgelehnt, erhalten aber erst durch immaterielle Sinnzuweisungen ontologischen Gehalt. Dementsprechend stellt die „bloße" Existenz eines militärisch aufgerüsteten Staates noch keine Bedrohung für einen anderen Staat dar; erst durch die Verknüpfung eines Sinnzusammenhangs mit dessen materiellen Sinngehalt – beispielsweise der Bedeutungszuweisung „Bedrohung" mit dem materiellen Gegenstand „militärische Aufrüstung" – äußern sich internationale Bedrohungskonstellationen als sozial konstruierte Realität.[13]

---

12   Für eine Einführung in den Konstruktivismus vgl. Krell (2009: Kap. 11).
13   Vgl. hierzu auch die Ausführungen zu Stephen Walts *balance of threat*-Theorie im Kapitel *Krieg und Frieden* (S. 44).

3.2.1.1   Security Is What States Make of It

Wenn internationale Politik sozial konstruiert ist, muss auch „Sicherheit" unter diesem Vorzeichen verstanden werden. Staaten agieren demnach dann sicherheitspolitisch, wenn ihr Handeln an einer sozial konstruierten „Norm der Sicherheit" ausgerichtet ist. Der konstruktivistische Sicherheitsbegriff unterscheidet sich somit grundlegend vom realistischen Paradigma, nach dem „Sicherheit" zwangsläufig in kausalem Zusammenhang mit macht- oder militärpolitischem Handeln unter anarchischen Strukturbedingungen verstanden werden muss. Aus konstruktivistischer Perspektive impliziert die anarchische Systemstruktur allerdings keineswegs ein „Sicherheitsdilemma"; ausschlaggebend erscheint ausschließlich die sinnstiftende Deutung dieser Struktur: Ein Staat handelt dann (und nur dann) unter der Prämisse struktureller Unsicherheit, wenn er ebendiese als „unsicher" interpretiert. Nehmen Staaten ihr Umfeld hingegen friedlich war, äußert sich die anarchische Struktur mitnichten als zwangsläufiges sicherheitspolitisches Dilemma.[14] Der konstruktivistische Sicherheitsbegriff ist daher weder statisch noch faktisch als „Gegebenes" zu verstehen – vielmehr beschreibt „Sicherheit" lediglich, wie staatliche Akteure das internationale Umfeld interpretieren. Da sich diese Interpretationen ändern können, muss folglich auch von einem potenziellen Wandel des Sicherheitsbegriffs ausgegangen werden.

3.2.1.2   Security Communities

Sicherheitspolitik und -wahrnehmung wandeln sich dann, wenn sich einige Akteure des internationalen Systems auf Grundlage gemeinsamer Interessen oder Rollenzuschreibungen trotz der anarchischen Systemstruktur nicht als Bedrohung wahrnehmen. Teilen mehrere Akteure ähnliche Interpretationen ihres Umfelds, entwickeln sich intersubjektiv gefasste Sicherheitsnormen und -regeln.

▶ Adler und Barnett (1998a) sprechen in diesem Zusammenhang von „**Security Communities**"[15], die dann entstehen, wenn wegen gemeinsam geteilter Normen und Ideationen pazifistische Handlungsintentionen unter anarchischen Bedingungen möglich werden.

---

14 Zur anarchischen Struktur des internationalen Systems und dem Sicherheitsdilemma vgl. auch die entsprechenden Ausführungen in den Kapiteln *Krieg und Frieden* (S. 42–44) sowie *Rüstung- und Rüstungskontrolle* (S. 133–134).
15 Die Autoren beziehen sich ausdrücklich auf ein ursprünglich von Deutsch (1957) vorgestelltes Konzept zur Erfassung regionaler Sicherheitsbündnisse.

Zwar werden klassische Sicherheitserwägungen gegenüber Akteuren außerhalb einer *Security Community* beibehalten; innerhalb einer Wertegemeinschaft wandeln sich Akteursidentitäten und -interessen allerdings zugunsten ökonomischer, ökologischer oder sozialer Sicherheitskalküle.

▸ Als Paradigma einer regionalen *Security Community* kann die EU verstanden werden.

Innerhalb des europäischen Binnenraums ist die Angst vor militärischen Übergriffen eines EU-Mitgliedstaates auf einen anderen nahezu undenkbar, weil die wechselseitige Interpretation der anarchischen Struktur *innerhalb* des EU-Raumes eher von friedlicher Konkurrenz als von feindlichem Nebeneinander geprägt ist. EU-Mitglieder können zwar divergente Interessen und Konfliktlinien ausbilden, die allerdings gemäß den gemeinsam akzeptierten, institutionalisierten „Spielregeln" vermittelt werden. Somit fallen militärische Optionen zur Konfliktregulierung innerhalb der EU vollständig aus, während diplomatische Bemühungen oder nationale, nicht-militärische Politiken zum Maßstab innereuropäischer Auseinandersetzungen werden. Nichtsdestotrotz besteht in den *äußeren* Beziehungen der EU-Staaten zu Nichtmitgliedern immer die Möglichkeit, im Sinne militärischer Sicherheitspolitik zu agieren.

Um eine lokal, innerstaatlich oder international organisierte *Security Community* zu identifizieren, müssen drei qualifikatorische Merkmale erfüllt sein (Adler/Barnett 1998b: 31)[16]: Zunächst bedingen **gemeinschaftlich geteilte Werte und Deutungsschemata** die kooperative Community-Bildung. Innerhalb einer *Security Community* teilen die Mitglieder ähnliche Rollenvorstellungen, ähnliche äußere Feindbilder oder ähnliche politische Ideen – man spricht also in einer „gemeinsamen Sprache". Darüber hinaus besteht ein hohes Maß an **direkter und multisektoral angelegter Interaktion** zwischen den Mitgliedern. Somit begegnen sich die Akteure regelmäßig und dauerhaft in unterschiedlichen sozialen Handlungssituationen – man nimmt sich also in wiederholter Weise als souveränen Akteur wahr, dessen Integrität nicht verletzt werden darf. Wie im Falle der EU schließt dieser normative Rahmen Rivalität oder egoistische Interessensverfolgung keinesfalls aus; lediglich bestimmte Verhaltensweisen wie militärische Drohungen werden nicht mehr als mögliches Handlungsmuster erwogen. Durch **langfristige, auf Reziprozität begründete Beziehungen** zwischen den Community-Mitgliedern können schließlich vertrauensvolle, teilweise altruistische Absichten erwachsen – man nimmt sich also als Teil einer stabilen Gemeinschaft wahr. Durch soziale

---

16 Adler und Barnett (1998b) beziehen sich bei dieser Community-Qualifikation auf Überlegungen des Soziologen Charles Tilly.

Lernprozesse bilden sich so allmählich kollektive Identitäten aus, die auf gegenseitigem Vertrauen und einer gemeinsamen, pazifistischen Interpretation des sozialen Umfelds beruhen. EU-Mitgliedstaaten begreifen sich in diesem Sinne nicht nur als Nationalstaaten eines Bündnissystems, sondern auch als substanzieller Teil eines einheitlichen, integrativen Akteurs.

3.2.1.3   Identität und nationale Sicherheitspolitik

Nach Annahme **strukturationstheoretischer Überlegungen** bedingen sich Akteursidentitäten und Sinnstrukturen wechselseitig (Giddens 1984).

▶   Akteure handeln ihrer eigenen Identitäts- und Rollenvorstellung entsprechend; sind aber zugleich durch die Handlungsoptionen der sozialen Situation oder des sozialen Umfeldes beschränkt.

Wählt ein Akteur dauerhaft eine der Handlungsoptionen, stärkt er zugleich die Tendenz, dieses Verhalten als strukturelle Regelmäßigkeit zu begründen. Werden beispielsweise Konflikte durch einige Akteure regelmäßig durch diplomatische Bemühungen gelöst, kann sich die soziale Struktur in diesem Sinne als „friedlich" ausbilden. Die Handlungsoption „diplomatische Lösung" würde gegenüber der Alternative „militärische Drohung" dauerhaft bevorzugt, und der Akteur würde dementsprechend durch sein Umfeld dauerhaft als „friedlich" wahrgenommen werden. Die **Identität eines staatlichen Akteurs** ist dabei nicht nur Abbild innerstaatlicher Konstitution, sondern vielmehr essentieller Träger der **internationalen Systemkultur** – in einer Hobbesianischen Welt des „Krieges aller gegen alle" (Systemkultur) muss der Einzelne „Feind" (Akteursidentität) sein, dem mit aggressiven Sicherheitspolitiken als staatlichem Interesse begegnet wird. Interessen lassen sich aus konstruktivistischer Perspektive endogen aus Akteursidentitäten ableiten – ein Staat handelt gemäß seiner und fremder Rollenzuschreibung.

▶   Demzufolge müssen zur **Analyse nationaler Sicherheitspolitiken** (als definitorischem Merkmal staatlichen Interesses) sowohl Identitätskonstruktionen als auch die damit verbundenen kulturellen und institutionalisierten Normstrukturen untersucht werden (Katzenstein 1996).

Verändert sich die Selbst- und Fremdwahrnehmung eines Akteurs, wandelt sich dementsprechend auch dessen Sicherheitsinteresse: Dem Feind muss zwangsläufig mit sicherheitsmaximierenden Politiken, dem Freund hingegen mit kooperativen Strategien begegnet werden. Je mehr Akteure als „Freunde" interagieren, desto eher findet eine Abwendung von klassisch-militärischen Strategien und Öffnung zu gemeinsamen Regimen oder Institutionen statt. In diesem Sinne stellen zahlreiche konstruktivistische Sicherheitsforscher nach 1991 eine Veränderung nationaler Sicherheitspolitiken fest, die Folge **veränderter Identitätskonstruktionen** sind – und damit die Verwendung eines Erweiterten Sicherheitsbegriffs rechtfertigen: Die Aufweichung anarchiebedingter, realistischer Sicherheitspolitik im Zuge der Globalisierung steht zunächst in wechselseitigem Zusammenhang mit allmählicher Regimebildung. Die damit verbundene partielle Verschiebung militärischer Funktionen an multilaterale Organisationen führt schließlich zu einer Entwertung der klassischen Sicherheitspolitik als staatlichem Identitätsmerkmal.

▶ Somit ist „Sicherheit" zuletzt nicht mehr als ausschließlich internationales, sondern eher globales Phänomen zu verstehen (Jepperson et al. 1996).

3.2.1.4 Kritik

Als hauptsächliches Problem konstruktivistischer Sicherheitsforschung beschreibt Copeland (2000) die mangelhafte Analyse des Sicherheitsdilemmas. Die konstruktivistische Annahme, konfrontative Sicherheitspolitik könne sich mit wandelnden Sinn- und Normstrukturen zu freundschaftlicher Kooperation entwickeln, sei daher wegen der Ignoranz eines der Grundprobleme internationaler Politik verfehlt: Staatlichen Akteuren liegen immer nur unvollständige und oftmals nicht vertrauenswürdige Informationen über die Intentionen anderer Staaten vor. So könne das Verhalten eines Staates – unter Umständen fälschlicherweise – als „feindlich" interpretiert werden, weil nicht alle Motive und Interessen in ausreichendem Umfang einsehbar sind. Zudem unterschätzen konstruktivistische Sicherheitsforscher das Problem der Täuschung, das nur kurzfristig zu „falschen" kooperativen Beziehungen führen könne. Zuletzt betrifft die ontologische Debatte zwischen Realisten und Konstruktivisten auch Überlegungen zum Sicherheitsbegriff: Genießen Normen und Ideen tatsächlich Vorrang vor materiellen Faktoren? Wird ein bewaffneter Feind nur deshalb zur Bedrohung, weil er „Feind" ist, oder weil er bewaffnet ist? Überwiegt also die Idee „Feind" vor der Materialität „Bewaffnung"?

3.2.2 *Critical Security Studies*

Obwohl der alternative Denkansatz der *Critical Security Studies* mit dem Ende des Kalten Krieges an akademischer Prominenz gewann (Bilgin 2009: 89), liegen die Wurzeln des Ansatzes weiter zurück. Der maßgebliche Unterschied zur traditionellen Sicherheitstheorie besteht in der veränderten metatheoretischen Perspektive, die Kritische Theoretiker einnehmen:

▶ Während klassische Sicherheitsforscher die internationale Ordnung aus souveränen Staaten und anarchischen Strukturen als „objektive" Gegebenheiten betrachten, untersuchen Kritische Forscher, wie ebendiese Ordnung überhaupt konstituiert und aufrechterhalten wird.

So ist für erstere der „Staat" ein feststehendes, nicht weiter zu begründendes Faktum,[17] während letztere den gesellschaftlichen Prozess der Konstruktion und Aufrechterhaltung des Staatsbegriffs hinterfragen. Traditionelle Sicherheitsforschung äußert sich daher zwangsläufig in positivistischen „**problem-solving theories**", weil nach kausalen Mechanismen der Sicherheitsfürsorge unter gegeben Bedingungen des Status Quo gesucht wird (Cox 1981: 128–129): Wie und warum kann die Sicherheit unter anarchischen Bedingungen erhöht werden? Demgegenüber umfasst das Programm der „**critical theory**" die Frage, wie die gegebenen Bedingungen des Status Quo durch gesellschaftliche, normgeleitete Praktiken – wie beispielsweise staatlichen Sicherheitsstrategien – aufrechterhalten werden: Durch welche Handlungen wird das anarchische System konstituiert und reproduziert? Somit rekurrieren Kritische Forscher programmatisch auf die Analysemethoden der „**Frankfurter Schule**", die die kritische Untersuchung gesellschaftlicher Ordnungen verfolgten (Horkheimer/Adorno [1989]). In dieser Hinsicht überschneiden sich die Grundprogramme der Kritischen Theorie und des Konstruktivismus – das „objektiv Gegebene" erscheint lediglich als intersubjektiver Konsensus und nicht als wissenschaftliche Wahrheit.

Staat, Sicherheit und internationale Ordnung sind in der Kritischen Theorie keine statisch fassbaren Objekte, die über positivistische Methoden analysiert werden könnten. Kritische Forscher zeichnen in ihren Untersuchungen vielmehr die Konstruktionsprozesse nach, durch die gesellschaftliche „Objektivitäten" intersubjektiv konstituiert werden. In Anlehnung an konstruktivistische Forschungsrahmen sind Staaten daher keine fixen, „natürlichen" Akteure, sondern Produkt gesellschaftlicher Praktik; Sicherheit ist kein definitorisch abgegrenztes Gut oder Konzept, sondern eine sich wandelnde soziale Normvorstellung; und internationale Ordnung ist keine exogene, starre Struktur, sondern Ergebnis kollektiver Interpretation.

Wie also kann Sicherheitsforschung unter kritischem Vorzeichen praktiziert werden? Dazu sehen Kritische Forscher zunächst vom traditionellen, statischen Staatszentrismus ab: Staaten sind weder privilegierte Träger der Sicherheitsfür-

---

17 Der Sicherheitsbegriff während des Ost-West-Konflikts wurde in diesem Sinne als repräsentatives, zeitunabhängiges Phänomen betrachtet – eine kritische Hinterfragung der systemischen Rahmenbedingungen fand in der akademischen Debatte nur in marginalem Maße statt (Fierke 2007: 23).

sorge noch alleiniges Referenzobjekt äußerer Sicherheitsbedrohungen (Booth 1991: 317–318). Staatliche Priorität in Sicherheitsfragen ist also kein unumstößliches Faktum sicherheitspolitischer Analyse, sondern lediglich eine aktuelle Gesellschaftspraxis. Wenn aber Staaten diese Vorrangstellung „verlieren", muss im gleichen Zuge von dem Primat der militärischen Unsicherheit abgesehen werden – denn die unmittelbarste Gefahr für staatliche Souveränität bezieht sich ja aus klassischer Perspektive einseitig auf militärische Bedrohungen durch andere Staaten.

▶ Somit unterliegt das Konzept der *Critical Security Studies* sowohl der Vertiefung **(Aufgabe des Staatszentrismus)** als auch der Erweiterung des Sicherheitsbegriffes **(Aufgabe der Militärpräzedenz)**.

Darüber hinaus impliziert die kritische Begutachtung des Status Quo – also der theoretisch angenommenen Wandelbarkeit des internationalen Systems und seiner institutionellen Ordnung – eine Abkehr von statischen Perspektiven. Dementsprechend unterstreichen Kritische Sicherheitsforscher die **Prozessualität und Dynamisierung** der internationalen Ordnung: Was unter „Sicherheit" oder „Bedrohung" verstanden wird, verändert sich gleichermaßen mit den dynamischen Umwälzungen des internationalen Bezugssystems. Es gilt daher, **gesellschaftliche Konstruktionsprozesse** zu erkennen und kritisch nachzuzeichnen: Wie wird die Idee der „Sicherheit" durch institutionelle Gefüge und Praktiken vergegenständlicht? Welche gesellschaftlichen Prozesse ermöglichen die Herausbildung von „Fakten" über Sicherheit und Bedrohungen? Welcher Zusammenhang besteht zwischen Machtgefügen innerhalb des internationalen Systems und den sich daraus ableitenden Vorstellungen von „Sicherheit" und „Ordnung"? Welche Strukturzusammenhänge von Macht und Wissen äußern sich in bestimmten Sicherheitskonzeptionen?

3.2.2.1 Waliser Schule – Sicherheit als Emanzipation

Aus der Debatte um alternative Sicherheitskonzeptionen nach Ende des Kalten Krieges ging im Laufe der 1990er Jahre die **Waliser Schule**[18] um Booth (1991) und Wyn Jones (1999; 2001) hervor. Die Forscher verstanden ihre ideologische Ausrichtung in der Tradition der Frankfurter Schule und des Postmarxismus. Grundannahme ist daher, dass sämtliches Wissen sozial – und somit politisch – produziert und konstruiert wird: „Sicherheit" ist ein ontologisch instabiler Begriff. Kritische Sicherheitsforscher müssen sich daher gewahr sein, dass traditionelle

---

18 Neben dem Label „Waliser Schule" ist die vorgestellte Forschergruppe auch als „Aberystwyther Schule" bezeichnet worden.

Sicherheitstheorien immer ein Abbild politischer **Machtstrukturen** sind: Staatliche Akteure sind an der Beibehaltung des staatlichen Primats bei Sicherheitsfragen interessiert, weil gerade so staatliche Macht gefestigt werden kann. Würden sich nicht-staatliche Akteure zum Referenzobjekt oder Fürsorger sicherheitspolitischer Erwägungen emanzipieren, verlöre der Staat im gleichen Zuge machtvolle Regelungskompetenzen in diesem Bereich. Daher sind Kritische Forscher versucht, die Beziehung zwischen Machtstrukturen und gesellschaftlichen Sicherheitsdiskursen nachzuvollziehen. Die Dekonstruktion machtpolitischer Zusammenhänge führt somit zwangsläufig zur Abkehr von staatszentristischen Sicherheitskonzeptionen: Staaten werden nicht länger als „natürliche" Referenzobjekte sicherheitspolitischer Herausforderungen angesehen. Doch welches Referenzobjekt erscheint demgegenüber als „natürlicher" Bezugspunkt gesellschaftlicher Sicherheitsgewährleistung angemessen? Forscher der Waliser Schule beantworten diese Kernfrage mit der Forderung, individuelle, menschliche Sicherheit zum einzigen Anknüpfungspunkt Kritischer Sicherheitsforschung zu machen.

▶ Nicht Staaten, sondern Menschen stehen im Mittelpunkt der Sicherheitsfürsorge **(Individuum als Referenzobjekt)**. Diese entscheidende Verschiebung des Analysefokus beschreibt Booth (1991) als **„Emanzipation"**.

Wenn Sicherheit die Abwesenheit von Bedrohung bedeutet, müssen Individuen als sicherheitspolitische Referenzobjekte von physischen und psychischen Bedrohungen[19] befreit werden. Nicht der Staat leidet unter den unmittelbaren Folgen von Sicherheitsbedrohungen, sondern der Mensch. Die emanzipatorische Ersetzung des Sicherheitskonzepts birgt daher eine **normative Dimension,** die als ideologiekritische Folgerung des Kritischen Projekts zu verstehen ist. Somit zeigt sich die Waliser Schule insofern der Marxschen Tradition verhaftet, als sie die Welt nicht nur neu interpretieren möchte, sondern auch angetreten ist, „sie zu verändern" (Tickner 1992: 7). Sicherheitsforscher können dieser normativer Forderung gerecht werden, da aufgrund des „theory-practice-nexus" (Wyn Jones 1999: 167) wissenschaftliche Sicherheitstheorien in reziprokem Austausch- und Informationsverhältnis zu Sicherheitspraktiken stehen. Mit der Forderung, menschliche gegenüber staatlicher Sicherheit auch in wissenschaftlicher Hinsicht zu priorisieren, beansprucht die Waliser Schule ausdrücklich diesen außerakademischen Einfluss auf politische Entscheidungsträger und Sicherheitspraktiker.

---

19 Psychische und physische Bedrohungen kennzeichnen im Sinne der Waliser Schule unter anderem Kriege, Armut oder politische Unterdrückung (Booth 1991: 319).

3.2.2.2 Erkenntnistheoretische Implikationen

Kritische Sicherheitsforscher lehnen die objektivistisch-rationalistische Ausrichtung neorealistischer und neoliberaler Sicherheitskonzeptionen ab (Krause/Williams 1997: 49). Die Verschiebung von Staatszentrismus zu **abstraktem Individualismus** geht mit der ontologischen Anerkennung von Ideen, Normen und Werten einher, die für die kulturabhängige und historizistische Identitätsbildung des Individuums eine übergeordnete Rolle spielen.

▸ Somit liegt der Schwerpunkt kritischer Forschungsprogramme auf **interpretativen Analysemethoden.**

„Sicherheit" wird in unterschiedlichen Kulturkreisen, Gesellschaftsbereichen oder Gruppen und in unterschiedlichen zeitlichen Epochen oder territorialen Räumen verschieden interpretiert. Welche Handlungslogik aus einem bestimmten kultur- oder zeitspezifischen Sicherheitsverständnis folgt, kann daher nicht „universal" bestimmt werden. Durch kritische Reflexion sind Konstitution und Wandel von Sicherheitskonzeptionen untersuchbar, die sich wiederum in sicherheitspolitischen Praktiken äußern. Kritische Sicherheitsforscher lehnen positivistische Forschungsmethoden ab – denn gerade weil der Untersuchungsgegenstand als wandelbare, soziale Konstruktion angenommen wird, können klassische Methoden der Sicherheitsforschung nicht mehr konsistent angewandt werden.

3.2.2.3 Kritik

Insbesondere die Waliser Schule ist für ihre normative Annahme kritisiert worden, Sicherheit bedeute „Emanzipation". Poststrukturalistische Forscher weisen darauf hin, dass emanzipatorische Projekte oftmals nur in aufgeklärten, westlichen Gesellschaften zu geeigneten Sinnzusammenhängen gefügt werden können (Peoples/Vaughan-Williams 2010: 30). Außerdem erscheint die Kritische Perspektive der individuellen Sicherheit auf einige sicherheitspolitische Sektoren wie dem Umweltschutz schlicht nicht anwendbar. Krause und Williams (1997: 46) weisen darüber hinaus auf das – eher vertragstheoretische – Problem hin, dass die Verantwortlichkeit für individuelle Sicherheit entweder unklar erscheint oder einen Rückgriff auf staatliche Fürsorge begünstigt. Zuletzt erscheint die Verschiebung des Analysefokus von staatlichen auf individuell-menschliche Akteure willkürlich: Wenn der klassische Sicherheitsbegriff von machtvollen, staatlichen Repräsentanten aufrecht erhalten wurde, dann erscheint der Rückbezug auf das Individuum ebenso machtpolitisch gelenkt – etwa durch erstarkte, nicht-staatliche

Akteure, die es somit erneut nach den Prinzipien der Kritischen Rekonstruktion nachzubilden gälte.

3.2.3   Poststrukturalismus und Diskursanalyse

Wie entsteht „nationalstaatliche Identität"? Warum ist Sicherheitspolitik das wesentliche Element staatlichen Handelns? Aus **poststrukturalistischer Perspektive** sind diese politologischen Kernfragen zu Staat und Identität nur durch die Erforschung *anderer* Staaten im Verhältnis zum *eigenen* Staat nachvollziehbar. Wenn der französische Lyriker Arthur Rimbaud die Unbestimmtheit des individuellen Selbst behauptet, formuliert er dabei die Grundthese poststrukturalistischer Identitätskonzeptionen: „Ich ist ein Anderer".

> ▶   Identität ist demnach ein ausschließlich differentiell fassbarer Begriff – jedes Ich steht in konstitutivem Zusammenhang mit einem oder mehreren „Anderen".

Wenn das Ich machtvoll ist, sind die Anderen machtlos; wenn das Ich „innen" ist, sind die Anderen „außen"; wenn das Ich bedroht ist, sind die Anderen bedrohlich. Das Ich ist also Ergebnis eines **differentiellen Konstruktionsprozesses**, nach dem sich die eigene Identität nur als Unterschied zu den Identitäten Anderer erfassen lässt. Poststrukturalistische Forscher übertragen diese Identitätskonstruktion auf die Erforschung des staatlichen Selbst – wobei zwangsläufig der Bezug von Staatlichkeit als „Ich" in Differenz zum Internationalen System als „das Andere" zum zentralen Analysefokus erhoben wird.

Walker (1993) beschreibt die Dichotomie der nationalstaatlichen und der internationalen Ebene, indem er auf die geschlossene Identität, Hierarchie und Ordnung *innerhalb eines Staates* im Gegensatz zur Differenz, Anarchie und Fremde *außerhalb eines Staates* hinweist.

Staatliche Identität wird durch ständige Bezüge zur internationalen, „fremden" Außenwelt konstituiert – staatliches Selbst kann nicht ohne das internationale „Andere" konstruiert werden. Diese Differenz zwischen Nationalem und Internationalem bezeichnet den **Sicherheitsdiskurs**: Staaten konstruieren ihr Selbst, indem sie das bedrohliche Andere im internationalen System identifizieren und anschließend entsprechende Sicherheitspolitiken zum Schutz ihrer Integrität verabschieden. Staatliche Identität kann in diesem Sinne nur in Relation zu potenziellen Bedrohungen konstruiert werden – „ohne Feind, kein Selbst". Campbell (1998: 55) stellt folglich fest, dass Sicherheit als wesentlichste Bedingung staatlicher Existenz zu verstehen ist – zwar muss nicht zwangsläufig vor unmittelbaren externen Bedrohungen geschützt werden; vielmehr allerdings kennzeichnet die Konstruktion potenzieller Bedrohungen eine **notwendige Bedingung staatlicher Identität:** Wenn in nationalen Sicherheitsdiskursen *existenzielle* Bedrohungen aufgezeigt werden, ist Sicherheitspolitik das *essentielle* Element staatlicher Identität. Ohne die Konstruktion staatlicher Bedrohungen – etwa durch andere Staaten – würde das Prinzip der Staatlichkeit erodieren.

▶   Indem nationale Sicherheitsstrategien als staatliche Existenzbedingung gelten, wird Staatlichkeit erst durch sicherheitspolitisches Handeln legitim.

In traditionellen Sicherheitsdiskursen manifestieren sich daher Legitimität, Souveränität und Nationalstaatlichkeit als Konsequenz der Bedrohungskonstruktionen: So identifizierten die USA während des Kalten Krieges einen äußeren, staatlichen Feind (Sowjetunion), der die staatliche Integrität der USA durch militärische Mittel zu bedrohen imstande war. Über die Bedrohungszuschreibung lassen sich wiederum Rückschlüsse auf die US-amerikanische Identitätskonstruktion ziehen: Wenn die Sowjetunion die staatliche Integrität der USA bedroht, wird durch sicherheitspolitische Reaktionen auf ebendiese Bedrohung der prioritäre Schutz der Staatlichkeit gestärkt. Sicherheit steht somit in unabdingbarem Zusammenhang mit Staatszentrismus und dem Primat militärischer Bedrohung. Dieser „kausale" Nexus ist allerdings keinesfalls beständig: Der Zusammenbruch der Sowjetunion als direktem Feind der USA muss zwangsläufig zu einem konstitutiven Identitätswandel führen. Wie also die US-amerikanische Identität nach 1991 zu bewerten ist, kann aus der angepassten sicherheitspolitischen Agenda abgeleitet werden: Denn welche Bedrohung als „konstitutives Äußeres" klassifiziert ist, schließt die Vorstellung eines „Selbst" ein.

3.2.3.1   Sprache und Handeln

Neben dem Ansatz der Dekonstruktion gewann Mitte der 1970er Jahre die sozialwissenschaftliche **Diskursanalyse** als Methode poststrukturalistischer Forschung zunehmend an Popularität. In dieser Hinsicht stellte sich zunächst die Frage, wie Identitätskonstruktionen methodisch nachvollzogen werden können. Auch wenn poststrukturalistische Forschung in Form vielfältigster Methoden erarbeitet wird, haben sich sprachkritische Analysen zum Herzstück diskursanalytischer Programme entwickelt. Dabei ist der konstitutive Zusammenhang zwischen **Sprache und Handeln** Ausgangspunkt für die Ableitung eines poststrukturalistischen Methodenverständnisses.

▶   Sprache ist für soziales Handeln konstitutiv.

Die Gesamtheit der sprachlich umfassten Sachverhalte – also Argumente, Begriffe und Bedeutungen – wird dabei als Diskurs bezeichnet. Wer Diskurse analysiert, prüft also sämtliche sprachlich-argumentative Praktiken innerhalb eines gesellschaftlichen Lebensfeldes. Die Analyse eines Sicherheitsdiskurses würde in diesem Sinne zur Rekonstruktion und Kategorisierung sämtlicher Argumentgruppen und sprachlicher Äußerungsformen zum Sachfeld „Sicherheit" beitragen: Welche Argumente und Begründungslogiken werden in sicherheitspolitischen Debatten geäußert? Welche Argumente werden als „richtig" oder „zulässig" erachtet? Welche sprachlichen Bezüge werden innerhalb des Sachfeldes gezogen? Was gilt als legitime, was als illegitime oder unmoralische Sicherheitspraktik?

Poststrukturalisten verpflichten sich in diesem Zusammenhang der konstruktivistischen Annahme, dass politische Realität eher durch Sprache als durch Materialität konstituiert wird (Adler 1997).

▶ „Materielle" Sicherheitsbedrohungen entstehen über **sprachliche Konstruktionsprozesse** und intersubjektive Bedeutungszuweisungen.

Nur wenn im Rahmen eines nationalen Sicherheitsdiskurses das Argument zulässig ist, militärische Kapazitäten eines fremden Staates stellten eine Bedrohung für die Integrität des eigenen Staates dar, bekundet sich der argumentative Sachverhalt als soziale Realität. Wenn hingegen dieser Sachverhalt innerhalb des Sicherheitsdiskurses nicht geäußert oder von divergierenden Argumenten dominiert wird, offenbart sich der Sachverhalt auch nicht als „real". Soziale Realitäten entstehen also durch sprachliche und argumentative Auseinandersetzungen in Form von Diskursprozessen. Die Rekonstruktion dieser Prozesse kann der Sicherheitsforscher über hermeneutische Interpretationen nachempfinden, indem er sprachliche Strukturen, Argumentationsmuster und Deutungszuweisungen analysiert. Diskursanalytische Sicherheitsforscher untersuchen daher auf Grundlage postpositivistischer Methodenverständnisse textuelle Materialien oder non-verbale Sprachäußerungen (Hansen 2006: 23). Somit umfasst poststrukturalistische Forschung die wissenschaftliche Aufarbeitung sprachlich manifestierter Diskurse (Der Derian/Shapiro 1989), die sich in den Handlungen der Diskursteilnehmer äußern.

▶ Diskurse werden dabei durch **diskursives Handeln** reproduziert (Milliken 1999: 229).

Im sicherheitspolitischen Diskurs „erzeugte" Akteure erfahren die Autorisierung, aufgrund von bestimmten Bedeutungszuweisungen bestimmte Handlungen auszuführen. Wenn etwa ein sicherheitspolitischer Diskurs traditionell-nationalstaatliche Sicherheitskonzepte repräsentiert, sind staatliche Akteure zur Ausführung von Sicherheitsstrategien – die wiederum dem Ziel des staatlichen Bedrohungsschutzes „angemessen" sind – autorisiert. Die Analyse eines „Sicherheitsdispositivs" (Foucault/Gordon 1980: 194) erlaubt zuletzt eine umfassende Rekonstruktion der mit dem Sicherheitsdiskurs verbundenen Instrumente, Institutionen und außerdiskursiven Handlungen. Neben den rein sprachlichen Aspekten eines Sicherheitsdiskurses können so auch nicht-diskursive – also nicht-sprachliche – Praktiken untersucht werden.

3.2.3.2 Kampf um das Deutungsmonopol

Wenn sprachliche Argumentations- und Deutungszusammenhänge ausschlaggebend für die Konstruktion von Identitäten und Sicherheitskonzeptionen sind, haben bestimmte sicherheitspolitische Akteure einen Anreiz zur **Diskurshegemonie** (Dunn/Mauer 2006: 198). Wer innerhalb eines Sicherheitsdiskurses genug Macht besitzt, kann eigene Deutungsformen des Begriffes „Sicherheit" etablieren. Dementsprechend würden Regierungsverantwortliche eher vom Primat „nationaler Sicherheit" sprechen, Umweltaktivisten von „Umweltsicherheit" und Menschenrechtler von „Human Security". Welches Interpretationsmuster durchsetzungsfähig ist, hängt von der machtpolitischen Position und dem Manipulationspotenzial der Akteure ab. Ausgehend von der **dominanten Interpretation** des Sicherheitsbegriffes leiten sich so „angemessene" oder „logische" Praktiken und Handlungsmechanismen ab, deren Befolgung wiederum in reziprokem Verhältnis zur Etablierung des bestimmenden Argumentationsmusters beiträgt (Hansen 2006: 33). Auch dieser Zusammenhang folgt der poststrukturalistischen Konzeption des Wahrheitsbegriffs:

▶ Welche Bedrohung „wahr" oder „faktisch existent" ist, kann über sprachliche und argumentative Manifeste durch mächtige Akteure definiert werden.

3.2.3.3 Kritik

Die „relative Unbestimmtheit des Begriffs, des Ansatzes und der methodischen Vorgehensweise" (Dunn/Mauer 2006: 211) erschwert die diskursanalytische Sicherheitsforschung. Die methodische Konzentration auf sprachliches, textuelles Material birgt zudem die Gefahr von Fehlinterpretationen und textidealistischen Fehlschlüssen. Nicht zuletzt erscheint in poststrukturalistischen und diskursanalytischen Ansätzen das Verhältnis von Denk- oder Argumentationsmustern und impliziten Praktiken problematisch: Kann ein spezifisches sicherheitspolitisches Handlungsmuster tatsächlich auf ein dominantes linguistisches Deutungskonzept zurückgeführt werden? Besteht ein eindimensionaler Zusammenhang zwischen Sprache und Praktik?

3.2.4   *Security Governance*

In den zu Beginn dieses Beitrags vorgestellten NATO- und EU-Programmen finden sich zahlreiche sicherheitspolitische Herausforderungen des 21. Jahrhunderts, die die Erweiterung klassischer Sicherheitskonzepte begründeten. Die augenscheinliche Veränderung des Denkens über Sicherheit scheint dabei in unmittelbarem Zusammenhang mit dem Schlagwort „**Globalisierung**" zu stehen. In einer Welt, die sich auf politischer, ökonomischer, kultureller und technologischer Ebene verflochten zeigt, gewinnen neue Akteure an Bedeutung. Unternehmen agieren transnational, Menschen kommunizieren digital, und Netzwerke formieren sich global. Unzählige gesellschaftliche Lebensfelder erstrecken sich so über staatliche Grenzen hinweg – und werden in gleichem Zuge staatlicher Regelungskompetenz immer mehr entzogen. Wo Staaten früher Handel, Finanzwesen oder kulturelle und soziale Entwicklung zumindest letztinstanzlich zu steuern imstande waren, nehmen heute zunehmend nicht-staatliche *global players* Einfluss auf gesellschaftliche Handlungsräume. Auch Sicherheit ist in diesem Sinne kein national oder international zu verstehender Begriff mehr, sondern dem Phänomen der Globalisierung in ähnlicher Weise unterlegen:

> ► Sicherheit ist kein rein staatliches Gut mehr, das innerhalb staatlicher Grenzen zu gewährleisten wäre; und Unsicherheit ist kein nur durch Staaten erfahrbares Prinzip mehr, das sich allein auf staatliche Integrität bezieht.

Doch wenn Sicherheit folglich staatlicher Regelungskompetenz zumindest teilweise entzogen ist, stellen sich für Sicherheitsforscher neue Fragen: Wer regelt Sicherheit in einer globalisierten, „entgrenzten" Welt? Welche alternativen Akteure oder Institutionen ersetzen – zumindest partiell – das Vakuum staatlicher Sicherheitsfürsorge? Welche neuen Bedrohungen gehen mit der Globalisierung einher?

3.2.4.1   Neue Loyalitäten und *Governance*-Strukturen

Seit Ende des Kalten Krieges beginnt die Stabilität des Westfälischen Systems souveräner Nationalstaaten zu wanken (Rosenau 1990), während sich globale, transnationale Akteure zunehmend gestärkt sehen: Staaten sind immer seltener in der Lage, die vielfältigen Bedürfnisse und Herausforderungen nicht-staatlicher

Individuen zu befriedigen. Daher verlieren Staaten in zahlreichen gesellschaftlichen Problemfeldern Loyalitätsbezüge „ihrer" Individuen (Staatsbürger), die
ihre Interessen nunmehr besser von nicht-staatlichen, kollektiven Akteuren be-
friedigt sehen. Folglich wächst die Bedeutung nicht-hierarchischer, transnationaler Regulierungsmechanismen und Organisationsformen, die die individuellen
Bestrebungen angemessen bedienen. Somit verlagern sich im Zuge der ökonomischen, kulturellen und politischen Globalisierung individuelle Loyalitäten von
der nationalstaatlichen auf die transnationale Ebene (Shaw 2001: 10–11). Im Bereich der Sicherheitspolitik führt dieser gesellschaftliche Transformationsprozess
des internationalen Systems zu zwei grundlegenden Konsequenzen: Potenzielle
Sicherheitsrisiken betreffen nicht mehr ausschließlich staatliche Sicherheit, sondern transnationale Sicherheitsgüter („Globalisierungsrisiken"). Außerdem erzeugen nicht-staatliche Akteure maßgeblich neue Sicherheitsrisiken (Terrorismus, Proliferation, Piraterie, Organisierte Kriminalität), die die Stabilität und
Integrität staatlicher und nicht-staatlicher Ordnungen potenziell gefährden.[20]
Die staatlichen Regulierungsmöglichkeiten zur Kontrolle solcher transnationaler Risiken sind allerdings naturgemäß äußerst beschränkt und mit hohen Kosten verbunden.

▶   Daher entscheiden sich Staaten auf Grundlage rationaler Erwägungen zu **si-
    cherheitspolitischer Kooperation und Koordination,** um Risiken einzudäm-
    men und Kosten zu sparen.

Diese Kooperationsformen finden nicht ausschließlich auf interstaatlicher Ebene
statt. Vielmehr werden häufig nicht-staatliche Akteure miteinbezogen, sodass allmählich die Tendenz zur Sicherheitspluralisierung und -privatisierung gegenüber
traditionell nationalstaatlicher Sicherheitsfürsorge erstarkt (Caparini 2006: 264).
Daher umfasst der Forschungsstrang der *Security Governance* die Analyse von
kollektiven Handlungsmustern und Praktiken staatlicher und nicht-staatlicher
Akteure zur **sicherheitspolitischen Interdependenzbewältigung.**
    Das Rahmenkonzept der „Security Governance" (Kirchner/Sperling 2007b) ist
daher als Versuch zu werten, ein analytisches Programm zur Beantwortung eben-
dieser Fragen zu entwickeln.

---

20 Ein Großteil dieser Gefährdungen bezieht sich allerdings nicht auf klassische, militärische
    Bedrohungen einzelner Staaten. Vielmehr äußern sich „common risk[s]" (Shaw 2001: 13), in-
    dem internationale Ordnungen und Regime als solche gefährdet werden – so etwa „der Wes-
    ten" oder die kapitalistische Marktordnung.

▶ Ausgangspunkt dieses Forschungsansatzes ist die Einsicht, dass Sicherheit im globalen Zeitalter nicht mehr ausschließlich von Staaten, sondern durch zahlreiche andere Akteure gewährleistet oder bedroht wird.

Um zu verstehen, wie Sicherheit als gemeinsames Gut auf globaler Ebene reguliert und normiert wird, müssen sicherheitspolitische Regelungskomplexe als kollektive Organisationsformen untersucht werden. Diese Forschungsabsicht umfasst folglich die Analyse **kollektiven sicherheitspolitischen Handelns,** das auf drei Annahmen begründet ist:

(1) Sicherheitsbedrohungen werden im Zuge der Globalisierung von **vielfältigen staatlichen und nicht-staatlichen Akteuren** (Vertiefung des Sicherheitsbegriffs) wahrgenommen, die in einem nicht-hierarchischen Strukturverhältnis zueinander stehen.

(2) Diese Akteure sehen sich neuen, **transnationalen Sicherheitsrisiken** konfrontiert (Erweiterung des Sicherheitsbegriffs), denen nicht mehr effektiv durch unilaterale Sicherheitsstrategien begegnet werden kann.

(3) Obwohl die beteiligten Akteure unterschiedliche Instrumente und Methoden zur Risikoregulierung anwenden, besteht dennoch ein wesentlicher Grad an **Übereinstimmung geteilter Normen und Interessen** in sicherheitspolitischen Fragen.

3.2.4.2   Dimensionen zwischen *government* und *governance*

Kernfrage bei der Erforschung von *Security Governance*-Strukturen ist, ob bestimmte Politikbereiche zentralen, nationalstaatlichen Handlungskompetenzen („**government**") unterliegen oder im Rahmen von fragmentierten, transnationalen Kooperationsregimen („**governance**") bewältigt werden. Daher müssen *Governance*-Strukturen analytisch in sieben Dimensionen untersucht werden (Krahmann 2003: 12): Die Dimension des **geografischen Raumes** betrifft dabei die Bewertung der staatlichen Fragmentierung – also der Machtverteilung zwischen einer zentralen Staatsgewalt und regionalen, internationalen oder globalen Autoritäten. Die **funktionale Dimension** beschreibt den Gehalt der Sektoren oder „issue areas", die in einem *Governance*-Komplex integriert und koordiniert werden. Die Dimension der **Ressourcendistribution** beschreibt, wie benötigte Ressourcen verteilt werden – während Staaten diese Aufgabe zentral verwalten, können Verteilungs- und Zuweisungsmechanismen in *Governance*-Komplexen die Zuständigkeitsbereiche zahlreicher fragmentierter Akteure berühren. Die Art der **Interessenslagerung** ist in einer weiteren Dimension erfasst, wobei aufgrund der Akteursvielfalt heterogene und potenziell divergierende Interessenspräferenzen statt eines staatlichen, homogenen Allgemeininteresses auftreten können. Die Dimension der **Normausrichtung** beschreibt eine ähnliche Klassifizierung: So gehören der ausschließlich staatlichen Regelungsgewalt andere Normen an als *Governance*-Komplexen – beispielsweise bei der unterschiedlichen Interpretation und Bewertung des Souveränitätsgrundsatzes in den internationalen Beziehungen. Die Eingrenzung **interner Entscheidungsmechanismen** erfolgt unter Einbeziehung einer weiteren Dimension: Während in Zentralstaaten Entscheidungen in hierarchischen Kanälen und auf Grundlage konsensfähiger Outputs getroffen werden, unterliegt die Entscheidungsfindung in Governance-Komplexen nicht-hierarchischen (horizontalen), lediglich mehrheitsfähigen Kompromissen. Die Dimension der **Politikumsetzung** äußert sich schließlich in der Erfassung von Durchsetzungsmechanismen – etwa der Unterscheidung von autoritativer oder zwingender Implementation in Staaten und dezentraler, „freiwilliger" Umsetzung in *Governance*-Komplexen.

Über die Analyse dieser Dimensionen kann nun festgestellt werden, inwieweit *Governance*-Strukturen – im Gegensatz zu staatlichen Regelungsmechanismen – in bestimmten Dimensionen vorzufinden sind. Je mehr Dimensionen innerhalb eines sicherheitspolitischen Problemfeldes von nicht-hierarchischen *Governance*-Strukturen durchdrungen sind, desto höher ist der Grad des *Security Governance*-Komplexes. Umso weniger Dimensionen erfasst sind, desto höher ist der Grad der klassisch-staatlichen, hierarchischen Regelungsbefugnis.

3.2.4.3 Formen

Neben staatlichen Akteuren können auch nicht-staatliche, private oder zivile Akteure innerhalb eines *Security Governance*-Komplexes einbezogen werden.

▶ Somit sind drei idealtypische *Governance*-Formen unterscheidbar, durch die das Verhältnis von staatlicher zu nicht-staatlicher Regelungsstruktur ausgedrückt wird – und zwar **governance by government, governance with government** sowie **governance without government** (Daase/Engert 2008: 482).

Postnationale *Governance*-Formen („without government") sind in der Regel hochinstitutionalisiert, während staatlich dominierte *Governance*-Komplexe („with government") eher nationale Präferenzen und machtgleichgewichtige, koordinierte Konstellationen abbilden (Dorussen et al. 2010: 288). Außerdem kann sich die Steuerungsform auch auf ausschließlich staatliche Befugnisse („by governance") beziehen. Kompetenzen können somit „nach oben" an internationale Organisationen, „nach unten" an regionale und lokale Akteure und „nach außen" an nicht-staatliche und private Akteure abgegeben werden (Krahmann 2005). Somit kann durch die Analyse der *Governance*-Form die Grundabwägung sämtlicher *Security Governance*-Komplexe erschlossen werden: Wie ist das Verhältnis zwischen staatlichen „government"- und nicht-staatlichen „governance"-Strukturen zu bewerten?

3.2.4.4 Kritik

Das Konzept der *Security Governance* birgt aufgrund unklarer analytischer Abgrenzungen mehrere Schwächen. Der Begriff „governance" wird oftmals nur unzureichend von traditionellen Regierungsformen abgegrenzt, wodurch qualitative Analysen von *Security Governance*-Komplexen erschwert werden (Daase/Engert 2008: 475). Eine weitere Schwäche illustriert das Problem der „nicht-intendierten Folgen" von *Security Governance,* die im Zusammenhang mit der Regulierung globaler Sicherheitsrisiken meist unerwünscht auftretende Effekte bezeichnen (Daase/Friesendorf 2010). Weil originäre Akteursabsichten aus politologischer Sicht oftmals schwer feststellbar sind, stellt – im Umkehrschluss – die Erfassung und Bewertung entsprechender nicht-intendierter Folgen ein theoretisches Dilemma dar. Zuletzt erscheint die Kritik, *Governance*-Strukturen als universales Komplement zu traditionell staatlicher Regelungskompetenz zu verklären, zumindest konzeptionell berechtigt.

3.2.5 *Human Security*

1994 wurde vom *United Nations Development Programme* (UNDP) der „Human Development Report" veröffentlicht, der aufgrund seiner politischen Implikationen zügig Eingang in die akademische Debatte fand. Der Begriff der *Human Security* dient in diesem Bericht in Abgrenzung zu nationaler, militärischer Sicherheit als universales Konzept, um die individuelle Freiheit von grundlegenden Unsicherheiten zu erfassen.

▶   Somit wird dem **Schutz primärer und sekundärer Menschenrechte** übergeordnete Bedeutung beigemessen.

Diese Rechte umfassen nach Maßgabe des UNDP-Reports im Einzelnen die Bereiche der ökonomischen Sicherheit, Nahrungssicherheit, gesundheitlichen Sicherheit, Umwelt- und Ressourcensicherheit, physischen Sicherheit, kommunalen Sicherheit und politischen Sicherheit. Das Konzept der *Human Security* ist dabei mehr als andere Ansätze bemüht, den Erweiterten Sicherheitsbegriff als politiknahes, normatives Programm zu verstehen. Die untrennbare Verbindung zum Menschenrechtsschutz bedingt dabei zwangsläufig die Emanzipation von traditioneller Sicherheitsforschung: Weil Menschenrechte zuvörderst als Abwehrrechte gegen den Staat eingesetzt wurden, können Sicherheitsfragen grundlegende Normkonflikte bedingen: Ist die Sicherheit des Menschen wichtiger als die Sicherheit des Staates? Sollte Staatsräson dem Überleben des Einzelnen untergeordnet werden? Diese Abwägungen finden insbesondere dann Anwendung, wenn Staaten zur Sicherheitsmaximierung die Einschränkung grundlegender Menschenrechte vornehmen – etwa in Form von Notstandsgesetzgebungen oder militärisch-polizeilichen Maßnahmen, die grundlegende Menschenrechtsverletzungen zur Folge haben können. Zahlreiche Akademiker und *policymakers* glauben in diesem Zusammenhang eine Normverschiebung staatlicher Praxis feststellen zu können, in deren Zuge der staatliche Souveränitätsgrundsatz immer mehr durch den Schutz der *Human Security* begrenzt wird (Tickner 1992).

Das Konzept der *Human Security* folgt aus der qualitativen Vertiefung des Sicherheitsbegriffs (Individuum als bedrohtes Referenzobjekt) und dessen Erweiterung (Bedrohung von Menschenrechten). In klarer Abgrenzung zum traditionellen Sicherheitsbegriff wird das Primat des Staates als Referenzobjekt aufgegeben, weil nicht-staatliche Akteure im Zuge der politischen und ökonomisch-kapitalistischen Globalisierung an Bedeutung gewinnen (Thomas 1999: 2–3). Der Vorzug der Staatsräson – also des staatlichen Überlebens – tritt zugunsten des **Überlebens des Individuums** in den Hintergrund.

▸ Im akademischen Diskurs wird die Frage nach dem qualitativen Ausmaß des individuellen Überlebens in zwei verschiedenen Theorieorientierungen diskutiert – einer **breiteren** und einer **engeren Auslegung** (Owen 2004: 375–376).

Demnach wird sich der Frage, wie die Definition von „Sicherheit" zu interpretieren sei, unterschiedlich angenommen. Denn wenn Sicherheit als Nichtvorhandensein von Unsicherheit und Bedrohungen verstanden wird, können – weil individuelle „vor" staatlicher Sicherheit gilt – zwei Antworten gegeben werden: „Sicher sein" kann entweder heißen, frei von Angst (vor physischer oder psychischer Gewalt, Tod oder Verfolgung) oder frei von Bedürfnissen (nach Nahrung, Gesundheit oder Beschäftigung) zu sein. Beide Interpretationen finden sich als subdisziplinäre Programme des *Human Security*-Ansatzes wieder – die enge Auslegung der Sicherheitsdefinition bezieht sich dabei auf die Freiheit von Angst, die weite auf Freiheit von Bedürfnissen.

3.2.5.1   Breite Auslegung

Das Prinzip „freedom of want" ist an der breiter gefassten UNDP-Programmatik orientiert. Forscher, die sich dieser Interpretation verpflichtet fühlen, erarbeiten Kerndimensionen menschlicher Grundbedürfnisse (King/Murray 2002; Thomas 2000; Hampson et al. 2002). Auf Grundlage dieser indexikalischen Bedürfniskataloge sind Kausalmechanismen identifizierbar, die die Zuordnung bestimmter Bedrohungsszenarien zu bestimmten Bedürfnisreferenzen ermöglichen. Würden sämtliche Bedürfnisse der *Human Security* in ausreichendem Umfang geschützt, gälten die maßgeblichen Unsicherheiten der postmodernen Welt als gebannt: Nef (1999: 24) bezeichnet in diesem Sinne die **präventive Risikoreduktion** menschlicher (subsystemischer) Unsicherheitsfaktoren als wechselseitig abhängige Voraussetzung für globale (systemische) Sicherheit. Somit entsteht ein enger Zusammenhang zwischen *Human Security* und *Global Governance:* Wird der Schutz menschlicher Sicherheit praktiziert, bilden sich – in reziprokem Einflussverhältnis – auf systemischer Ebene Normen, Regeln und Rechte einer zivilbürgerlichen Weltgesellschaft aus. Dementsprechend bilden **demokratiefördernde Maßnahmen,** die den Schutz grundlegender Menschenrechte umfassen, das zentrale Bindeglied zwischen *Human Security* und *Global Governance* (Tehranian/Reed 1999: 78).

3.2.5.2   Enge Auslegung

Sicherheitsforscher, die sich demgegenüber auf eine engere Auslegung im Sinne „freedom of fear" berufen, lehnen multidimensionale Ansätze – also die Indizes der Bedürfniskataloge – ab. So versuchen Krause (1998), MacFarlane (2006), Mack (2002) und Suhrke (1999), **Bedrohung durch Gewalt**[21] als einzige unabhängige Variable zu kennzeichnen, von der *Human Security* abhängt. Die Autoren begründen ihr Programm im methodischen Rahmen traditioneller Sicherheitsforschung, verschieben allerdings den Forschungsfokus von Gewaltanwendungen zwischen Staaten auf die Analyse innerstaatlich verübter Gewalt. Somit werden Individuen und Gruppen (Bevölkerungen, Minderheiten) als Referenzobjekte identifiziert, die potenziell von staatlicher Gewalt bedroht sind.

---

21 Gewaltbedrohungen umfassen im Wesentlichen die Folgen bewaffneter Konflikte, Gefahren für Zivilisten durch repressive Regierungen oder Staatsversagen.

3.2.5.3 Humanitäre Intervention und *Responsibility to Protect*

Rechtlich und politisch stellt das Konzept der *Human Security* ein grundlegendes Problem dar. Während des Kalten Krieges galt die **staatliche Souveränität** – verbunden mit dem Interventionsverbot – als übergeordnete Norm internationaler Politik. Der Staat bildete das einzig legitime Referenzobjekt, das auf Bedrohungen reagierte.

▶ Mit der Etablierung der *Human Security* als universaler Norm gerät das Ordnungsprinzip der staatlichen Souveränität ins Wanken.

Daher birgt das Konzept das Dilemma, zum Schutz von Menschenrechten potenziell die Verletzung der Norm staatlicher Souveränität begehen zu müssen – und somit zwischen nationalstaatlicher und individueller Integrität abzuwägen. In zwangsläufiger Verbindung steht der Schutz der *Human Security* daher mit dem Prinzip der **humanitären Intervention,** das sich seit 1991 zumindest rudimentär als völkerrechtliche Praxis äußert (Kaldor 2007: 17). Staatliche Souveränität kann demnach dann verletzt werden, wenn der betroffene Staat selbst Menschenrechtsverletzungen begeht oder toleriert. Ein ähnlicher Normkonflikt leitet sich aus dem Prinzip der Schutzverantwortung („**Responsibility to Protect**" oder „R2P") ab, das 2001 durch die *International Commission on Intervention and State Sovereignty* (ICISS) vorbereitet und entwickelt wurde. Dabei ist die internationale Gemeinschaft verpflichtet, Schutzverantwortung für Bevölkerungen in Staaten zu übernehmen, in denen die Regierungsgewalt keine oder nur unzureichende Gewährleistungen zum Menschenrechtsschutz garantieren kann. Im Gegensatz zur humanitären Intervention bedingt die Norm der Schutzverantwortung eine Neubewertung des Souveränitätsgrundsatzes: Staaten verwirken demnach ihr Recht auf territoriale und politische Integrität, wenn sie Menschenrechte nicht zu schützen imstande sind.

Die jüngste Anwendung des Schutzverantwortungsprinzips fand in den Debatten im Zuge des Arabischen Frühlings 2011 statt, als in zahlreichen arabischen Ländern Menschenrechtsverletzungen durch Regierungstruppen und Sicherheitskräfte begangen wurden. Im Frühjahr 2011 entschied sich so der Sicherheitsrat der Vereinten Nationen mit der Resolution 1973, auf die Menschenrechtsverletzungen in Libyen zu reagieren – wobei der Bezug zur Priorität der „Human Security" und der damit verbundenen Schutzverantwortung Ausdruck fand.

3.2.5.4   Kritik

Das junge Konzept der *Human Security* birgt eine zentrale Schwäche. Was unter „menschlicher Sicherheit" zu verstehen ist, debattieren *policymakers* und Akademiker höchst diffus – so umfasst die Bandbreite an zu schützenden Individualrechten zahlreiche Rangstufen zwischen physischer Unversehrtheit und psychischem Wohlbefinden (Paris 2001: 88). Daher ist die Anwendung des unpräzise gefassten Ansatzes im politischen und akademischen Diskurs problematisch: Je ungenauer die zu bezeichnende Unsicherheit erfasst ist, desto schwieriger können Bedrohungsquellen (lokal, regional, national, global) analytisch verortet und Bedrohungsmechanismen kausallogisch zugeordnet werden. Daher besteht bei einer breiten Auslegung des Begriffs der *Human Security* die Gefahr, unabhängige und abhängige Variablen zu verwechseln (Mack 2004: 367). Zudem erscheint die Katalogisierung der Bedürfniskataloge oftmals arbiträr und entbehrt einer strengen, wissenschaftlichen Begründbarkeit. In diesem Zusammenhang steht der Vorwurf gegen liberale Theoretiker, die über ein radikalisiertes „catch-all concept" (Nuruzzaman 2006: 292) der *Human Security* die neorealistische Erklärungsschwäche nach 1991 auszugleichen versuchten. Obwohl das Konzept der *Human Security* zahlreiche Überschneidungen mit den *Critical Security Studies* hat, wird von letzteren nichtsdestotrotz der unkritische „problem solving"-Charakter des Forschungsprogramms kritisiert (Newman 2010: 92).

3.2.6   Versicherheitlichung

Der „linguistic turn" (Rorty [1992]) in den Geistes- und Sozialwissenschaften beschreibt die analytische Hinwendung zu **sprachlichen Strukturen** bei der Erforschung sozialer Phänomene. Als Vertreter der **Sprechakttheorie** erarbeiteten Austin ([1975]) und Searle (1970; 1980) ein in dieser sprachanalytischen Tradition verortetes Konzept, durch das der Handlungscharakter der Sprache zum eigentlichen Untersuchungsgegenstand des Forschers wird.

▶ Drückt ein Sprecher eine **performative Äußerung** aus, vollzieht er – neben dem rein sprachlichen Teilakt des phonetischen Aussprechens – eine Handlung.

Die Aussage „Unser Staat X ist von Y bedroht" ist daher nicht lediglich eine deskriptive Äußerung, mit der ein Sachverhalt der außersprachlichen Welt beschrieben wird. Vielmehr entfaltet die Aussage zwei entscheidende Mehrwerte: Denn zum einen drückt der Sprecher über die Äußerung einen impliziten Handlungszweck aus („Wir müssen uns vor Y schützen"), zum anderen erzielt er eine spezifische Wirkung beim Hörer (Alarmierung, Warnung). Da aus performativen Äußerungen außersprachliche Handlungskonsequenzen folgen („Wer bedroht wird, muss sich schützen"), schließt jeder Sprechakt eine spezifische Sprechhandlung ein: Wer etwas sagt, verändert die sprachlich konstituierte Lebenswelt von Sprecher und Hörer – „by saying something we do something" (Austin/Urmson [1975]: 94). Sprechakttheoretiker verweisen somit auf die konstitutive Kraft von Wort und Sprache:

▸ Wer Gegenstände oder Sachverhalte bezeichnet, *schafft* nicht nur ein linguistisches Abbild oder eine bloße Bezeichnung, sondern *erschafft* im Zuge der Bezeichnung Sinnzusammenhänge oder Bedeutungen.

Die Entscheidung, bestimmte Akte als „terroristische Anschläge" oder „kriminelle Akte" zu kennzeichnen, geht folglich mit vollkommen unterschiedlichen Handlungsimplikationen einher. Die **Kopenhagener Schule** um Buzan und Wæver (1998) fühlte sich im Laufe der 1990er Jahre von den Überlegungen der Sprechakttheoretiker inspiriert: Wenn die äußere Lebenswelt über sprachliche Vermittlung konstituiert und verändert wird, dann unterliegen auch gesellschaftliche Bedrohungskonstruktionen einem vergleichbaren Mechanismus. Die „**Theorie der Versicherheitlichung**"[22] ist somit als Versuch zu werten, die sprachkritischen Analysen der Sprechakttheorie auf das Feld der Sicherheitsforschung zu übertragen.

3.2.6.1 Konstruktion von Sicherheitsbedrohungen

Der Mechanismus einer gesellschaftlichen Sicherheitskonstruktion folgt dem Prinzip einer Sprechhandlung. Als „**Sprecher**" oder „versicherheitlichender Akteur" werden Personen oder gesellschaftliche Repräsentanten bezeichnet, die sich zu einem sicherheitspolitischen Sachverhalt öffentlich äußern. Das „**Publikum**", das die Äußerung des Sprechers hört und interpretiert, kann in diesem Zusammenhang als Öffentlichkeit oder gesellschaftliches Umfeld verstanden werden. Wenn sich also der Innen- oder Verteidigungsminister eines Landes in einer öffentlichen Rede zu einem bestimmten sicherheitsrelevanten Umstand äußert, kann er von einem großen Teil der Bevölkerung als Publikum gehört werden. Gemäß den sprechakttheoretischen Vorüberlegungen kann der Sprecher nun beim Publikum einen bestimmten Effekt erzielen, indem er etwa in seiner Rede auf eine äußere Bedrohung hinweist und das Publikum somit potenziell in Alarmbereitschaft versetzt. Auf dieser Grundlage ist es dann möglich, bestimmte Sicherheits-

---

22 Im englischen Original als „Securitization Theory" bezeichnet.

maßnahmen vor dem alarmierten Publikum zu legitimieren. Sicherheitsbedrohungen können also „frei" über sprachähnliche Akte konstruiert werden – ob eine Gefahr „tatsächlich" vorliegt, ist in diesem Zusammenhang nicht zu erschließen. Wenn das Publikum vom Sprecher überzeugt wird, gilt die Sicherheitsbedrohung als sozial konstruiert.

▶ Ein versicherheitlichender Akteur (Sprecher) vollzieht in diesem Sinne einen **Akt der Versicherheitlichung**, indem er ein öffentliches Publikum (Hörer) auf die Bedrohung eines zu schützenden Referenzobjektes hinweist.

Akzeptiert das Publikum die vom Sprecher identifizierte Bedrohung, gilt der Sachverhalt als „versicherheitlicht". Auf Grundlage der **gesellschaftlichen Akzeptanz** ist der versicherheitlichende Akteur nun berechtigt, **außergewöhnliche Maßnahmen** zum Schutz des bedrohten Referenzobjektes zu verabschieden (Buzan et al. 1998: 21–22). Aus den konstruktivistischen Rahmenannahmen des Versicherheitlichungskonzepts folgt, dass die Beschaffenheit der Bedrohung nur marginalen Einfluss auf die Etablierung neuer Sicherheitskonstruktionen hat. Grundsätzlich kann jeder Sachverhalt versicherheitlicht werden, sofern der Konstruktionsprozess bestimmten Voraussetzungen genügt. Diese Voraussetzungen werden in Anlehnung an die *felicity conditions* des Sprechaktmodells Austins ([1975]: 14–15) als **Erfolgsbedingungen** für Akte der Versicherheitlichung übertragen.

3.2.6.2 Erfolgsbedingungen

Der Erfolg eines Akts der Versicherheitlichung richtet sich nach der Einhaltung **innerer und äußerer Bedingungen** durch den Sprecher (Wæver 2003: 14–15). Die inneren Bedingungen beziehen sich auf Form und Inhalt des Sprechaktes – das Publikum muss von einer existenziellen Bedrohung und einem unmittelbaren Handlungszwang überzeugt sein, die in sektorenspezifischen „Dialekten" vermittelt werden. Wird etwa eine ökologische Bedrohung wie der Klimawandel versicherheitlicht, muss die existenzielle Bedrohung des Referenzobjekts (ökologische Lebensgrundlage des Menschen) mit einem unmittelbaren Handlungszwang (Irreversibilität der Erderwärmung) in einem spezifischen Dialekt (Narrativ des globalen Klimawandels) vom Sprecher verbunden werden. Die äußeren Bedingungen kennzeichnen die gesellschaftliche Autorität des Sprechers, die kontextuale und soziale Einbettung des Aktes und die materielle Beschaffenheit der Bedrohung. Im Falle der Versicherheitlichung des Klimawandels müsste der Sprecher demnach eine autoritative oder Experten-Stellung genießen (Umweltminister, Umweltexperte), der Sachverhalt einer kontextualen und sozialen Einbettung genügen (gesellschaftliche Anerkennung von Umweltproblemen) und die materielle

Beschaffenheit der Bedrohung in ausreichendem Maße gegeben sein (Angst vor Katastrophen durch Erderwärmung).

▶ Wenn innere und äußere Bedingungen erfüllt sind, ist der Akt der Versicherheitlichung erfolgreich (Buzan et al. 1998: 32).

Die Entwicklung innerer und äußerer Bedingungen ist grundsätzlich der Übersetzung der Sprechakttheorie in das Feld der Sicherheitsforschung geschuldet. Akte der Versicherheitlichung unterscheiden sich von „reinen" Sprechakten: Versicherheitlichung sollte nicht als rein sprachliches Phänomen aufgefasst werden, sondern vielmehr als sozial konstruiertes Ereignis, das *wie ein Sprechakt* strukturiert ist. Die Einbettung des sicherheitstheoretischen Jargons – beispielsweise des „point of no return", des klassischen „existential threat" oder der Sprecherautorität – in den sprachanalytischen Kontext zwingt somit zur Integration gesellschaftstheoretischer Begrifflichkeiten, um die linguistische Struktur des Sprechaktes auf die konstruktivistische Struktur des Aktes der Versicherheitlichung übertragen zu können.

3.2.6.3 Sektoren und Ebenen

Versicherheitlichung findet in verschiedenen Sektoren statt. Ob von „Finanzmarktsicherheit" oder „Innerer Sicherheit" gesprochen wird, bedingt nur die analytisch-sektorale Erfassung von Akten der Versicherheitlichung – die Struktur der Bedrohungskonstruktion bleibt unverändert. Die Autoren der Kopenhagener Schule schlagen fünf analytische Sektoren vor, in denen Sicherheitsbedrohungen konstruiert (Erweiterung des Sicherheitsbegriffs) und sektorenspezifischen Referenzobjekten zugeordnet werden (Vertiefung des Sicherheitsbegriffs).

▶ Buzan (1991b: 19–20) verweist in diesem Sinne auf den **militärischen, politischen, ökonomischen, ökologischen** und **sozialen Sektor,** die als Analysekategorien die Erfassung von komplexen Bedrohungstypen erleichtern.

Innerhalb der spezifischen Sektoren gelten eigene Sprachregeln, Referenzobjekte, Akteurstypen und Argumentationsmuster, die wiederum in der Definition der Erfolgsbedingungen Berücksichtigung finden. Referenzobjekte lassen sich auf den **Ebenen** des internationalen Systems, der internationalen Subsysteme (etwa regionalen Organisationen), der Staaten, des innerstaatlichen Systems (Gruppen, Verbände, Lobbies) und des Individuums verorten (Buzan et al. 1998: 5–6).

3.2.6.4   Dynamiken und „Entsicherheitlichung"

Wenn über Akte der Versicherheitlichung gesellschaftliche Bedrohungen konstruiert werden, können versicherheitlichende Akteure außergewöhnliche Maßnahmen zum Schutz des bedrohten Referenzobjektes verabschieden. Allerdings werden durch die Einführung dieser Schutzmaßnahmen die „normal political rules
of the game" (Buzan et al. 1998: 24) gebrochen, indem die politischen Entschei-
dungsprozeduren durch sicherheitspolitische Alternativen ersetzt werden – etwa
in Form von militärischen Einsätzen, Ausnahmezuständen oder grundrechtsbe-
schränkenden Regelungen. Dabei wird durch die publikumsabhängige Akzeptanz
der Bedrohung ein „window of opportunity" geöffnet, das für die Sicherheitsver-
antwortlichen den Rahmen möglicher Maßnahmenkataloge vorgibt. Wenn allerdings die Akzeptanz einer bestimmten Sicherheitsbedrohung nachlässt, verlieren
die Maßnahmen im gleichen Zuge an Legitimität. In diesem Falle müssen entsprechende Sicherheitsmaßnahmen wieder innerhalb des politischen – und nicht des
sicherheitspolitischen – Spielraumes formuliert werden. Langfristig unterliegen
Bedrohungskonstruktionen somit einem Prozess ständiger Versicherheitlichung
und „Entsicherheitlichung"[23]. Diese Dynamiken stehen in unmittelbarem Zusammenhang mit der gesellschaftlichen Wahrnehmung aktueller Bedrohungsbilder und -szenarien.

3.2.6.5   Kritik

Die Theorie der Versicherheitlichung wird hauptsächlich wegen der eindimensio-
nalen, statischen Modellierung von Sicherheitskonstruktionen kritisiert. Die Kategorisierung in quasi-ontologische Sektoren steht den eigentlich konstruktivistischen und poststrukturalistischen Rahmenannahmen der Kopenhagener Schule
entgegen (Stritzel 2007: 367–368) – wenn grundsätzlich jeder Sachverhalt versicherheitlicht werden kann, dürften keine limitierenden Sektoren feststellbar sein.
Einem ähnlichen Statizismus unterliegt die starre Identitätskonstruktion des ver-
sicherheitlichenden Akteurs und des Publikums, die eher positivistisch-reifiziert
als dynamisch-kokonstitutiv erfasst werden (McSweeny 1996: 83). Sprecher und
Publikum stehen in diesem Sinne nicht in einem statischen Sender-Empfänger-
Verhältnis, sondern sehen sich in einem gesellschaftlichen Aushandlungsprozess
eingebettet. Auch die Reduktion des gesamten Vorgangs der Bedrohungskonstruktion auf ein Ereignis – den Akt der Versicherheitlichung – erscheint oftmals

---

23   Der Begriff der „Entsicherheitlichung" kann als Repolitisierung oder – im englischen Original – als „desecuritization" bezeichnet werden.

künstlich: In diesem Sinne ähnelt der Prozess der Versicherheitlichung eher der etablierten, formalen Prozedur einer Taufe oder Heirat als einem komplexen, gesellschaftlichen Aushandlungsprozess (Balzacq 2005: 172). Aufgrund dieser Kritiken versucht eine zweite Forschergeneration,[24] stärkeres Gewicht auf die eigentlich zentrale Komponente der Versicherheitlichung zu legen: Der Publikums- und Akzeptanzbegriff wird daher neu erfasst, indem die universalen Erfolgsbedingungen durch kontextabhängige, historische Bezüge ersetzt werden (Balzacq 2011: 8).

3.2.7 *Gender Security*

In ihrem paradigmatischen Werk „Gender in International Relations" weist Tickner (1992) auf den Befund hin, dass internationale Politik unverhältnismäßig stark von Männern gestaltet und bestimmt wird. Soldaten, Diplomaten und Beamte bestimmen als männliche Akteure internationalen Austauschs das außenpolitische Geschäft. Zentrale Begrifflichkeiten der Internationalen Beziehungen – Macht, Krieg, Gewalt, Unsicherheit, Realpolitik, Abschreckung – scheinen vermeintlich als Authentikum maskuliner Eigenschaften und für Frauen nicht erschließbar. Indem auf den Unterschied „natürlicher" oder angeborener Fähigkeiten zwischen Männern und Frauen verwiesen wird, verhindert die **Maskulinisierung** internationaler Politik den Zugang feministischer Weltbilder.

Der Vorwurf feministischer und genderbezogener Forscher richtet sich folglich gegen die unkritische Übernahme von Geschlechterverzerrungen in der akademischen Reflexion. Die Forschungsdisziplin der Internationalen Beziehungen bedarf in Gender-Ansätzen daher – in Anlehnung an die Kritische Methode – der Offenlegung von etablierten, genderbezogenen Strukturen: Welche Konzepte der Internationalen Beziehungen rekurrieren auf maskuline Attributionen? Welche Ansätze sind durch den Ausschluss feministischer Perspektiven verzerrt? Inwiefern unterliegen „objektive Feststellungen" zu Außen- und Sicherheitspolitik lediglich maskuliner Perzeption? Denn das, was weitläufig als „wissenschaftliche Wahrheit" in den Kanon akademischer Aussagen zu internationaler Politik aufgenommen wird, scheint tatsächlich Ausdruck männlicher, phallogozentristischer Wahrnehmung zu sein (Butler 1990). Demzufolge stellen sich „weibliche" Konzeptionen von Weltordnung und Weltbildern lediglich in Differenz zum maskulinen Wissenschaftsbetrieb dar. In jüngeren Gender-Ansätzen – und somit im Gegen-

---

24 In diesem Sinne nehmen „Second Generation Securitization Theorists" (Stritzel 2011: 2) entscheidende Modifizierungen am ursprünglichen Theorieentwurf vor, indem soziopolitische Bedingungen der Versicherheitlichung stärkere Berücksichtigung finden.

satz zur emanzipatorisch-politiknahen Feminismusforschung der 1980er Jahre[25] –
soll daher weniger versucht werden, feministische Positionen in die akademische
Debatte einzubringen, sondern vielmehr eine allgemeine Dekonstruktion maskuliner *und* femininer Geschlechtsnormen vorzunehmen.

▶ Der Ausweg aus geschlechtsperspektivischer Verzerrung der Disziplin der Internationalen Beziehungen folgt demnach statt feministischer Emanzipation dem
   Ziel der **„nongendered perspective"** (Tickner 1992: 24–25).

Diese Perspektive äußert sich unter anderem in der sprachkritischen Auflösung
zwangsheterosexueller Konzepte: Internationale Politik muss nicht *entweder* von
Macht als Maskulinum *oder* durch Ausgleich als Femininum bestimmt sein, sondern kann durchaus im Rahmen eines geschlechtsneutralen Ansatz verstanden
werden.

3.2.7.1 *Gender Security* als Forderung

Zunächst beschäftigten sich Gender-Forscher bei der Kritischen Reformulierung
grundlegender Annahmen und Prämissen der Internationalen Beziehungen damit, Forschungsgegenstände im Rahmen einer **eigenständigen Gender-Analysekategorie** zu erfassen (Sjoberg 2010: 1). In der traditionellen Sicherheitsforschung
spielen feministische und Gender-Perspektiven allerdings bis heute keine Rolle,
da der referentielle Fokus auf Staaten und der militärische Bedrohungstyp alternative Akteurs- und Unsicherheitstypen systematisch exkludieren. Zahlreiche
traditionelle Sicherheitsforscher präsentieren ihre Arbeiten darüber hinaus als
„geschlechtsneutral" und versuchen somit feministische und genderbezogene Per-
spektivierungen zu marginalisieren (Whitworth 2009: 104). Doch auch in erweiterten Sicherheitskonzepten findet die Berücksichtigung von Gender-Strukturen
nur teilweise statt (Peoples/Vaughan-Williams 2010: 33). So ist beispielsweise im
Forschungsansatz der Kopenhagener Schule trotz der sektoralen Erweiterung um
das Feld der „sozialen Sicherheit" keine analytisch fassbare Versicherheitlichung
von Gewalt gegen Frauen möglich: Da die diskursive Identitätskonstruktion der
Frau maßgeblich in politischen, rechtlichen und religiösen Praktiken eingebettet – und somit „klassischen" Sektoren zuordenbar – ist, erschwert sich folgege-
mäß eine sektorale Gender-Kategorisierung (Hansen 2000).

---

25 Kennedy-Pipe (2007: 75) unterscheidet zwischen einer angewandten und diskursiven Aus-
    richtung der *Gender Security*-Forschung, wobei erstere die emanzipatorische Rolle weib-
    licher Akteure in konkreten sicherheitspolitischen Herausforderungen und letztere die
    Kritische Reflexion geschlechterspezifischer Konstruktionen betrifft.

Auch Tickner (2001: 50) bestätigt die Klassifizierung von Gewalttaten an
Frauen eher als subordiniertes „Nebenprodukt" militärisch-politischer Gewalt
denn als strukturelles oder strategisches Phänomen, das aufgrund von Gender-
Unterschieden zu erklären wäre. Außerdem erscheint die Sphäre, der Gewalt an
Frauen zugeordnet wird, eher privat-familiär als öffentlich und somit in politi-
schen Diskursen schwer fassbar (Penttinen 2006: 137).

Eines der normativen Anliegen feministischer Sicherheitsforscher ist daher
die Etablierung einer gesonderten Gender-Analysekategorie im Sinne eines erweiterten Sicherheitsbegriffes. In einer solchen Kategorie könnten frauenspezifische, gendermotivierte Gewalttaten als „gendercide" (Warren 1985) analytisch
erfasst werden. Ein erster politischer Erfolg konnte in diesem Sinne mit der Ver-
abschiedung der Resolution 1325 des VN-Sicherheitsrates im Oktober 2000 erzielt
werden: Das Gebot nach expliziter Verfolgung von Kriegsverbrechen an Frauen
und nach besonderem Schutz für Frauen und Mädchen in Kriegsgebieten kann so
der Forderung zuträglich werden, frauenspezifische Gewalttaten nicht länger als
Begleiterscheinung gewaltsamer Auseinandersetzungen aufzufassen.

Grundsätzlich lehnen feministische Sicherheitsforscher die statischen Staats-
konzeptionen traditioneller Sicherheitsprogramme ab.

▶ **Individuen** werden **als Referenzobjekte** (Vertiefung des Sicherheitsbegriffes)
  auf Grundlage eines **multidimensionalen Mehrebenenansatzes** angenommen, um den Sicherheitsbegriff auf Felder der **Geschlechtergerechtigkeit** oder
  Emanzipation zu erweitern.[26]

Die an die Tradition der Kritischen Theorie angelehnten feministischen Sicherheitsforscher versuchen so, über interpretative „bottom up"-Analysemethoden
den Einfluss von Genderhierarchien auf die Sicherheit von Individuen oder Gruppen zu deuten. Entsprechende hierarchische Strukturen äußern sich in diesem
Zusammenhang bei der sozialen Indizierung sicherheitspolitischer Normen und
Werte, die als gesellschaftliche Praxis reproduziert werden. Da ebensolche Normen und Werte – ähnlich der poststrukturalistischen Einschätzung – maßgeblich über Sprache konstituiert und reproduziert werden, gibt die genderbezogene
Dekonstruktion dieser Sprachstrukturen Hinweise auf mögliche Geschlechtsver-
zerrungen (Cohn 1987): Wenn etwa von Sicherheit durch atomare Abschreckung
gesprochen wird, verharmlosen und unterschätzen Experten dabei die Gefahr de-
saströser Effekte einer Nuklearbombe („pat the bomb").[27]

---

26 Vgl. Tickner (2001: 47).
27 Vgl. hierzu auch die Ausführungen zu nuklearer Abschreckung im Kapitel *Strategie* (2.2.3.1).

3.2.7.2 Kritik

Bei zahlreichen Verletzungen individueller Schutzrechte ist die Zuweisung einer bestimmten Gewaltmotivation nicht immer eindeutig. So ist beispielsweise die Straftat des Menschenhandels nicht zwangsläufig mit der Absicht der sexuellen Ausbeutung verbunden (Lobasz 2010: 229). Das grundsätzliche Problem einer analytischen Gender-Dimension im Bereich der Sicherheitsforschung bezieht sich daher auf die potenzielle Unschärfe bei der Einordnung von Bedrohungsquellen: Es besteht die Gefahr, Genderstrukturen einen impliziten ontologischen Vorrang bei der Analyse von Sicherheitsbedrohungen zuzuweisen. Ein ähnliches Problem äußert sich bei der Bevorzugung von Gender-Strukturen bei der Analyse von sprachlichen Mustern. Während ein Großteil der Poststrukturalisten Machtbeziehungen für die Ausprägung bestimmter sprachlicher Strukturen verantwortlich sieht, vermuten Gender-Forscher Geschlechtszwänge „hinter" sprachlichen Äußerungen. Somit scheint die bevorzugte Stellung genderbezogener Faktoren als Erklärungsansatz internationaler Sicherheitspolitik letztlich diskutabel.

3.2.8 Pariser Schule[28]

Über lange Jahre hat sich Sicherheitsforschung in den Internationalen Beziehungen als eigenständige, exklusive Theoriedebatte entwickelt. Die traditionelle Trennung zwischen interner und internationaler Sphäre äußerte sich so zwangsläufig in zwei unabhängigen Wissenschaftskomplexen: Politiksoziologische, kriminologische, historische und psychologische Sicherheitskonzepte blieben von Forschern der Internationalen Beziehungen nahezu unberücksichtigt – insbesondere aufgrund vollkommen unterschiedlicher epistemischer und disziplinärer Definitionen um den Begriff „Sicherheit". Denn während erstere Kriminalität, Kriminalitätsfurcht oder Angst vor Armut und Krankheit mit lebensweltlichen Sicherheitskonzepten in Verbindung bringen, beschränkt sich Sicherheitsforschung in den Internationalen Beziehungen auf vermeintlich „essentielle" Fragen des Krieges, des Todes, der Abschreckung oder des Überlebens (Bigo 2009: 118).

▶ Mit dem Forschungsprogramm der „Pariser Schule" wird versucht, eine Brücke zwischen Kritischen Sicherheitskonzepten der Internationalen Beziehungen und **soziologischen Ansätzen** zu schlagen.

---

28 Die Pariser Schule ist aufgrund ihrer soziologischen Grundausrichtung eng mit dem Forschungsprogramm der „International Political Sociology" verwandt (Bigo 2009: 122).

Dem Ansatz der Versicherheitlichung angelehnt ist dabei die Untersuchung des Übertragungsprozesses, durch den politische Agenden zum Gegenstand sicherheitspolitischer Erwägungen werden. Allerdings werden keine impliziten Sprechakte untersucht, sondern vielmehr politologisch-soziologische Erklärungsmodelle zur Untersuchung von Bedrohungskonstruktionen herangezogen.

3.2.8.1   Soziologische Öffnung

Bei der Untersuchung von Versicherheitlichungsdiskursen wirft Bigo (2008) der Kopenhagener Schule vor, den **Einfluss nicht-diskursiver Praktiken** zu unterschätzen. Als zentrales Element im Sicherheitskonzept der Kopenhagener Schule gilt der Sprechakt, der als genuin sprachliches Phänomen der diskursiven Sphäre zugerechnet wird. Demgegenüber werden nicht-sprachliche Phänomene – also Handlungen, die nicht zwangsläufig über sprachliche oder textuelle Äußerung vermittelt sind – als nicht-diskursive Praktik bezeichnet. So manifestieren sich Bedrohungsbilder in bürokratisch-technisierten Verfahren und Instrumentarien wie Grenzkontrollen, Statistiken, Polizei- und Sicherheitseinsätzen oder personenbezogenen Datenerhebungen.

▶   Diese nicht-diskursiven Praktiken sind allerdings weniger als „Nebenprodukte" der Versicherheitlichungsprozesse staatlich-politischer Akteure zu werten, sondern spielen bei der Entstehung neuer Unsicherheitskonstruktionen eine übergeordnete Rolle.

Forschungsabsicht der Pariser Schule ist es daher, eine soziologische Betrachtung dieser beim Konstruktionsprozess von Sicherheitsbedrohungen beteiligten interinstitutionellen, netzwerkartigen Bürokratien und Expertengruppen anzustrengen. Unter Rückgriff auf die von Bourdieu ([1986]) entwickelten Konzepte des **„sozialen Raums"** und des **„symbolischen Kapitals"** können diese Prozesse nachempfunden werden: Innerhalb eines Feldes, das sämtliche Interaktionen und Konstellationen zwischen sachbezogenen Bürokratien umfasst, kämpfen individuelle Akteure (Beamte, Experten) unter Einsatz ihres symbolischen Kapitals um Anerkennung oder Reputation ihrer Position.

3.2.8.2   Bürokratien und Sicherheitsexperten

Mitarbeiter und Experten sachbezogener Bürokratien oder Institutionen bezeichnet Bigo (2005) als **„professionals of (in)security"**[29]. Innerhalb des europäischen Bürokratiegefüges sind beispielsweise zahlreiche Experten über Sicherheitsbehörden wie Europol, Eurojust, Frontex oder OLAF in bestimmten Konstellationen und Kommunikationskanälen vernetzt (Bigo 2007). Diese Sicherheitsexperten nutzen allerdings divergierende, individuelle Zugänge zur Erfassung und Klassifizierung von Sicherheitsrisiken und Bedrohungen – so würden Frontex-Mitarbeiter den Bedrohungstyp „Terrorismus" eher mit immigrationspolitischen Perspektiven in klassifikatorischen Zusammenhang bringen, während Eurojust-Experten auf kriminologisch-polizeiliche Attribute verweisen würden. Wessen Bedrohungsklassifikation die Sicherheitsdebatte letztlich dominiert, hängt vom Ausgang zahlreicher interpersoneller und informeller „Kämpfe" in und zwischen den beteiligten Organisationen ab. Datenbanken, Statistiken und informationstechnische Ressourcen der einzelnen Akteure spielen bei diesem „Ringen um die richtige Klassifikation" als symbolisches Kapital[30] eine übergeordnete Rolle.

▶ Aus der Perspektive der Pariser Schule äußern sich gesellschaftliche Bedrohungskonstruktionen somit vor allem in der Folge bürokratischer Routinen der Kategorisierung, Einordnung und Definition bestimmter Sachverhalte.

3.2.8.3   Transnationalisierung von Bedrohungsrisiken

Neben öffentlichen Akteuren treten allerdings auch zunehmend **private Sicherheitsfirmen und -experten** in Erscheinung, die sich in zahlreichen nicht-militärischen Feldern des technisierten Risikomanagements etablieren (Erweiterung des Sicherheitsbegriffs) und sich somit zu potenziellen Versicherheitlichern qualifizieren. Sowohl private als auch öffentliche Expertengruppen sind zunehmend in **globalen Sicherheitsnetzwerken** verflochten (Vertiefung des Sicherheitsbegriffs), sodass traditionell-staatliche Akteure das Primat als bevorzugter versicherheitlichender Akteur und „Bedrohungsperzipient" allmählich einbüßen. Informelle

---

29 Im weiteren Verlauf wird die Bezeichnung „Sicherheitsexperten" als deutsche Übersetzung verwendet.

30 Die Bezeichnung „informationstechnisches Kapital" scheint einer Anreicherung des Bourdieuschen Begriffes eher zu entsprechen. Im Zusammenhang mit der „informationstechnischen Überlegenheit" (Holznagel et al. 2001: 38) individueller Akteure – also datenbezogenstatistischen Ressourcen und Überwachungs- oder Kommunikationstechnologien – versteht sich das eingesetzte Kapital als Machtmittel, mit dem entscheidende technologische Vorteile erzielt werden können.

Kämpfe zwischen transnationalen Bürokratien zahlreicher Sicherheitsagenturen, Polizei- und Justizbehörden, Nachrichtenämtern und Militärorganisationen bedingen letztlich eine dominante Bedrohungsdeutung innerhalb des transnationalen Sicherheitsdiskurses – gemäß deren „rules of the game" (Bigo 2008: 14) das Spiel um Unsicherheit und Risiko gespielt werden muss. Durch das Forschungsprogramm der Pariser Schule ist es in diesem Zusammenhang möglich, die Verschiebung von innerer zu äußerer Sicherheit nachzuvollziehen.

3.2.8.4 Kritik

Als maßgeblicher Mehrwert des Denkansatzes der Pariser Schule gilt der analytische Fokus auf individuelle Akteure und informelle Entscheidungsmechanismen in „versteckten" transnationalen Bürokratien und Sicherheitsagenturen. Wæver (2004: 9) weist allerdings zu Recht auf die Gefahr hin, durch dieses Vorgehen potenzielle „Verschwörungstheorien" zu lancieren: Der Zugang zu inoffiziellen Dokumenten gestaltet sich naturgemäß schwierig, und die methodische Selektion der tatsächlich verantwortlichen Entscheidungsträger erscheint aufgrund der Fülle möglicher Akteure und Organisationen teilweise arbiträr.

3.3 Debatten

Die vorangegangene Einführung zu Denkansätzen der Erweiterten Sicherheitsforschung führt zu der Einsicht, dass gerade jüngere Forschungsthemen ebenso lebendig wie kontrovers debattiert werden. Auf Entwurf folgt Gegenentwurf, neue Einsichten lösen Konventionelles ab und Theorien werden revidiert, verändert, abgelehnt oder bestätigt. Dabei können in den meisten Fällen akademische „Lager" innerhalb der einzelnen Debatten festgestellt werden, die durch disziplinäre, regionale oder normative Grenzen begründet sind.

So bewegte in diesem Sinne die Unwilligkeit US-amerikanischer Akademiker und Verleger, Sicherheitsforschung außerhalb der realistisch dominierten Debatte zu integrieren, rund zwanzig europäische Wissenschaftler zur Bildung des CASE-Kollektivs[31]. Die Gruppe setzte sich in einem 2006 veröffentlichten Manifest zum Ziel, die als Waliser, Kopenhagener und Pariser Schule bezeichneten Varianten Kritischer Sicherheitsforschung zu evaluieren und innerhalb der akademischen Diskussion als gemeinsamen Standpunkt zu formen (C.A.S.E. Collective 2006).

---

31 Die Abkürzung CASE bezieht sich auf den Sammelbegriff „Critical Approaches to Security in Europe".

Büger und Stritzel (2005) fassen den europäischen Beitrag zur Erweiterten Sicherheitsforschung mit der Kennzeichnung „New European Security Theories" (NEST) zusammen. Die Autoren grenzen – ebenso wie das CASE-Kollektiv – die Arbeiten der Kopenhagener, Waliser und Pariser Schule gegenüber klassischer und konstruktivistischer Sicherheitsforschung aus dem US-amerikanischen Raum ab. Das Engagement deutscher Wissenschaftler zur Weiterentwicklung europäischer Sicherheitsschulen erscheint dabei bislang eher marginal.

Beide Versuche, europäische Sicherheitsforschung trotz offensichtlicher Divergenzen als gemeinsames Forschungsprogramm zu positionieren, sind als Emanzipationsbemühung gegenüber US-amerikanischen Denkschulen auszulegen. Die eingangs erwähnte regionale Diskrepanz – die in ähnlicher Ausprägung in den unterschiedlichen Sicherheitsagenden der NATO und EU nachzuweisen versucht wurde – fällt somit seit Ende des Kalten Krieges als stellvertretendes Unterscheidungsmerkmal auf. Die Weiterentwicklung der gegenwärtigen Sicherheitsforschung hängt demnach vom Vermögen europäischer Forscher ab, US-amerikanische Akademiker zu einer Debatte um das Verhältnis von klassisch-konstruktivistischer und kritisch-reflexiver Sicherheitsforschung zu bewegen.

Insbesondere das Forschungsfeld der Erweiterten Sicherheitstheorie scheint darüber hinaus in höherem Maße als andere Subdisziplinen in den Internationalen Beziehungen an gegenwartsbezogene Phänomene gebunden zu sein: Das, was in der aktuellen politischen Praxis unter „Sicherheit" verstanden wird, findet in der Regel zügig Eingang in die akademische Debatte. Sicherheitsforscher sind so ständig aufgefordert, innerhalb ihres theoretischen Rahmens kontemporäre sicherheitsrelevante Ereignisse aufzugreifen. Dieser Umstand vermag Erweiterter Sicherheitsforschung – etwa im Gegensatz zur Theoriebildung der Internationalen Beziehungen – zwar die Attribute „aktuell" und „praxisnah" verleihen, erweist sich bei der Erarbeitung „großer" Sicherheitstheorien allerdings als erschwerender Faktor.

Fragen zum Kenntnisstand

(1) Wodurch unterscheidet sich „traditionelle" von „erweiterter" Sicherheitsforschung?

(2) Was sind „neue" Sicherheitsbedrohungen?

(3) Was bedeuten die analytischen Konzepte der „Vertiefung" und „Erweiterung" des Sicherheitsbegriffs?

(4) Welche nicht-staatlichen Akteure können zu Verursachern oder Zielobjekten neuer Bedrohungen werden?

(5) Welche weltgeschichtlichen Veränderungen führten zu einem Perspektivenwechsel im Forschungsfeld der Sicherheitsforschung?

Fragen zum selbständigen Weiterdenken

(1) Welche Schwierigkeiten bringt die Erweiterung des Sicherheitsbegriffs mit sich?

(2) Welcher Zusammenhang besteht zwischen Denkansätzen erweiterter Sicherheitsforschung und grundlegenden normativen Zweckbestimmungen?

(3) Welche zukünftigen Bedrohungen könnten durch bestehende Ansätze nicht oder nur schwierig erklärt werden?

Empfohlene Literatur

Eine Einführung in das grundlegende Konzept der erweiterten Sicherheitsforschung bieten:

- *Wyn Jones, Richard* 1999: Security, Strategy, and Critical Theory, Boulder, CO; *Booth, Ken* 2007: Theory of World Security, Cambridge.

Alan Collins stellt eine übersichtliche und ausführliche Sammlung aller Denkansätze der erweiterten Sicherheitsforschung vor:

- *Collins, Alan* (Hrsg.) 2007: Contemporary Security Studies, Oxford.

Peter Hough bespricht Entwicklung, Inhalt und Grundkonzepte sämtlicher etablierter Analysekategorien und Sektoren der erweiterten Sicherheitsforschung:

- *Hough, Peter* 2008: Understanding Global Security, New York, NY.

Literatur

Adler, Emanuel 1997: Seizing the Middle Ground: Constructivism in World Politics, in: European Journal of International Relations 3: 3, 319–363.

Adler, Emanuel/Barnett, Michael (Hrsg.) 1998a: Security Communities, Cambridge.

Adler, Emanuel/Barnett, Michael 1998b: A Framework for the Study of Security Communities, in: Adler/Barnett 1998a, 29–66.

Austin, John Langshaw/Urmson, James Opie [1975]: How to Do Things with Words, Cambridge, MA.

Baldwin, David 1995: Security Studies and the End of the Cold War, in: World Politics 48: 1, 117–141.

Balzacq, Thierry 2005: The Three Faces of Securitization: Political Agency, Audience and Context, in: European Journal of International Relations 11: 2, 171–201.

Balzacq, Thierry 2011: Securitization Theory, in: Balzacq, Thierry (Hrsg.): A Theory of Securitization: Origins, Core Assumptions, and Variants: How Security Problems Emerge and Dissolve, London, 1–30.

Barnett, Jon 2001: The Meaning of Environmental Security: Ecological Politics and Policy in the New Security Era, London.

Bigo, Didier 2005: Introduction: Policing in the Name of Freedom, in: Bigo, Didier/Guild, Elspeth (Hrsg.): Controlling Frontiers: Free Movement into and within Europe, 1–13.

Bigo, Didier (Hrsg.) 2007: The Field of the EU Internal Security Agencies, Paris.

Bigo, Didier 2008: Terror, Insecurity and Liberty, in: Bigo, Didier/Tsoukala, Anastassia (Hrsg.): Globalized (In)Security: The Field and the Ban-Opticon: Illiberal Practices of Liberal Regimes After 9/11, London, 10–48.

Bigo, Didier 2009: Security Studies, in: Williams, Paul (Hrsg.): International Political Sociology: An Introduction, London, 116–130.

Bilgin, Pinar 2009: Security Studies, in: Williams, Paul (Hrsg.): Critical Theory: An Introduction, London, 89–102.

Biscop, Sven 2011: European Security Since the Fall of the Berlin Wall, in: Mérand, Frédéric (Hrsg.): Global Europe: An Emerging Strategic Actor, Toronto, 127–147.

Booth, Ken 1991: Security and Emancipation, in: Review of International Studies 17:4, 313–326.

Booth, Ken 2007: Theory of World Security, Cambridge.

Bourdieu, Pierre [1986]: Outline of Theory and Practice, Cambridge.

Büger, Christian/Stritzel, Holger 2005: New European Security Theory, in: Zeitschrift für Internationale Beziehungen 12: 2, 437–446.

Butler, Judith 1990: Gender Trouble: Feminism and the Subversion of Identity, New York, NY.

Buzan, Barry 1991a: New Patterns of Global Security in the Twenty-First Century, in: International Affairs 67: 3, 431–451.

Buzan, Barry 1991b: People, States, and Fear: An Agenda for International Security Studies in the Post-Cold War Era, New York, NY.

Buzan, Barry/Wæver, Ole/Wilde, Jaap de 1998: Security: A New Framework for Analysis, Boulder, CO.

C.A.S.E. Collective 2006: Critical Approaches to Security in Europe: A Networked Manifesto, in: Security Dialogue 37: 4, 443–487.

Campbell, David 1998: Writing Security: United States Foreign Policy and the Politics of Identity, Minneapolis, MN.

Caparini, Marina 2006: Private Actors and Security Governance, in: Bryden, Alan/Caparini, Marina (Hrsg.): Applying a Security Governance Perspective to the Privatisation of Security, Zürich, 263–284.

Cohn, Carol 1987: Sex and Death in the Rational World of Defense Intellectuals, in: Signs: Journal of Women in Culture and Society 12: 4, 687–718.

Collins, Alan (Hrsg.) 2007: Contemporary Security Studies, Oxford.

Copeland, Dale 2000: The Constructivist Challenge to Structural Realism: A Review Essay, in: International Security 25: 2, 187–212.

Cox, Robert 1981: Social Forces, States and World Orders: Beyond International Relations Theory, in: Millenium: Journal of International Studies 10: 2, 126–155.

Daase, Christopher 2002: Internationale Risikopolitik, in: Daase, Christopher/Feske, Susanne/Peters, Ingo (Hrsg.): Internationale Risikopolitik: Ein Forschungsprogramm für den sicherheitspolitischen Paradigmenwechsel. Der Umgang mit neuen Gefahren in den internationalen Beziehungen, Baden-Baden, 9–36.

Daase, Christopher 2009: Internationale Politik als Überlebensstrategie, in: Ferdowsi, Mir A. (Hrsg.): Der erweiterte Sicherheitsbegriff, München, 137–153.

Daase, Christopher/Engert, Stefan 2008: Global Security Governance: Kritische Anmerkungen zur Effektivität und Legitimität neuer Formen der Sicherheitspolitik, in: Politische Vierteljahresschrift 41: 4, 475–498.

Daase, Christopher/Friesendorf, Cornelius 2010: Introduction, in: Daase, Christopher/Friesendorf, Cornelius (Hrsg.): Rethinking Security Governance: The Problem of Unintended Consequences, London, 1–20.

Der Derian, James/Shapiro, Michael 1989: International/Intertextual Relations: Postmodern Readings of World Politics, Lexington, KY.

Deutsch, Karl W. 1957: Political Community and the North Atlantic Area: International Organization in the Light of Historical Experience, Princeton, NJ.

Dorussen, Han/Kirchner, Emil/Sperling, James 2010: Conclusion: Structure, Agency and Barriers to Global Security, in: Kirchner, Emil/Sperling, James (Hrsg.): National Security Cultures: Patterns of Global Governance, London, 287–302.

Duignan, Peter (2000): NATO – Its Past, Present, and Future, Stanford, CA.

Dunn, Myriam/Mauer, Victor 2006: Methoden der sicherheitspolitischen Analyse, in: Siedschlag, Alexander (Hrsg.): Diskursanalyse: Die Entstehung der Nationalen Sicherheitsstrategie der USA. Eine Einführung, Wiesbaden, 189–217.

European Council 2003: A Secure Europe in a Better World – The European Security Strategy (12. 12. 2003), Brüssel.

Fierke, Karin 2007: Critical Approaches to International Security, Cambridge.

Foucault, Michel/Gordon, Colin 1980: Power/Knowledge: Selected Interviews and Other Writings, 1972–1977, New York, NY.

Giddens, Anthony 1984: The Constitution of Society: Outline of the Theory of Structuration, Berkeley, LA.

Giddens, Anthony 2002: Runaway World: How Globalization Is Reshaping Our Lives, London.

Hampson, Fen Osler/Daudelin, Jean/Hay, John/Reid, Holly/Marting, Todd 2002: Madness in the Multitude: Human Security and World Disorder, Oxford.

Hansen, Lene 2000: The Little Mermaid's Silent Security Dilemma and the Absence of Gender in the Copenhagen School, in: Millenium: Journal of International Studies 29:2, 285–306.

Hansen, Lene 2006: Security as Practice: Discourse Analysis and the Bosnian War, London.

Hauser, Gunther 2000: Das europäische Sicherheitssystem zu Beginn des 21. Jahrhunderts, in: Hochleitner, Erich (Hrsg.): Die NATO – die Grundlage des euro-atlantischen Sicherheitsverbundes, Wien, 267–336.

Hauser, Gunther 2008: Die NATO – Transformation, Aufgaben, Ziele, Frankfurt a. M.

Heisbourg, François 2009: Conclusion: The Unbearable Weight of Not Being, in: Tardy, Thierry (Hrsg.): European Security in a Global Context: Internal and External Dynamics, New York, NY.

Holznagel, Bernd/Hanßmann, Anika/Sonntag, Mathias 2001: IT-Sicherheit in der Informationsgesellschaft – Schutz kritischer Infrastrukturen, Münster.

Horkheimer, Max/Adorno, Theodor [1989]: Dialektik der Aufklärung. Philosophische Fragmente, Frankfurt a. M.

Hough, Peter 2008: Understanding Global Security, New York, NY.

Jepperson, Ronald/Wendt, Alexander/Katzenstein, Peter 1996: The Culture of National Security, in: Katzenstein, Peter (Hrsg.): Norms, Identity, and Culture in National Security: Norms and Identity in World Politics, New York, NY, 33–75.

Kaldor, Mary 1999: New and Old Wars: Organized Violence in a Global Era, Stanford, CA.

Kaldor, Mary 2007: Human Security: Reflections on Globalization and Intervention, Cambridge.

Katzenstein, Peter (Hrsg.) 1996: The Culture of National Security: Norms and Identity in World Politics, New York, NY.

Kavalski, Emilian 2006: European Identity, in: Karolewski, Ireneusz Pawel/Kaina, Viktoria (Hrsg.): Identity of Peace: Framing the European Security Identity of the EU: Theoretical Perspectives and Empirical Insight, 91–112.

Kegley, Charles 1993: The Neoidealist Moment in International Studies? Realist Myths and the New International Reality, in: International Studies Quarterly 37: 2, 131–146.

Kennedy-Pipe, Caroline 2007: Contemporary Security Studies, in: Collins, Alan (Hrsg.): Gender and Security, Oxford, 75–90.

Kerschbaumer, Johannes 2000: Das europäische Sicherheitssystem zu Beginn des 21. Jahrhunderts, in: Hochleitner, Erich (Hrsg.): Europa 2000 – Neue Risiken, Unsicherheiten und Bedrohungsbilder, Wien, 21–32.

King, Gary/Murray, Christopher 2002: Rethinking Human Security, in: Political Science Quarterly 116: 4, 585–610.

Kirchner, Emil/Sperling, James 2007a: EU Security Governance, Manchester.

Kirchner, Emil/Sperling, James 2007b: Global Security Governance: Competing Perceptions of Security in the 21st Century, London.

Krahmann, Elke 2003: Conceptualizing Security Governance, in: Cooperation and Conflict 38:1, 5–26.

Krahmann, Elke 2005: American Hegemony or Global Governance? Competing Visions of International Security, in: International Studies Review 7: 4, 531–545.

Kratochwil, Friedrich 1989: Rules, Norms, and Decisions, Cambridge.

Krause, Keith 1998: Critical Theory and Security Studies: The Research Programme of Critical Security Studies, in: Cooperation and Conflict 33: 3, 298–333.

Krause, Keith/Williams, Michael 1997: Critical Security Studies, in: Krause, Keith/Williams, Michael (Hrsg.): „From Strategy to Security: Foundations of Critical Security Studies: Concepts and Cases, Minneapolis, MN, 33–60.

Krell, Gert 2009: Weltbilder und Weltordnung. Einführung in die Theorie der internationalen Beziehungen, 4. überarbeitete und aktualisierte Auflage, Baden-Baden.

Lobasz, Jennifer 2010: Gender and International Security, in: Sjoberg, Laura (Hrsg.): Beyond Border Security: Feminist Approaches to Human Trafficking: Feminist Perspectives, London, 214–234.

MacFarlane, Neil/Khong, Yuen Foong 2006: Human Security and the UN: A Critical History, Bloomington, IN.

Mack, Andrew 2002: A Report on the Feasibility of Creating an Annual Human Security, Harvard, MA.

Mack, Andrew 2004: A Signifier of Shared Values, in: Security Dialogue 35: 3, 366–367.

Malek, Martin 2004: Weltpolitik im 21. Jahrhundert, in: Oberreuter, Heinrich/Steinkamm, Armin/Seller, Hanns-Frank (Hrsg.): Russland und die NATO. Grundlagen ihrer Beziehung aus Moskauer Sicht. Perspektiven zur neuen internationalen Staatenordnung, Wiesbaden, 522–535.

McSweeny, Bill 1996: Identity and Security: Buzan and the Copenhagen School, in: Review of International Studies 22: 1, 81–93.

Mearsheimer, John 1994: The False Promise of International Institutions, in: International Security 13: 3, 5–49.

Mérand, Frédéric/Irondelle, Bastien/Foucault, Martial 2011: European Security Since the Fall of the Berlin Wall, in: Mérand, Frédéric (Hrsg.): Theorizing Change in the European Security Environment, Toronto, 3–24.

Milliken, Jennifer 1999: The Study of Discourse in International Relations: A Critique of Research and Methods, in: European Journal of International Relations 5: 2, 225–254.

Moore, Rebecca 2007: NATO's New Mission: Projecting Stability in a Post-Cold War World, Westport.

Nef, Jorge 1999: Human Security and Mutual Vulnerability: The Global Political Economy of Development and Underdevelopment, Ottawa.

Newman, Edward 2010: Critical Human Security Studies, in: Review of International Studies 63: 1, 77–94.

Nuruzzaman, Mohammed 2006: Paradigms in Conflict: The Contested Claims of Human Security, Critical Theory and Feminism, in: Cooperation and Conflict 41: 3, 285–303.

Onuf, Nicholas Greenwood 1989: World of Our Making. Rules and Rule in Social Theory and International Relations, New York, NY.

Owen, Taylor 2004: Human Security – Conflict, Critique and Consensus: Colloquium Remarks and a Proposal for a Threshold-Based Definition, in: Security Dialogue 35: 3, 373–387.

Paris, Roland 2001: Human Security: Paradigm Shift or Hot Air?, in: International Security 26: 2, 87–102.

Penttinen, Elina 2006: Providing Security: White Western Feminists' Protecting „Other" Women: Consensus and Coercion in Contemporary Politics, in: Haugaard, Mark/Lentner, Howard (Hrsg.): Hegemony and Power: Consensus and Coercion in Contemporary Politcs, Lanham, MD, 133–149.

Peoples, Columba/Vaughan-Williams, Nick 2001: Critical Security Studies: An Introduction, London.

Peterson, James Walter 2011: NATO and Terrorism: Organizational Expansion and Mission Transformation, New York, NY.

Peterson, John 1996: Europe and America: The Prospects for Partnership, London.

Riecke, Henning 2008: Weltverträgliche Energiesicherheitspolitik, in: Braml, Josef/Kaiser, Karl/Maull, Hanns (Hrsg.): Rolle der NATO in der Energiesicherheit – Jahrbuch Internationale Politik 2005/2006, München, 328–334.

Rorty, Richard M. (Hrsg.) [1992]: The Linguistic Turn: Essays in Philosophical Method, Chicago, IL.

Rosenau, James N. 1990: Turbulence in World Politics: A Theory of Change and Continuity, Princeton, NJ.

Searle, John R. 1970: Speech Acts: An Essay in the Philosophy of Language, Cambridge.

Searle, John/Kiefer, Ferenc/Bierwisch, Manfred (Hrsg.) 1980: Speech Act Theory and Pragmatics, Dordrecht.

Shaw, Martin 2001: The Development of the ,Common Risk' Society, in: Society 38: 6, 7–15.

Sjoberg, Laura 2010: Introduction, in: Sjoberg, Laura (Hrsg.): Gender and International Security: Feminist Perspectives, London, 1–14.

Snidal, Duncan 1995: Local Commons and Global Interdependence: Endogenous Actors, Heterogenity and Institution, in: Keohane, Robert O./Ostrom, Elinor (Hrsg.): The Politics of Scope: Heterogeneity and Cooperation in Two Domains, London, 47–70.

Stritzel, Holger 2007: Towards a Theory of Securitization: Copenhagen and Beyond, in: European Journal of International Relations 13: 3, 357–383.

Stritzel, Holger 2011: Security, the Translation, in: Security Dialogue 42: 4/5, 343–355.

Suhrke, Astrid 1999: Human Security and the Interests of States, in: Security Dialogue 30: 3, 265–276.

Tehranian, Majid/Reed, Laura 1999: Worlds Apart: Human Security and Global Governance, in: Tehranian, Majid (Hrsg.): Evolving Government Regimes, London, 54–78.

Thomas, Caroline 1999: Introduction, in: Thomas, Caroline/Wilkin, Peter (Hrsg.): Globalization, Human Security, and the African Experience, Boulder, CO, 1–22.

Thomas, Caroline 2000: Global Governance, Development, and Human Security: The Challenge of Poverty and Inequality, London.

Tickner, J. Ann 1992: Gender in International Relations: Feminist Perspectives on Achieving Global Security, New York, NY.

Tickner, Judith Ann 2001: Gendering World Politics: Issues and Approaches in the Post-Cold War Era, New York, NY.

Varwick, Johannes 2008: Die NATO. Vom Verteidigungsbündnis zur Weltpolizei?, München.

Wæver, Ole 1998: The Sociology of a Not So International Discipline: American and European Developments in International Relations, in: International Organization 52: 4, 687–727.

Wæver, Ole 2003: Securitisation: Taking Stock of a Research Programme in Security Studies, unv. Ms.

Wæver, Ole 2004: Aberystwyth, Paris ,Copenhagen: New ,Schools' in Security Theory and their Origins between Core and Periphery, Montreal.

Walker, Rob 1993: Inside/Outside: International Relations as Political Theory, Cambridge.

Walt, Stephen [1990]: The Origins of Alliances, Ithaca, NY.

Warren, Mary Anne 1985: Gendercide: The Implications of Sex Selection, Totowa, NJ.

Wendt, Alexander 1992: Anarchy Is What States Make of It: The Social Construction of Power Politics, in: International Organization 46: 2, 391–425.

Wendt, Alexander 1999: Social Theory of International Politics, Cambridge.

Whitworth, Sandra 2009: Feminist Perspectives, in: Williams, Paul (Hrsg.): Security Studies: An Introduction, London, 103–105.

Williams, Michael 2009: NATO, Security and Risk management: From Kosovo to Kandahar, London.

Wyn Jones, Richard 1999: Security, Strategy, and Critical Theory, Boulder, CO.

Wyn Jones, Richard 2001: Critical Theory and World Politics, Boulder, CO.

Internationale Sicherheit: Ein Ausblick   4

Sebastian Enskat/Carlo Masala/Frank Sauer

Was ist internationale Sicherheit? Wie entstehen Kriege? Was lässt sich tun, um gewaltsame Konflikte zwischen Staaten zu verhindern und die „menschliche Sicherheit" zu gewährleisten? Wir hoffen, dass die vorangegangen Kapitel ein paar Antworten auf diese Fragen liefern konnten. Gleichzeitig würden wir unser Unterfangen nicht gleich als gescheitert betrachten, wenn beim Leser am Ende der Eindruck vorherrschte, das Buch habe mehr neue Fragen aufgeworfen als althergebrachte beantwortet. Aus unserer Sicht liegt dies in der Natur der Sache: Je intensiver man sich mit einem Gegenstand beschäftigt, desto mehr seiner Facetten tun sich auf und aus jeder neuen Antwort ergeben sich auch immer neue Fragen. Kann es überhaupt gelingen den „ewigen" Kreislauf aus Unsicherheit, Aufrüstung und noch größerer Unsicherheit zu durchbrechen? Ist eine Welt ohne Atomwaffen tatsächlich möglich? Und wer soll die internationale Sicherheit eigentlich gewährleisten, wenn Nationalstaaten immer weiter an Einfluss verlieren?

Solche Fragen, die auch schon in der Rubrik *Fragen zum selbstständigen Weiterdenken* am Ende der einzelnen Kapitel aufgeworfen worden sind, sollen deutlich machen, dass es sich bei den im Rahmen dieses Buches präsentierten Erkenntnissen um *work in progress* handelt. Indem sich die Staatenwelt wandelt, stellt sie auch diejenigen, die sich wissenschaftlich mit internationaler Sicherheit befassen, vor immer neue Herausforderungen und zwar ohne, dass die alten Herausforderungen deswegen auch nur annähernd als bewältigt gelten können.

Hinzu kommt: Nicht immer ist die Unterscheidung zwischen alten und neuen Herausforderungen so eindeutig, wie dies vielleicht auf den ersten Blick den Anschein haben mag. Das gilt etwa für jene Sicherheitsbedrohung, die seit dem 11. September die meiste öffentliche Aufmerksamkeit erfahren hat, den **internationalen bzw. transnationalen Terrorismus.**[1] Dabei geht es noch nicht mal so sehr

---

1   Zur Definition transnationaler Terrornetzwerke vgl. Schneckener (2004: 15–16), vgl. auch Schneckener (2006).

um die Feststellung, dass es grenzüberschreitenden Terrorismus selbstverständlich auch schon vor 2001 gegeben hat, sondern in erster Linie um die Erkenntnis, dass sich viele Facetten vermeintlich neuer Phänomene ohne weiteres auch unter dem Blickwinkel klassischer Problemfelder betrachten lassen. So lässt sich beispielsweise nach den Eigenarten von Terrorismus *als Strategie* und den Erfolgschancen entsprechender Gegenstrategien fragen.[2] Und auch der Zusammenhang zwischen transnationalem Terrorismus, nuklearer Proliferation und Rüstungskontrolle ist ein Beispiel für die fließenden Grenzen zwischen klassischen Problemfeldern und neuen Sicherheitsbedrohungen.[3] Wichtig ist in solchen Zusammenhängen deshalb immer die Frage: Was ist das eigentlich Neue am jeweiligen Phänomen?

Diese Frage zu stellen, lohnt sich auch bei jenen Entwicklungen, die jetzt oder in Zukunft mit dem immer rascher voranschreitenden technologischen Fortschritt einhergehen. Auch hier ist es wichtig, ganz genau hinzuschauen und zu fragen, was das substanziell Neue einer technologischen Weiterentwicklung ist und welche Probleme sich daraus ggf. für die internationale Sicherheit ergeben. Was das konkret bedeutet, soll zum Abschluss dieses Buches an zwei Phänomenen verdeutlicht werden, die in den letzten Jahren verstärkte Aufmerksamkeit erfahren haben und die Debatte um internationale Sicherheit wohl auch in Zukunft mitbestimmen werden: den sogenannten **Killerdrohnen** und dem sogenannten **Cyberkrieg.**

Die Zahl (zunehmend auch bewaffneter) **unbemannter Systeme** hat in den letzten Jahren rapide zugenommen. Die entsprechenden Systeme finden sich zu Lande, zu Wasser, im Weltall, aber vor allem in der Luft – dort in Gestalt der inzwischen zum Sinnbild dieser Entwicklung gewordenen unbemannten Luftfahrzeuge, oder auch „**Drohnen**", die ferngesteuert oder semi-autonom operieren (Singer 2009). Für die nicht allzu ferne Zukunft wird sogar erwartet, dass gänzlich „autonom" agierende Roboter beim Militär Einzug halten. Aus militärischer Sicht liegen die Vorzüge auf der Hand: Drohnen und Roboter benötigen weder Training noch Nahrung noch Schlaf, sie sind prädestiniert für die *dirty, dull and dangerous jobs,* die beim Militär anfallen. Wichtiger noch: Maschinen sind, anders als menschliche Soldaten, leicht ersetzbar. Kein Wunder also, dass angesichts solcher Vorteile die Rüstung in diesem Bereich weltweit in atemberaubendem Tempo expandiert. Die Folgen dieser Entwicklung – politische, juristische und ethische – werden derzeit kontrovers debattiert. Viele Experten nehmen die genannten Vorteile dabei zwar zur Kenntnis, weisen aber auch auf mögliche Ge-

---

2   Vgl. stellvertretend Abrahms (2006; 2008) sowie Richardson (2006).
3   Vgl. stellvertretend Levi/O'Hanlon (2005) sowie Sauer (2008a).

fahren und nicht-intendierte Konsequenzen für die internationale Sicherheit hin. Drei davon sollen hier exemplarisch kurz angerissen werden.

Erstens: Da Staaten durch den Einsatz von Maschinen in bestimmten Bereichen das Leben ihrer Soldatinnen und Soldaten kaum oder gar nicht mehr gefährden müssen (und zugleich immer wieder das zweifelhafte Narrativ bemüht wird, dass deren moderne Präzisionsmunition eine „chirurgische Kriegsführung" erlaube, die nahezu ohne Kosten für die unbeteiligte Zivilbevölkerung ablaufe), könnten Kriege – auch und gerade durch demokratische Staaten, die besonders „opfersensibel" sind – wieder leichter führbar werden. Kurz: Die Hemmschwelle, einen Krieg zu beginnen, könnte weiter sinken.

Zweitens: Der Erfolgszug der unbemannten Systeme ist unter anderem ihren geringeren Kosten sowie der Tatsache geschuldet, dass sie zumindest teilweise auf dem *spin-in* ziviler, leicht verfügbarer Technologie basieren. Dadurch, zusammen mit der Tatsache, dass selbst aktuelle Hightech-Drohnen überdurchschnittlich hohe Ausfallraten haben und ihre Wracks die Muster für Kopien liefern, ergibt sich aktuell eine Situation, in der eine unkontrollierte Rüstungsdynamik als wohl nur schwer abwendbare Konsequenz erscheint. So wird denn auch der vor allen von den USA und Israel vorangetriebene Hype um unbemannte Systeme längst von vielen Staaten, auch aber eben nicht nur den neuen, „aufstrebenden Mächten", zum Anlass genommen, eifrig nachzurüsten.

Drittens: Autonom entscheidende Maschinen können schneller agieren als *man-in-the-loop*-Systeme – ein wertvoller militärischer Vorteil und somit ein weiterer Beschleunigungsfaktor der Automatisierung der Kriegsführung. Gerade diese Entwicklung wirft jedoch brisante völkerrechtliche und ethische Fragen auf: Soll ein autonom „handelndes" Waffensystem, eine Maschine, wirklich selbständig über den Einsatz militärischer Gewalt gegen Menschen entscheiden dürfen? Und wer ist verantwortlich (Militärs, Politiker, Konstrukteure, Programmierer?), wenn ein solcher „Killer Roboter" irrtümlich Zivilisten tötet oder verwundet?[4]

Eine weitere sicherheitsrelevante Entwicklung im Zusammenhang mit dem technologischen Fortschritt ist die gewachsene Bedeutung des **Cyberspace** – inklusive massiver Aufrüstung offensiver Kapazitäten in vielen Staaten weltweit. Das Wort Cyberspace stammt ursprünglich aus der Science-Fiction-Literatur der 1980er Jahre und wurde durch den Roman *Neuromancer* von William Gibson populär. Heute dient der Begriff als Metapher für global vernetzte Computersysteme (beispielweise das Internet samt World Wide Web) und die darin stattfindenden Datenaustauschprozesse.

Wenngleich bereits in den 1990er Jahren in Denkfabriken und Verteidigungsministerien über die Bedeutung des Cyberspace als neuem Kriegsschauplatz nach-

---

4   Vgl. hierzu Sauer/Schörnig (2012).

gedacht wurde, ist dieser doch wohl erst mit dem in den Medien als „erster Cyberkrieg der Geschichte" betitelten Vorfall in Estland im April 2007 endgültig Teil
des sicherheitspolitischen Mainstreams geworden. Das besonders gut vernetzte
und weltweit im Bereich *eGovernment* führende Estland war dabei Ziel einer zwei
Wochen andauernden *Distributed Denial of Service* (DDoS)-Attacke[5] auf die Web-
seiten von Parteien, Firmen, Banken, Zeitungen sowie der estnischen Regierung.
Als vermeintlicher Urheber dieser Attacken via Cyberspace wurde rasch die rus-
sische Regierung ausgemacht, ohne dass dieser Vorwurf jemals zweifelfrei belegt
werden konnte.

Während im Fall Estland angesichts der überschaubaren Auswirkungen der
Attacke noch Zweifel angebracht waren, ob mit dem Begriff **Cyberkrieg** der Kriegsbegriff nicht allzu inflationär gebraucht und eher ein Hype befeuert würde (Sauer
2008b), sind diese Zweifel spätestens mit dem Bekanntwerden des *Stuxnet*-Schad-
programms im Jahr 2010, das die Urananreicherung im Iran sabotierte, ausgeräumt und die Weissagungen der 1990er Jahre zu sich selbst erfüllenden Prophe-
zeiungen geworden. Computernetzwerkangriffe und ähnliche Computer-basierte
Sabotageakte zur Flankierung konventioneller Angriffe – oder sogar als alternative Maßnahmen – werden von Streitkräften und Geheimdiensten längst ge-
plant, vorbereitet und genutzt. *Cyber Security* ist so, ähnlich wie im Fall der unbemannten Waffensysteme, innerhalb erstaunlich kurzer Zeit von einem Topos der
Science-Fiction zu einem wichtigen Pfeiler moderner Streitkräfte und einer mil-
liardenschweren Industrie geworden.

Kritisch ließe sich in diesem Zusammenhang einwenden, dass der ehemals
freie und unregulierte Cyberspace damit nicht nur erfolgreich kommerziali-
siert, sondern inzwischen auch „versicherheitlicht", also zu einem im militärischen Sinne sicherheitsrelevanten Teil der Welt, erklärt worden ist. Der durch den
Whistleblower Edward Snowden aufgedeckte Überwachungs-Skandal des Jahres
2013, der die Bestrebungen zur umfassenden Überwachung des weltweiten Inter-
netverkehrs durch amerikanische und britische Geheimdienste offenlegte, ist dabei nur eine weitere Facette dieses Prozesses.

Ein zentrales Problem der Kriegsführung im Cyberspace ist dabei, dass dieser
noch immer eine kriegsvölkerrechtliche Grauzone darstellt. Computernetzwerk-
Attacken spielen sich de facto im rechtsfreien Raum ab, da sich im Cyberspace
die Unterscheidung zwischen militärischen und nicht-militärischen Zielen oder

---

5   Eine DDoS-Attacke ist eine ebenso simple wie, vorausgesetzt die Zahl der „Angreifer" ist
     groß genug, effektive Maßnahme, bei der ein Server so lange mit exzessiven Anfragen – etwa
     dem Aufruf einer von ihm zur Verfügung gestellten Webseite – bombardiert wird, bis dieser
     angesichts der auf ihn einströmenden Datenflut auch legitimen Anfragen die Antwort ver-
     weigert und somit seinen Dienst zeitweilig einstellt.

die verlässliche Zurechnung einer Wirkung zu ihrem Urheber ungleich schwieriger als auf dem physischen Schlachtfeld gestalten. Verschärft wird dieses Problem, weil neben militärischen Zielen auch sogenannte „kritische Infrastrukturen" Ziele für Computernetzwerkattacken abgeben. Kritische Infrastrukturen sind etwa die Leitsysteme für Straßen-, Bahn- und Luftverkehr, *Supervisory Control and Data Acquisition* (SCADA)-Systeme in der Gas-, Wasser- und Elektrizitätsversorgung sowie Banken- oder auch Telekommunikationsnetze. Für das Funktionieren moderner Gesellschaften sind diese Systeme unverzichtbar. Sorge bereiten vor allem mögliche Kettenreaktionen, da ein Ausfall der Energieversorgung beispielsweise auch Kommunikationssysteme in Mitleidenschaft ziehen würde. Oft sind solche Systeme erstaunlich leicht von außen zugänglich und verwundbar. Aus militärischer Sicht bieten sie die Gelegenheit, den Gegner gewissermaßen mit „Blindheit" und „Taubheit" zu schlagen sowie durch unterbrochene Versorgungswege und allgemeines Chaos zu schwächen.

Als die NATO während des Kosovokriegs Ender der 1990er Jahre serbische Umspannwerke mit Graphitbomben lahmlegte, sah sie sich erheblicher öffentlicher Kritik ausgesetzt, da die Folgen dieser Angriffe primär die Zivilbevölkerung trafen. Doch dank der Anonymität militärischer Cyber-Operationen, die sich darüber hinaus ohne die Gefahr eigener Verluste durchführen lassen, könnten Staaten sich zukünftig sogar noch leichter zu Angriffen auf kritische, zivile Infrastrukturen hinreißen lassen. Insofern besteht bei Cyberkriegen die Gefahr, dass die Zivilbevölkerung vermehrt in Mitleidenschaft gezogen oder zukünftig sogar wieder ganz bewusst zum Teil des militärischen Zielkatalogs gemacht wird.

Vor diesem Hintergrund bleibt beim Blick in die Zukunft festzuhalten: Phänomene wie der transnationale Terrorismus, der zunehmende Einsatz von Drohnen und das Austragen von Konflikten im Cyberspace stellen uns, die wir uns wissenschaftlich mit internationaler Sicherheit beschäftigen, vor neue Herausforderungen. Sie zwingen uns, unser klassisches „Rüstzeug" immer wieder von neuem zu überprüfen, es ggf. anzupassen oder am Ende sogar durch ganz neue Ansätze zu ersetzen. Wir hoffen, dass das vorliegende Buch seine Leserinnen und Leser ihrerseits in die Lage versetzt, selbstständig, wissenschaftlich fundiert und kritisch über klassische Problemfelder und neuere Ansätze internationaler Sicherheit nachzudenken.

Literatur

Abrahms, Max 2006: Why Terrorism Does Not Work, in: International Security 31: 2, 42–78.
Abrahms, Max 2008: What Terrorists Really Want: Terrorist Motives and Counterterrorism Strategy, in: International Security 32: 4, 78–105.

Levi, Michael A./O'Hanlon, Michael E. 2005: The Future of Arms Control, Washington, DC.

Richardson, Louise 2006: What Terrorists Want: Understanding the Terrorist Threat, London.

Schneckener, Ulrich 2004: Transnationale Terroristen als Profiteure fragiler Staatlichkeit (SWP-Studie S 18, Mai 2004), Berlin, elektronisch verfügbar unter: http://www.swp-berlin.org/de/common/get_document.php?asset_id=1288; 7. 9. 2013.

Schneckener, Ulrich 2006: Transnationaler Terrorismus, Frankfurt a. M.

Sauer, Frank 2008a: Die Rückkehr der Bombe? Nichtgebrauch von Nuklearwaffen und internationaler Terrorismus, Saarbrücken.

Sauer, Frank 2008b: In Bytegewittern? Fragwürdige Konzepte von Krieg und Terror im Cyberspace, in: Helmig, Jan/Schörnig, Niklas (Hrsg.): Die Transformation der Streitkräfte im 21. Jahrhundert. Militärische und politische Dimensionen, 103–123.

Sauer, Frank/Schörnig, Niklas 2012: Killer Drones: The ‚Silver Bullet‘ of Democratic Warfare?, in: Security Dialogue 43: 4, 363–380.

Singer, P. W. 2009: Wired for War, New York, NY.

The manufacturer's authorised representative in the EU is Springer
Nature Customer Service Centre GmbH, Europaplatz 3, 69115 Heidelberg,
Germany. If you have any concerns regarding our products, please
contact ProductSafety@springernature.com

Printed and bound by CPI Group (UK) Ltd, Croydon, CR0 4YY
23/04/2026
02095594-0002